창의적 문제해결 이론과 사례

TRIZ Level 3

(사)한국트리즈협회 지음
김익철 · 박영수 · 송용원 · 주재만 · 최승우

GS인터비전

프롤로그

"창의성은 배울 수 있고 누구나 창의적 인간이 될 수 있다"

새로운 것을 생각해 내거나 유용하고 혁신적인 아이디어를 만들 수 있는 창의적 능력을 배울 수 있을까? 많은 사람들이 창의성은 몇몇 천재들만이 가지고 있는 선천적 특성으로 생각한다. 창의적 사고는 섬광같이 번쩍이는 순간적 과정으로서, 설명하기 어려운 신비의 영역이라고 생각한다. 하지만 창의적 문제 해결 이론(TRIZ)을 개발한 알트슐러는 창의성은 설명할 수 있는 사고 과정으로 트리즈를 공부하면 누구나 창의적인 사람이 될 수 있다고 주장한다. 그리고 그는 창의적 사고 과정을 여러 단계로 분석하고 체계화시켜 트리즈이론을 개발하였다.

(사) 한국트리즈협회에서는 트리즈 이론을 체계적으로 보급하기 위해 단계별 3권의 책으로 정리하였다. 1권에서는 트리즈 이론의 기본 철학 및 핵심 개념에 대하여 설명하였고, 2권에서는 창의적으로 문제를 해결하고 아이디어를 도출하는 구체적 사고 도구들에 대하여 설명하였다. 3권에서는 트리즈 이론의 최종 과정으로 1, 2권에서 설명한 내용을 가지고 문제를 해결하는 과정을 구체적으로 설명하는 "창의적 문제 해결 알고리즘(ARIZ)"을 다루고 있다. 그리고 알고리즘을 사용하기 위해 문제를 체계적으로 분석하는 다양한 방법론을 소개하고 있다.

트리즈 이론에서 창의적으로 문제를 해결하는 알고리즘 외에 또 하나의 중요한 분야는 미래기술을 예측하는 방법이다. 자연의 모든 생명체가 시간에 따라 변화하며 진화하듯 인간이 만든 기술 시스템도 끊임없이 변화되고 있다. 트리즈 학자들이 기술 시스템 변화과정을 분석해 보니 놀랍게도 진화하는 패턴이 있는 것을 발견하고 "기술 시스템 진화 법칙 또는 기술 시스템 진화 트렌드"를 체계적으로 분석하였다. 미래를 예측할 때 사람들은 자신의 경험과 지식을 바탕으로 주관적 예측을 하게 된다. 통시적으로 볼 때 뛰어난 과학자들도 주관적 미래 예측에서 실패한 경우가 많았다. 그런데 기술 시스템이 진화되는 법칙(패턴)이 있다면 객관적이고 정확한 예측을 할 수 있게 된다. 이 책에서는 기술 시스템이 어떻게 발전을 하고 있는지 과거 트리즈 학자들이 분석한 진화 법칙과 현대 기술 시스템 변화 속에서 발견되는 새로운 진화 법칙을 찾아 정리하였다. 이러한 진화 법칙을 이용하여 어떻게 기술 시스템의 미래를 예측하고 기술 개발 전략을 창의적으로 수립해야 하는지 소개하고 있다. 그리고 이 책의 마지막 장에서는 실제 현업에서 트리즈를 적용한 문제 해결 사례를 소개하여 트리즈가 현장에서 어떻게 적용되고 있는지를 독자들에게 보여주고 있다.

이 책에서는 다음과 같이 크게 5장으로 나누어 이론과 사례를 제시한다.

1장 아리즈(ARIZ)
2장 문제분석의 특별기법
3장 솔루션의 특별기법
4장 기술예측
5장 진화하는 트리즈

(사) 한국트리즈협회는 트리즈를 보급하여 많은 사람들이 현업에서 발생하는 문제를 해결하며 창의적 삶을 살 수 있도록 돕는 데 노력하고 있다. 창의성은 소수에게 주어진 특별한 재능이 아니라 사물을 올바로 인식하고 원인을 파악해 필요한 아이디어를 도출할 수 있는 사고 능력이다. 트리즈의 이러한 사고방법은 설명할 수 있고 배울 수 있는 과학적 사고법으로 독자들이 이 책을 통해 배우고 활용할 수 있기를 기원한다.

(사) 한국트리즈협회 저자 일동

목 차

Chapter 1.

아리즈(ARIZ)

1.1 아리즈의 발전

아리즈는 러시아어 알고리듬 리셰니아 이조쁘레따젤스키흐 자다취(Алгоритм решения изобретательских задач)의 약자로 풀어서 쓰면 창의적 문제를 해결하는 알고리즘이다.

1.1.1 아리즈-56

알트슐러는 구소련 시대인 1946년부터 1956년 사이에 '발명의 창의성'과 '변증법적 논리'를 바탕으로 만들어진 10년의 연구 결과를 '심리학의 질문들'이라는 잡지에 '발명 창의성의 심리학에 관하여'라는 제목으로 발명 창의성에 관한 논문을 발표하였다. 이 논문은 발명을 위한 프로그램으로 크게 3부, 세부적으로 10단계로 구성되어 있다. 이를 아리즈-56이라고 부른다.

[표 1-1] 아리즈-56의 구성

아리즈 단계	아리즈 세부 단계
1부. 분석 단계	1.1 문제의 선택
	1.2 문제의 기본적인 연계성 정의
	1.3 해결해야 하는 모순의 표현
	1.4 모순의 직접적인 원인 정의
2부. 운영 단계	2.1 모순해결의 전형적인 방법들 조사 a. 기술에 대한 연구
	2.2 변화에 의해서 해결하는 새로운 방법 조사 a. 시스템 내에서 b. 외부환경에서 c. 인접한 시스템에서
3부. 종합 단계	3.1 시스템 내에서 기능적 변화의 도입
	3.2 시스템 사용 방법에서의 기능적 변화의 도입
	3.3 다른 기술적 문제 해결 원리의 적용성 검토
	3.4 발명에 대한 평가

1956년 논문을 발표한 후 아리즈가 세상에 알려지기 시작하였고 발명 전문가들 사이에 커뮤니티가 형성되었다. 알트슐러는 발명과 창의성에 관심 있는 다양한 분야의 사람들과 아리즈를 공유하였다.

아리즈는 아리즈-61, 아리즈-68 등으로 발전하였다. 알트슐러는 아리즈-68을 완료한 후 1969년 '이노베이션 알고리즘(The Innovation Algorithm) 초판을 출간하였다. 이노베이션 알고리즘 초판에는 아리즈-68이 실렸다. 그 후 아리즈-71을 발표하고, 1973년 '이노베이션 알고리즘(The Innovation Algorithm)'을 더욱 발전시켜서 2판을 출간하였다. 2판에는 '트리즈, 체계적 이노베이션과 기술적 창의성(TRIZ, Systematic Innovation and Technical Creativity)'의 부제를 달았다. 이 책에는 아리즈-61과 아리즈-71이 실렸으며 명실공히 트리즈의 기본서가 되었다. 이후 1999년 영문판으로 출간되었고, 2002년 한국어로 번역되어 출간되었다. 특히 물리, 화학 등 과학자들과도 교류하면서 아리즈는 과학적 창의성의 프로그램으로 더욱 발전하였다.

이 시기에 과학원리가 포함된 물질-장 분석과 아리즈를 통합하여 아리즈-77이 개발되었다. 아리즈-77 이후 1977년 알트슐러는 '창의성은 과학이다(Creativity as an Exact Science)'를 출간하였다. 이 책의 부제는 '발명 문제 해결이론(The Theory of the Solution of Inventive Problems)'이다. 이 책의 영문판은 1984년, 한글판은 2006년 출간되었다. 그 후 트리즈는 구소련 등 주변 국가로 확산되어 300여 개 이상의 트리즈 스쿨이 생겼다.

알트슐러는 지금까지 연구한 발명원리 중심의 방법을 표준문제해결 방법으로 정의하고, 어려운 문제인 비표준 문제를 해결하는 데 집중하였다. 비표준 문제를 해결하는 아리즈-85를 정리하면서 알트슐러는 아리즈 연구를 종료하였다. 아리즈-85는 A, B, C 세 단계의 버전으로 조금씩 변경되어 아리즈-85C로 명명되어 오늘날까지 이어지고 있다. 알트슐러는 아리즈-85C를 책으로 출간하지 않고 가이드(매뉴얼) 형태로 만들어 트리즈 전문가들과 공유하였다.

트리즈의 발전 역사는 아리즈의 발전 역사와 함께하고 있다. 아리즈는 아리즈-56을 시작으로 아리즈-59, 아리즈-61, 아리즈-64, 아리즈-65, 아리즈-68, 아리즈-71, 아리즈-77, 아리즈-82A/B/G, 아리즈-85A/B/C로 발전하였다. 이 책에서는 가장 많이 활용되는 아리즈-61, 아리즈-71, 아리즈-77을 소개하고자 한다.

1.1.2 아리즈-61

아리즈-61은 크게 3부, 세부적으로 10단계로 구성되어 있다. 분석, 운영, 종합 단계는 아리즈-56과 차이가 없다. 다만 이상적 최종결과(IFR ; Ideal Final Result)를 도입하였다. 트리즈 마스터들은 이상적 최종결과는 보리스 즐로틴의 의견이 반영되었다고 한다.

그리고 객체의 세부구성요소를 분리하는 방법이 제시된다. 객체를 기계, 장치, 기술적 공정으로 분리하여 각 부분을 변경하는 방법을 찾으려는 시도가 제시되었다. 마지막으로 문제의 일반화에 대한 개념이 나오기 시작한다. 문제는 특수한 상황에 맞는 형태로 나타나기 때문에 심리적 관성이 생길 수 있다. 그래서 특수한 상황의 문제를 일반화하면서 심리적 관성에서 벗어날 수가 있다.

[표 1-2] 아리즈-61의 구성

아리즈 단계	아리즈 세부 단계
1부. 분석단계	1.1 문제를 진술한다.
	1.2 이상적인 최종결과(IFR)를 상상한다.
	1.3 무엇이 IFR을 방해하는지 정한다(모순을 찾는다).
	1.4 그 모순이 왜 IFR 달성을 방해하는지를 정한다(모순의 원인을 찾는다).
	1.5 어떤 조건하에서 그 모순이 IFR 달성을 방해하지 않는지를 정한다(모순이 제거되는 조건을 찾는다).
2부. 운영단계	1.1 객체(주어진 기계, 장치, 그리고/또는 기술적 공정) 자체의 변화가 가능한지를 알아본다.
	1.2 객체를 몇 개의 독립된 부품으로 나눌 수 있는지 알아본다.
	1.3 (주어진 객체의) 외부환경을 바꿀 수 있는지 알아본다.
	1.4 이웃한(상호작용하는) 객체들에 변화를 줄 수 있는지 알아본다.
	1.5 다른 산업의 프로토타입을 연구한다(이런 질문을 던진다. 비슷한 모순이 다른 기술 영역에서 어떻게 해결되었는가?).
	1.6 원래 문제로 되돌아가서(위의 단계를 적용할 수 없는 경우에) 문제의 조건을 확장한다. 즉, 더 일반적인 문제의 진술로 전이한다.
3부. 종합단계	1.1 주어진 객체의 모양을 바꾼다. 새로운 기능을 갖는 기계는 새로운 모양을 가져야 하기 때문이다.
	1.2 고려 중인 객체와 작용하는 다른 객체에 변화를 준다.
	1.3 객체가 기능을 수행하는 방식에 변화를 준다.
	1.4 다른 기술문제의 해결에 새롭게 발견된 원리의 활용방안을 알아본다.

1969년 구소련의 탄광부는 지하에서 화재가 발생했을 때 사람들을 구조하는 구조대원들이 입을 냉각 복을 개발하기 위해서 전국 경진대회를 열었다. 이 문제는 굉장히 어려웠고, 언뜻 보기에도 쉽게 해결할 수 없을 것처럼 보였다. 이 문제를 어떻게 풀었는지 아리즈-61의 구성에 따라 살펴보겠다.

이 내용은 1973년 출판된 알트슐러의 이노베이션 알고리즘 2판에 근거를 두고 있다. 이노베이션 알고리즘 초판은 1969년에 발간되었으며 아리즈의 알고리즘을 경험하게 하는 최고의 책이다. 아리즈-68이 초판에 실렸는데, 2판에서는 아리즈-61과 아리즈-71을 소개하고 있다.

알트슐러는 아리즈-61을 실제 사례에 적용하면서 대중에게 아리즈를 알리는데 크게 기여했다고 생각한 것으로 보인다. 그래서 우리도 알트슐러의 생각에 따라 아리즈-61의 단계에 따라 문제를 해결해 보기로 하였다.

[표 1-3] **아리즈-61 사례**

아리즈 단계	아리즈 세부 단계	아리즈 사례
1부. 분석단계	1단계. 문제를 진술한다.	지하에서 화재가 발생했을 때 사람들을 구조하는 구조대원들이 입을 냉각복을 개발한다.
	2단계. 이상적인 최종결과(IFR)를 상상한다.	최대한의 냉각 용량
	3단계. 무엇이 IFR을 방해하는지 정한다(즉, 모순을 찾는다).	필요한 냉각물질의 무거운 무게
	4단계. 그 모순이 왜 IFR 달성을 방해하는지를 정한다(즉, 모순의 원인을 찾는다).	장비의 무게가 제한되어 있기 때문이다. 구조대원들에게 허용 가능한 28 Kg 중에서 9 Kg만이 냉각장비로 사용할 수 있다.
	5단계. 어떤 조건 하에서 그 모순이 IFR 달성을 방해하지 않는지를 정한다(모순이 제거되는 조건을 찾는다).	만일 냉각장비의 무게가 9 Kg이 아니라 15~20 Kg이라면? 결론 : 연장과 산소장비의 무게를 줄여야 한다.

	1단계. 객체(주어진 기계, 장치, 그리고/또는 기술적 공정) 자체의 변화가 가능한지를 알아본다.	객체는 바로 산소장비와 연장이다. 그것들의 무게를 줄여야 한다. 이 방향으로 문제를 해결하는 것은 매우 어렵다. 왜냐하면 산소장비와 연장이 수년에 걸쳐 개선되면서, 설계자들은 말 그대로 1 g이라도 더 줄이기 위해서 노력했기 때문이다. 결론은 No이다. 여기서 우리는 아무 것도 할 수 없다.
	2단계. 객체를 몇 개의 독립된 부품으로 나눌 수 있는지 알아본다.	산소장비와 연장으로 나눌 수 있다.
	3단계. (주어진 객체의) 외부환경을 바꿀 수 있는지 알아본다.	탄광환경에서 외부환경은 공기이다. 물론 이 공기를 정화할 수 있다면 산소장비를 제거할 수 있다. 그러나 화재 중에 탄광 공기를 정화하는 것은 불가능하다.
2부. 운영단계	4단계. 이웃한(상호작용하는) 객체들에 변화를 줄 수 있는지 알아본다.	연장과 산소장비의 이웃하는 객체는 구조대원들의 짐의 세 번째 구성요소인 냉각장비이다. 동시에 산소를 생성할 수 있는 장비를 설계할 수 있을까?
	5단계. 다른 산업의 프로토타입을 연구한다(이런 질문을 던진다. 비슷한 모순이 다른 기술 영역에서 어떻게 해결 되었는가?).	이를 위해서 우리는 얼음이나 드라이아이스를 사용해서는 안 된다. 우리는 액화산소가 필요하다. 이것은 가능할지도 모른다. 비록 산소가 액화암모니아보다는 냉각력이 떨어지지만, 우리는 15 Kg의 액화산소를 운반할 수 있다.
	6단계. 원래 문제로 되돌아가서(위의 단계를 적용할 수 없는 경우에) 문제의 조건을 확장한다. 즉, 더 일반적인 문제의 진술로 전이한다.	결론: 두 개의 장치(하나는 산소를 위한 장치, 또 하나는 냉각을 위한 장치) 대신에 우리는 액화산소를 이용하는 하나의 장치만 있으면 될지도 모른다. 열은 액화산소를 증발시키는 동시에 냉각작용을 제공한다. 평상 온도로 가열된 액화산소를 호흡에 사용할 수 있다. 전체 장비의 무게는 21 Kg이다.

3부. 종합단계	1단계. 주어진 객체의 모양을 바꾼다. 새로운 기능을 갖는 기계는 새로운 모양을 가져야 하기 때문이다.	새로운 작동원리는 액화산소를 이용하는 것이다. 이제 많은 양의 산소가 있을 것이다. 이전에는 산소의 양이 적었기 때문에 폐쇄회로시스템을 사용하여 산소의 일부를 보존할 필요가 있었다. 즉 내뿜은 산소는 선회필터를 통과한 후 호흡에 재사용되었다. 이제 우리는 이 복잡하고 덩치 큰 폐쇄회로 사이클을 없앨 수 있다. 새로운 장비는 각각 따로 분리된 장비보다 간단하고 값쌀 것이다.
	2단계. 고려 중인 객체와 작용하는 다른 객체에 변화를 준다.	유일한 다른 객체는 연장세트이다. 그것들이 부가기능을 수행하도록 만들 수 있는지 의문스럽다.
	3단계. 객체가 기능을 수행하는 방식에 변화를 준다.	이 장비의 활용방법이 어떻게 달라지는지 생각해 보자. 액화산소는 빠르게 증발한다. 이것은 장비의 무게 또한 변한다는 의미이다. 21 Kg에서 산소가 차지하는 무게는 15 Kg이다. 이 작업을 마칠 때에는 장비의 무게가 6 Kg 밖에 안 나가게 될 것이다. 구조대원들의 피로도는 장비의 평균 무게에 달려있다. 이것은 장비에 훨씬 더 많은 양의 산소를 담아갈 수 있다는 것을 의미한다.
	4단계. 다른 기술문제의 해결에 새롭게 발견된 원리의 활용방안을 알아본다.	두 개의 장치를 결합하여 하나로 작동하게 한다는 원리를 어느 곳에서 활용할 수 있을까? 휴대용 가솔린 용기와 산소장비를 사용하는 용접기술에서 비슷한 문제를 본 적이 있다. 결론: 복잡한 냉각장치는 액화산소로 작동되며, 개방회로가 산소를 공급하고, 처음 많은 양의 산소 충전으로 그 성능이 증가한다.

1.1.3 아리즈-71

아리즈-71은 크게 6부, 세부적으로 36단계로 구성된다. 아리즈-71은 분석을 시작하기 전에 문제의 세부사항을 정리하는 2개의 단계를 추가로 제시하였다. 첫 번째는 심리적 요인을 고려하여 심리적 관성에서 벗어날 수 있도록 하였다. 그 결과 문제분석을 좀 더 쉽게 해주고, 분석 단계가 완료되기 전에 결과를 미리 보여준다. 두 번째는 운영 단계에서 각각의 원리 대신에 표준문제에 적용하는 발명원리 및 모순매트릭스를 제시한다. 모순매트릭스는 발견된 모순을 제거하기 위한 가장 유망한 발명원리들을 보여준다.

[표 1-4] 아리즈-71의 구성

아리즈 단계	아리즈 세부 단계
1부. 문제를 선택한다	1.1 해결책의 최종 목표를 정한다.
	1.2 우회적인 접근방법을 조사한다.
	1.3 원래 문제와 우회문제 중에서 어떤 것이 해결하는데 가장 적합한지를 결정한다.
	1.4 필요한 정량적인 특성을 정한다.
	1.5 정량적인 특성들에 시간 보정을 도입한다.
	1.6 발명이 작용할 특정조건에 대한 요구사항을 정의한다.
2부. 문제를 더 정확하게 정의한다	2.1 특허정보를 활용하여 문제를 더 정확하게 정의한다.
	2.2 STC(Size, Time, Cost) 연산자를 이용한다.
	2.3 다음 형식을 사용하여 문제의 조건을 두 구절로 진술한다(구성요건을 설명한다, 조건을 진술한다).
	2.4 2.3의 구성요소들을 표에 기입한다.
	2.5 2.4단계로부터 변경, 재설계 또는 조정이 가장 쉬운 구성요소를 선택한다.
3부. 분석단계	3.1 다음 형식을 사용하여 IFR을 정립한다(구성요소, 작용, 어떻게, 언제, 조건).
	3.2 두 개의 그림을 그린다(초기상태, 이상상태).
	3.3 이상상태의 그림에서 3.2 단계에 나타난 요소를 찾고, 필요조건 하에서 필요한 기능을 수행할 수 없는 부분을 강조하여 표시한다.
	3.4 왜 이 구성요소가 (스스로) 필요한 작용을 수행할 수 없는가?

3부. 분석단계	3.5 어떤 조건 하에서 이 부분이 필요한 작용을 제공할 수 있는가?(이 부분은 어떤 파라미터를 가져야 하는가?)
	3.6 이 구성요소가 3.5 단계에 설명된 특성을 얻으려면 무엇을 해야 하는가?
	3.7 실질적으로 실현 가능한 개념을 정립한다. 만일 그런 개념이 여러 개 있다면, 가장 유망한 개념을 1번으로 하여 순서대로 번호를 매긴다. 그리고 그러한 개념들을 모두 적는다.
	3.8 첫 번째 개념을 실현하기 위한 개략도를 제시한다.
4부. 도달한 개념에 대한 예비분석	4.1 새로운 아이디어나 개념을 활용하는 동안 어떤 것이 좋아지고, 어떤 것이 나빠지는가? 달성한 것과 더 복잡해지거나 더 비싸지는 것을 기록한다.
	4.2 제안된 장치나 방법으로 바뀜으로써 더 나빠지는 것을 막을 수 있는가? 바뀐 장치나 방법을 그림으로 그린다.
	4.3 이제 무엇이 나빠지는가?(더 복잡해지고 비싸지는가?)
	4.4 얻은 것과 잃은 것을 비교한다.
	4.5 이제 소득이 어떤 손실보다도 크다면, 아리즈의 종합단계인 제6부로 간다. 만일 2차분석이 새로운 결과를 주지 못한다면 2.4단계로 되돌아가서 표를 검토한다. 2.5단계로부터 시스템의 다른 구성요소를 선택하고 새로운 분석을 실시한다. 2차분석과 그 결과를 기록한다. 만일 4.5단계 이후에 만족할만한 해결책이 없다면, 아리즈의 다음 단계인 5부로 가라.
5부. 운영단계	5.1 모순행렬표의 세로 열로부터 개선해야 하는 특성을 선택한다.
	5.2 어떻게 하면 기존에 알려진 방법을 활용하여 이 특성(5.1 단계)을 개선할 수 있겠는가?(만약 손실을 고려하지 않는다면?) 만일 알려진 방법이 사용된다면 어떤 특성을 받아들일 수 없는가?
	5.3 모순행렬표(부록참조)의 가로 행에서 5.2단계에 해당하는 특성을 선택한다.
	5.4 모순행렬표에서 기술적 모순을 제거하는데 사용할 수 있는 발명원리를 찾는다. 이것은 5.1 단계의 세로축과 5.3단계의 가로측이 교차되는 셀에 나타나 있다.

5부. 운영단계	5.5 이 발명원리들을 어떻게 사용할 수 있는지 조사한다. 만일 문제가 해결된다면, 4부로 되돌아가서 새로운 아이디어를 평가하고, 그런 다음에 6부로 가라. 만일 문제가 해결되지 않는다면, 5부의 다음 단계들을 따라가라.
	5.6 물리현상 및 효과의 활용이 가능한가를 조사한다.
	5.7 정확한 작용시점과 작용지속시간을 변경할 수 있는지 조사한다.
	5.8 비슷한 문제가 자연계에서는 어떻게 해결되는가?
	5.9 우리의 객체와 연계하여 작용하는 객체들을 바꿀 수 있는지 조사한다.
6부. 종합단계	6.1 수정된 시스템이 속해있는 상위시스템을 어떻게 바꾸어야 하는지를 결정한다.
	6.2 수정된 시스템을 어떻게 다르게 사용할 수 있는지를 알아본다.
	6.3 새롭게 발견한 기술적 아이디어(혹은 발견한 아이디어와 반대되는 아이디어)를 다른 기술문제의 해결에 활용한다.

1.1.4 아리즈-77

아리즈-77은 크게 7부, 31개의 세부 단계로 구성되어 있다. 아리즈-77에서는 시스템사고(다면사고), 특허정보, STC 연산자, 물리 효과, 모순매트릭스 등 각 기법에 대해 어느 단계에서 활용하는지를 구체적으로 제시하고 있다.

최근에 트리즈를 배운 사람들은 각각의 트리즈 기법을 어느 단계에서 사용하는지를 이해하기 어려웠을 것이다. 아리즈-77의 구성을 보면서 각각의 기법이 어느 단계에서 사용되는지를 확인하는 것으로도 도움이 될 것이다. 또한, 모순매트릭스도 아리즈-77에서까지 활용되었고, 아리즈-85가 나올 때까지는 사용되었을 것으로 생각된다. 초기에 알트슐러는 모순매트릭스를 사용하여 문제를 해결하는 데 사용했을 것으로 생각된다. 그 이후 알트슐러는 과학자들과 커뮤니티를 이루면서 과학적 지식을 트리즈에 융합하였다. 그러다 보니 자연적으로 모순매트릭스보다는 물질-장 모델로 문제를 해결할 수 있었고 모순매트릭스는 문제해결의 아이디어를 검증하는 데 활용했을 것이다.

[표 1-5] 아리즈-77의 구성

아리즈 단계	아리즈 세부 단계
1부. 문제 선택	1.1 문제의 해결책에 대한 최종 목표를 결정한다.
	1.2 벗어나는 경로를 검토한다. 근본적으로 문제를 해결할 수 없다고 가정해 보자. 필요한 최종 결과를 얻기 위해서 어떤 다른 문제를 해결해야 하는가? (시스템 또는 다면 사고)
	1.3 본래의 문제와 그것의 변형 문제 중에서 목적에 보다 적합한 문제의 해결책을 선택한다.
	1.4 필요한 정량적 지표를 결정한다.
	1.5 발명을 실행하는데 필요한 시간을 고려해서 정량적 지표를 증가시킨다.
	1.6 제안된 발명을 현실화하는 데 필요한, 특별한 조건이 수반하는 요구 사항을 정확하고 상세하게 기술한다.
	1.7 발명문제 해결책에 대한 표준을 직접 적용하여 해결책을 구할 수 있는지를 검토한다. 만일 해결책을 구했다면, 5.1 단계로 이동한다. 그렇지 않다면 1.8 단계로 이동한다.
	1.8 특허 정보를 이용하여 문제를 상세히 기술한다.
	1.9 연산자 STC를 이용한다.
2부. 문제 모델의 구축	2.1 전문 용어를 사용하지 않고 문제를 상세하게 기술한다. (용어에 의한 고정관념의 극복)
	2.2 대립하는 요소 쌍(도구와 대상)을 찾아 쓴다. 만일 문제의 상세 설명에서 하나의 요소만 주어져 있다면, 4.2 단계로 가라.
	2.3 도입할 필요가 있는 것(작용, 특성)을 갖고 있는 대립 쌍 요소들의 두 가지 상호작용(유용한, 해로운)을 적는다.
	2.4 대립 쌍과 기술적 모순을 나타내는 문제 모델의 표준 형태를 적는다.
3부. 문제 모델의 분석	3.1 문제 모델에 있는 요소들 중에서 쉽게 바꾸고 대체할 수 있는 요소를 선택한다.
	3.2 IFR의 표준 형태를 적는다. (3.1에서 선택한) 요소 "스스로" 원하는 기능(유용한 상호작용)을 수행하면서 (해로운 상호작용)을 제거한다.
	3.3 IFR에서 요구한 두 개의 상호작용에 대응할 수 없는 요소(3.2에 나타난 것) 영역을 확인 한다. 이 영역에 존재하는 것은 물질인가, 장인가? 이 영역을 색상, 선 등으로 나타내는 개략도로 제시한다.

3부. 문제 모델의 분석	3.4 개략도로 제시된 대립하는 상호작용(작용, 특성) 요소들의 상태가 갖는 모순적인 물리적 요구 사항을 정립한다.
	3.5 물리적 모순을 표준으로 정형화 한다.
4부. 물리적 모순의 제거	4.1 표시한 요소의 가장 간단한 변환을 검토한다. 즉, 모순 특성을 분리한다. 만일 물리적인 답을 얻었다면(즉, 물리적인 작용이 필요하다는 것이 밝혀졌다), 4.5 단계로 가라. 물리적인 답이 없다면 4.2로 가라.
	4.2 문제의 표준 모델과 물질-장 변환을 이용한다. 만일 물리 효과를 얻었다면, 4.4 단계로 가라. 만약 물리 효과를 얻지 못했다면, 4.3 단계로 가라.
	4.3 물리 효과와 현상 표를 이용한다. 만일 적절한 물리 효과를 찾았다면, 4.5 단계로 가라. 만약 물리 효과가 없다면, 4.4 단계로 가라.
	4.4 모순 행렬표를 사용해서 기술적 모순을 제거한다. 만일 그 이전에 물리 효과를 얻었다면, 그것을 확인하기 위해서 모순 행렬표를 이용한다.
	4.5 물리적 해결책을 기술적인 것으로 전환한다: 방법을 정형화하고, 이 방법을 실행할 장치를 설계한다.
5부. 얻은 해결책의 예비 평가	5.1 얻은 해결책의 예비 평가를 실시한다.
	5.2 얻은 해결책이 특허 정보로 볼 때 공식적으로 혁신인지 어떤지를 검토한다.
	5.3 그렇게 얻은 아이디어를 기술적으로 실행할 때 어떤 부작용이 생길 수 있는가? 발명, 설계, 회계, 행정 등 관련된 가능한 부작용을 적는다.
6부. 얻은 해결책의 발전	6.1 바뀐 시스템이 속한 상위시스템이 스스로 어떻게 바뀌어야 하는지를 결정한다.
	6.2 바뀐 시스템을 어떤 새로운 방식으로 활용할 수 있는지 검토한다.
	6.3 그렇게 얻은 해결책을 다른 기술 문제의 해결책에 이용한다.
7부. 문제 해결 과정의 분석	7.1 해결책의 실제 과정을 ARIZ에 따른 이론과 비교한다. 만일 차이가 있다면, 그것을 기록한다.
	7.2 얻은 해결책을 물질-장 변환, 물리효과 목록, 모순 행렬표와 비교한다. 만일 차이가 있다면, 그것을 기록한다.

1.2 아리즈-85C

아리즈-85C는 크게 9개의 부, 세부적으로 40개의 단계로 구성되어 있다. 그리고 표에서는 나타나 있지 않지만 각 단계를 진행할 때 수행에 필요한 내용에 대한 상세한 설명이 필요한 경우가 있다. 이를 위해 각 단계에서 필요한 내용을 44개의 주석을 달아 설명하였다. 또한, 각 단계를 넘어갈 때 단계별 결정이 필요하다. 각 단계를 진행할 때 기본적인 원칙을 11가지의 규칙으로 설정해 놓았다. 주석과 원칙에 대해서는 다음 표에서 설명하였다. 그리고 9개 부, 40개 단계, 44개 주석, 11개 규칙을 종합적으로 아리즈-85C의 부와 단계에 따라 상세하게 소개할 것이다.

[표 1-6] 아리즈-85C의 구성

아리즈 단계	아리즈 세부 단계
1부. 문제의 분석	1.1 최소 변경 문제 공식화
	1.2 모순 요소들 정의
	1.3 기술모순의 도식 모델 묘사
	1.4 심화분석을 위한 도식 모델 선정
	1.5 모순 심화
	1.6 문제모델 요약
	1.7 표준 해결법 활용
2부. 문제모델의 분석	2.1 작동 영역(OZ) 정의
	2.2 작동 시간(OT) 정의
	2.3 물질-장 자원들 정의
3부. 물리모순과 이상성의 정의	3.1 IFR-1의 정의
	3.2 IFR-1의 심화
	3.3 매크로 레벨 물리모순 정의
	3.4 마이크로 레벨 물리모순 정의
	3.5 IFR-2의 공식화
	3.6 표준 해결법 활용
4부. 물질-장 자원의 활용	4.1 SLP의 모의시험
	4.2 IFR로부터 한 발짝 물러서기

4부. 물질-장 자원의 활용	4.3 물질자원들을 결합시켜 활용하기
	4.4 빈공간 활용하기
	4.5 유도자원 활용하기
	4.6 전기장 활용하기
	4.7 장과 그 장에 민감한 물질 활용하기
5부. 지식베이스의 활용	5.1 표준 해결법 적용
	5.2 유사 문제 적용
	5.3 물리모순 해결에 분리원리 적용
	5.4 물리효과 및 현상 적용
6부. 문제의 변경 및 교체	6.1 기술적 해결안으로 전환
	6.2 여러 문제들이 결합된 문제인지 확인
	6.3 문제 변경
	6.4 최소변경문제 재공식화
7부. 해결안 평가	7.1 개념해결안 점검
	7.2 개념해결안 예비평가
	7.3 특허 검색
	7.4 실행시 발생할 수 있는 하위문제 추정
8부. 해결안의 적용	8.1 상위시스템의 변화에 대한 평가
	8.2 해결안의 새로운 적용 탐색
	8.3 다른 문제에 해결안 적용
9부. 문제해결 과정 분석	9.1 문제해결 과정 비교(이론과 실제)
	9.2 개념해와 트리즈 지식 비교

아리즈85-C의 문제해결 흐름도는 9개의 부를 알고리즘의 형태로 작성하여 단계마다 Yes, No의 결정에 따라 다음 단계로 넘어가는 흐름으로 작성하였다. Yes는 그 부에서 해결이 되어 다음 부로 넘어가면 되고, No는 그 부에서 해결이 되지 않아서 화살표의 단계로 넘어간다. 1부, 2부, 3부는 문제 공식화 단계로 3개의 부는 단계적으로 접근하고 문제가 해결되면 7부로 넘어가면 된다. 4부, 5부, 6부는 단계마다 Yes, No로 결정하여 Yes는 바로 7부로 No는 화살표 방향의 부로 넘어가면 된다. 7부, 8부, 9부는 단계적으로 접근하면 된다.

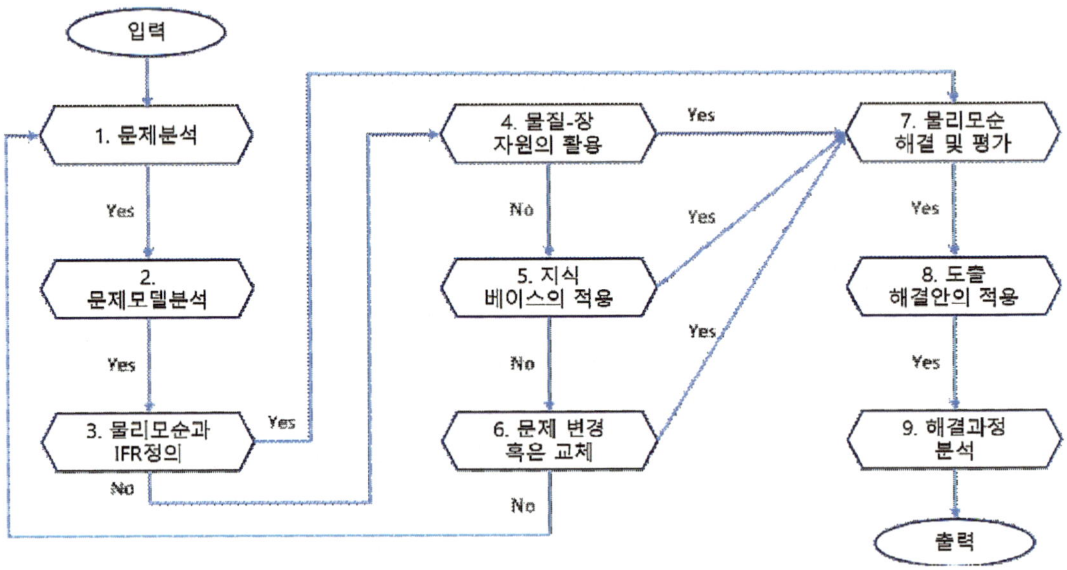

[그림 1-1] **아리즈-85C의 문제해결 흐름도**

아리즈-85C의 주석은 총 44개로 각 단계에서 이해를 돕거나 예시를 들어 의미를 어떻게 적용할 것인지를 좀 더 상세하게 설명하고 있다. 세부 단계의 위치는 표의 우측에 나타내었다. 1부에 17개, 2부에 5개, 3부에 7개, 4부에 10개, 5부에 3개, 7부에 1개, 8부에 1개가 분포되어 있다. 6부와 9부는 주석이 없다. 주석은 주로 1부에 가장 많이 분포되어 있다.

실제로 아리즈-85C로 문제를 해결할 때 부1에서 표준문제냐 비표준 문제냐를 결정하는 갈림길이 1부라고 생각한다. 표준문제면 1부에서 대부분 해결할 수가 있기 때문이다. 2부를 시작하면서 문제를 재정의하기 시작한다. 이것이 비표준 문제를 해결하는 방법이기 때문이다. 44개의 주석은 대부분 독립된 항목으로 설명되어 있지만, 어떤 경우에는 여러 개의 주석을 모아서 설명하는 때도 있다. 주석은 26개의 묶음으로 구성되어 있고, 개별적으로는 44개로 구성되어 있다.

[표 1-7] 아리즈-85C의 주석

No	주석	위치
1	mini 문제는 한계의 도입에 의한 발명문제에서 얻어진다. 모든 것은 변화 없이 혹은 좀 더 간단하게 되고, 요구되는 기능(특성)은 유해한 특성이 사라진 채로 얻어져야 한다. 상황을 mini 문제로 바꾼다는 것이 작은 문제를 푼다는 뜻이 아니다. 반대로 모순의 집합에 의한 추가적인 요구와 답을 타협하지 않는다는 뜻이다.	1.1
2	1.1을 적어나가면서 시스템의 기술적인 부분만이 아니라 기술 부분과 반응하는 다른 요소들도 기입되어야 한다. 무선 안테나의 보호 문제에서 이 다른 요소란 수신전파(만약에 우주선이 방사된다면 그것도)가 된다.	1.1
3	기술적 모순(TC)은 시스템 내에서 반응이다. 예를 들어 유익작용은 일부의 유해작용에 의해 일어나거나 유익작용의 도입(강화), 혹은 문제를 일으키는 유해작용의 제거(약화), 전체 시스템 혹은 시스템 부분의 퇴보에서 발생한다.	1.1
4	도구의 취급에서 전문 용어는 심리적 타성을 없애기 위해 일반 용어로 치환되어야 한다.	1.1
5	Product는 문제의 조건에서 처리되어야 하는 공정이다(제조, 이동, 변화, 개선, 유해한 작용에서 보호, 측정 등). 요소의 측정과 표현 문제에서 도구(주요 기능에 의한)는 Product가 될 수도 있다(예를 들면 연삭기).	1.2
6	도구는 Product와 직접 작용하는 것(예를 들면 절단기- 공작기기가 아니라, 불꽃-버너가 아니라)인데, 경우에 따라 환경도 도구가 될 수 있다. Product 설치의 표준 사양도 도구가 될 수 있다. 예를 들면 Meccano는 여러 모델을 생성하는 도구이다.	1.2
7	모순 집합의 요소는 배증되어야 한다. 예를 들면 두 개의 다른 도구는 반드시 동시에 작용해야 하고, 각각을 숨겨야 한다. 혹은 두 개의 Product는 도구의 기능을 인식해야 한다. 하나의 Product는 다른 것을 숨겨야 한다.	1.2
8	표 1(TC-1과 TC-2)은 전형적인 모순을 가지고 있다. 만약 모순의 내용이 효과적으로 표현될 수 있다면 굳이 표를 쓰지 않아도 좋다.	1.3
9	어떤 문제는 모순이 여러 개로 연결되어 있다. 예를 들면: 이런 것은 단일 연결로 다음과 같이 바꿔야 한다. 만약 B가 변경 가능한 Product 이거나 A의 기본 기능이라면 B로 변경해야 한다.	1.3
10	모순은 시간이나 공간에서 처리될 수 있다.	1.3

11	단계 1.2와 1.3은 문제의 일반적 공식화를 담당한다. 따라서 단계 1.3 이후에 단계 1.1로 돌아갈 필요가 있다. 그리고 절차 1.1-1.2-1.3. 내에서 모순된 것은 없는가 점검해야 한다. 만약 모순이 발견되면 절차를 수정해 그것을 제거해야 한다.	1.3
12	두 모순 중 하나를 선택하고, 도구의 두 반대 상태의 하나를 선택한다. 해는 이런 상태로 명명되어 진행되어야 한다. 예를 들면, 하나는 "전도봉" 없음이 "봉의 최적 수"로 대체되면 안 된다. ARIZ는 문제를 무마하는 것을 요구하지 않는다. 만약 당신이 한 도구의 상태를 잡으면 우리는 다음을 해야 한다: 선택된 것에서 긍정적 기능.	1.4
13	가끔 MP를 정의하는 데 있어 측정의 문제로 인해 어려움이 발생한다. 거의 항상 측정은 어떤 변화를 측정하는 것이거나 혹은 생산을 위한 과정을 정의하는 것이다. 따라서 측정문제의 MP는 단순히 측정문제 만이 아니라 전체 시스템의 문제이어야 한다. 과학에서 측정의 특정한 문제는 예외이다.	1.4
14	문제의 모델은 약간은 보편적이다. 모델은 기술 시스템의 몇몇 구성요소들을 인위적으로 구분시킨다. 나머지 구성요소들은 있다는 정도로 인식하고 있을 뿐이다. 예를 들어 안테나의 문제에 있어 안테나, 라디오 주파수, 전도봉, 번개의 네 가지 구성요소 중에서 두 가지만 연관이 되었다. 나머지 두 가지 요소는 있다는 정도로 마음속에 인식될 뿐 문제 모델에서 전혀 언급되지 않았다.	1.6
15	1.6 단계를 지나서는 반드시 문제의 모델을 만들어내는 논리를 체크하기 위하여 1.1단계로 되돌아갈 필요가 있다. 종종, 다음과 같은 방식에 의하여 X라는 구성요소를 지정한 후에 문제의 모순을 구체화할 수 있게 된다.	1.6
16	X라는 구성요소는 반드시 시스템 속에 반드시 존재해야만 하는 것은 아니다. 예를 들어 X는 시스템이 존재하는 환경의 온도가 될 수도 있다.	1.6
17	첫 번째 파트에 의한 문제의 분석과 모델의 생성은 본질적으로 문제파악을 선명하게 해주며 일반적이지 않은 문제에서의 표준적인 모습을 설명하게 된다. 여기서 처음의 문제 서술 상태보다 좀 더 효과적으로 표준적인 것을 사용할 수 있는 기회를 제공받게 되는 것이다.	1.7
18	가장 간단한 동작 구역의 경우가 문제 모델에서 모순이 일어나는 공간이다.	2.1

19	동작 시간은 가능한 시간 자원이다. 모순이 일어나는 시간 T1과 모순이 일어나기 전의 시간 T2로 구분한다. 어떤 경우에 모순은 T2에서 특별히 빠르게 제거되거나 방지될 수 있다.	2.2
20	물질-장 자원들은 이미 문제의 조건에서 존재하고 있는 장이나 물질들이 될 것이다. SFR은 다음과 같은 세 가지 분류로 나뉜다.	2.3
21	Product는 변하지 않는 구성요소이다. 어떤 자원이 Product에 사용될 수 있는가? 실제 Product를 변화시키는 것은 불가능하다. 즉, 미니 문제를 풀면서 그것을 변화시키는 것은 부적당하다. 그러나 가끔 Product는 다음과 같은 일이 있을 수 있다.	2.3
22	SFR은 사용 가능한 자원이다. 문제해결 첫 단계에서 이러한 자원을 이용하는 것이 유리하다. 만일 자원이 부족해지면 다른 물질이나 장을 가져온다. 2.3 단계는 SFR의 예비분석이다.	2.3
23	"유해한 기능은 유용한 기능과 연결되어 있다는 모순" 외에 다른 모순이 있다. 예를 들면 "새로운 유용한 기능의 도입은 시스템을 복잡하게 만드는 원인이 된다." 혹은 "하나의 유용한 기능은 다른 기능과 상충한다." 등이다. 따라서 IFR의 형성에서 3.1에 주어진 것은 그저 적어나가는 형식일 뿐이다.	3.1
24	mini 문제를 푸는 데 있어서 주해 20 & 21에 기술된 절차에 의해 SFR을 사용하는 것을 해야 한다.	3.2
25	물리적 모순은 작업영역 상에서 물리적 상태가 서로 상반되어야 하는 조건을 말한다.	3.3
26	물리적 모순을 전체적으로 정형화하기가 어렵다면, 간단한 물리적 모순을 작성해도 된다.	3.3
27	3.4를 수행할 때, 아직까지는 입자의 개념을 명기할 필요는 없다.	3.4
28	입자는 다음과 같이 결정될 수 있다. 개체에 대한 입자로 단순화한다. 한 개체의 입자들의 조합, 혹은 필드의 조합 "필드의 입자"	3.4
29	만약 이미 거시적 단계에서 문제가 해결안을 갖게 된다면, 3.4는 실행할 필요가 없는 것이 될 수 있다. 하지만 이러한 경우에서도 미시적 관점에서 물리적 모순을 작성하는 시도는 유용하다. 왜냐하면, 그것은 '문제는 거시적 단계에서만도 풀릴지도 모른다.' 는 부가적인 정보를 제공하기 때문이다.	3.4
30	규칙 4-7은 ARIZ 4단계의 모든 단계에 적용된다.	4

31	"소인 모델 방법"은 다음과 같다. 모순되는 요구조건을 많은 소인들이 움직이는 일반적인 그림(혹은 여러 그림의 나열)으로 도식적으로 표현한다. 문제의 모델에서 유일하게 변형이 가능한 파트를 "소인"로 그린다.	4.1
32	4.1 단계는 보충적인 단계이다. SFR을 작동하기 전에, 한 개체의 어떠한 입자들이 작업 부분에서 해야 하는지를 역동적으로 상상해야 한다. MMD 방법은 물리적 현상(어떻게 할 것인가) 없이 이상적인 동작(무엇을 하는가)를 명확히 보게 해준다. 덕분에, 심리적 타성은 사라지고 상상력이 증가된다. 따라서, MMD는 심리적인 방법이다, 하지만, 축소 난장쟁이법으로 한 모델링도 물리적 시스템의 발전법칙에 따라 수행된다. 그 결과 MMD 법은 자주 기술적 모순으로 귀결되며, 이러한 경우 문제 해결을 멈출 필요는 없으며, SFR을 꼭 만들어야 한다.	4.1
33	자원의 활용이 가능하다면, 문제점이 발생하지도 않거나 때로는 자가적으로 해결이 가능하다.	4.3
34	4.3단계는 Mono-substance를 불규칙적인 Bi-substance로 전환하는 것이다.	4.3
35	Void는 물질자원의 중요한 형태의 하나이다. 그것은 어디에나 있고, 가격이 싸며, 존재하는 물질과 쉽게 섞일 수 있고, 형태는 공극, 모세관, 다공성 물질, 거품 등으로 존재한다.	4.4
36	분해와 조합을 통한 파생자원의 생성: -현존 자원의 부분적 상태의 수정을 통해서 얻을 수 있다. -현존 자원의 분해를 통해서 얻을 수 있다.	4.5
37	대체물질은 다층으로 구성된 계층적 System이다. 실제 적용의 정확성을 기하기 위해서 이 계층의 분리구조를 먼저 파악해야 한다.	4.5
38	만약 자원물질(존재 혹은 유도된)이 문제의 조건에서 사용되지 않았다면 가동 혹은 정지 전자를 사용하는 것이 필요하다. 전자는 항상 대상물의 존재를 위한 물질로서 존재한다. 또한, 전자는 장과 결합해 좋은 조종성을 준다.	4.6
39	현재의 SFR은 2.3 단계에서 이미 정의되었다. 또한, 4.3-4.5 단계는 기존 SFR에서 물질을 파생해내는 것에 연계되어있다.	4.7
40	발명법칙으로 돌아가는 것은 Step 4.6 과 4.7을 반드시 거치는 것이다. 그런 과정들 전에 주요한 아이디어는 새로운 물질과 새로운 장 없이 존재하는 SFR을 사용하는 것이었다. 만일 문제가 존재하고 유도된 SFR을 사용하는 해결책을 가지고 있지 않다면 새로운 물질과 새로운 장을 소개하는 것이 필요하다. 대부분의 발명법칙은 Additives introduction의 기술을 포함한다.	5.1

41	발명문제의 양은 무한하나 물리적 모순(모든 문제의 "근본")의 양은 그리 많지 않다. 그러므로 발명문제의 대부분은 비슷한 물리적 모순을 갖고 있는 다른 발명문제들과의 분석에 의해 풀릴 수 있다. 문제들은 겉으로는 크게 다르게 보이지만 정립한 후에는 유사점들이 모인다.	5.2
42	물리적 효과와 현상을 부분은 논문 "Technika I nauka" (1981-1983)에 출판되어있다.	5.4
43	자체 조절 물질(이 문장에서) 이란 외부환경의 변화에 의해 자신의 물리적 특성(예를 들면 온도가 올라가면 큐리점에 의해 자성이 없어진다)을 바꾸는 것이 가능한 것을 말한다. 자체 조절 물질을 사용함으로써 부가적인 장치 없이 변수를 측정하거나 시스템 상태를 바꾸는 것이 가능하다.	7.1
44	작업의 목적이 오직 하나의 기술적 문제 해가 아니라면 단계 8.3 a - 8.3 e 은 새로운 이론 개발의 시작 단계로 조심스럽게 해야 한다(기존의 얻어진 원리에 기초해).	8.3

아리즈-85C의 규칙은 총 11개로 구성되어 있다. 규칙은 각 단계를 넘어갈 때 애매한 부분에 대한 판단의 기준을 제시하는 내용이다. 규칙은 1부에 3개, 4부에 7개, 5부에 1개로 구성되어 있다. 2부, 3부, 6부, 7부, 8부, 9부는 규칙이 없다. 규칙이 없다는 것은 애매모호한 부분이 별로 없다는 뜻이기도 하다. 4부에 7개의 규칙이 있다는 것은 4부에서 애매모호한 부분이 많다는 뜻이기도 하다. 일반적으로 3부에서 문제가 해결되면 바로 7부로 넘어가면 된다. 3부에서 4부로 넘어간다는 것은 3부에서 문제가 해결되지 않았으므로 그 분야의 지식의 범주에서 고난도 문제라고 생각된다. 아무쪼록 각 부에서 다음 단계로 넘어가는 과정에서 규칙의 의미를 잘 생각하길 바란다.

[표 1-8] **아리즈-85C의 규칙**

No	규칙	위치
1	만약 문제 내의 도구가 두 개의 상태이면 양쪽을 기술할 필요가 있다.	1.2
2	만약 문제 내의 요소와 반응하는 동질의 것이 있다면 하나의 집합으로 해도 좋다.	1.2
3	대부분의 문제들은 많은 수의 구성요소이어야 하면서 적은 수의 구성요소이어야 하는 것과 같은 (혹은 강한 구성요소이면서 약한 구성요소이어야 하는) 모순들을 가지고 있다. 적은 수의 구성요소이어야 하는 것과 같은 모순을 심화시키기 위하여 개수가 전혀 없는 제로 구성요소로부터는 하나의 구성요소를 간주하게 한다.	1.5

4	각 종류의 입자는 하나의 물리적 상태에서 단 하나의 기능을 수행해야 한다. 만약 입자 A가 행위 1과 2를 수행할 수 없다면, 입자 B를 제시하여, A는 행위 1을 수행하게 하고, B는 행위 2를 수행하게 한다.	4
5	입자 B는 두 그룹(B-1,B-2)으로 나누어 질 수 있고, 이는 "자유롭게" 새로운 행위를 얻을 수 있다(이미 가능한 입자 B들 사이의 상호작용 확장으로).	4
6	심지어 시스템이 단지 입자 A만을 포함할지라도, 입자를 그룹으로 나뉘는 것은 이득이 될 수 있다. A 입자들의 한 그룹은 같은 상태로 유지하게 하고, 다른 그룹은 한 파라미터(주어진 문제에서 중요한)를 바꾼다.	4
7	나뉘거나 새로 제시된 입자들은 서로 분간이 어렵거나, 또는, 각기 이전의 것들과 분간이 어려워야 한다.	4
8	문제의 해결에 있어서 추가적인 Particle이 필요할 때는 상위구조 구성물질의 분해작용을 통해서 획득이 가능하다.	4.5
9	필요한 particle의 직접생성이나, 규칙8을 통한 획득이 불가능할 때는 하부구조(이온 같은 것)의 조합이나 완전한 조합을 통해서 가능하다.	4.5
10	규칙 8에 의하면, 가장 간단한 방법은 근접한 상위구조의 "전체"나 "여분"의 분해를 통해서 가능하다. 규칙 9에 의하면, 근접한 위치의 하부구조 분해를 통해서 대체물질의 획득이 가능하다고 한다.	4.5
11	해결책은 IFR에 따르거나 IFR에 가깝다면 적당하다.	5.3

아리즈-85C에는 7개의 주의 사항이 있다.

각 단계에서 주의할 사항을 소개해 두었다. 아리즈-85C로 문제를 해결하는 데 있어서 빠뜨리거나 오해의 소지가 있는 부분에 대해 자세히 기술하였다. 1부 이전에 1개, 3부에 3개, 4부에 2개, 9부에 1개. 1, 2, 5, 6, 7, 8부에는 주의 사항이 없다.

[표 1-9] **아리즈-85C의 주의 사항**

No	주의 사항	위치
1	a. ARIZ는 복잡한 도구임. 적어도 80시간 이상의 경험이 없다면 새로운 산업 문제에 적용하지 말 것 b. ARIZ는 사고를 위한 도구이나 생각을 대신하지는 않음. 각 단계를 철저히 숙지할 것. 문제해결 과정에서 나타나는 모든 고려 사항에 주의할 것	1부 이전

1	c. ARIZ는 비 표준문제를 풀기 위한 도구임. 당신의 문제가 발명원리를 이용할 수 있는가 검토할 것	1부 이전
2	a. 문제해결은 기존 관념의 파괴와 함께 이루어진다. 새로운 개념이 나타나면 그것은 말로 표현하기 어렵다. 예를 들어, 안료를 녹이지도 않고 안료의 특성을 알 수 있나? b. ARIZ로 작업하면서 모든 방법에 있어 특별한 어휘(이는 심리적 타성을 증가시킨다.)를 피하고 단순하고, 비기술적인, 심지어 "어린아이가 쓰는" 언어로 기술하는 것이 필요하다.	3.2
3	ARIZ를 통해 문제를 풀어가는 동안, 해답은 마치 발전되듯 천천히 정형화된다. 미숙한 해답이 나타난 후 문제해결을 멈추지 말고, 그것을 또한 "고치지"도 마라. 해답은 ARIZ를 통해서 완성되어야만 한다.	3.3
4	ARIZ의 첫 세 단계는 초기문제를 본질적으로 재정형 화한다. 3.5 단계는 이러한 재정형 화를 종합한다. IFR-2의 문구를 작성하고 나서, 동시에 우리는 새로운 문제(물리적인)를 얻게 된다. 물론 후에 이를 풀어야만 한다.	3.4
5	빨리, 주의 없이 그리면 에러가 발생한다. 좋은 그림은 a) 어떠한 주석 없이도 표현적이고 이해하기 쉬운 것 b) 일반적인 제거 방법을 제시하여 물리적 모순에 대해 부가적인 정보를 주는 그림이다.	4.1
6	mini 문제해결 과정 중의 자원이동의 목적은 모든 자원을 사용하고자 하는 것이 아니다. 목적이 다르다. 이것은 최소한의 자원을 통해 답을 얻을 필요가 있다.	4.1
7	a. ARIZ-85C는 많은 문제에 적용되었음(TRIZ 교육에 사용되는 모든 문제). 가끔 이것은 하나의 문제해결 경험에 기초해 근대화되었음. 제안된 방법은 특정한 문제에는 좋을 수도 있음. 그러나 다른 문제에 일반적으로 이용하려면 어려울 수도 있음. b. 모든 제안은 ARIZ를 위해 평가되어야 함(예: 이 방법을 위해 MMD가 사용). 모든 근대화는 적어도 20~25개의 비표준 모델에 의해 평가된 후 ARIZ에 적용되어야 함. c. ARIZ는 발전 중임. 따라서 새로운 아이디어가 필요함. 그러나 이 아이디어는 조심스럽게 평가되어야 함.	9.2

1.2.6 아리즈-85C의 단계별 세부내용

✔ 주의 1

a) ARIZ는 복잡한 도구임. 적어도 80시간 이상의 경험이 없다면 새로운 산업 문제에 적용하지 말 것.

b) ARIZ는 사고를 위한 도구이나 생각을 대신하지는 않음. 각 단계를 철저히 숙지할 것. 문제해결 과정에서 나타나는 모든 고려 사항에 주의할 것.

c) ARIZ는 비 표준문제를 풀기 위한 도구임. 당신의 문제가 발명원리를 이용할 수 있는가 검토할 것.

ARIZ란 TRIZ의 가장 최상위 기법으로 문제가 무엇인가 명확하지 않을 때 사용한다. 따라서 전체 과정의 50% 이상이 문제의 재정의에 사용된다.

ARIZ가 사용하는 기법은

a) Ideal solution

b) 모순

c) 시스템 리소스

d) 과학기술 효과

e) 물질-장 기법

f) 발명원리 40등이 있으며, TRIZ 기법의 대부분을 차지한다고 볼 수 있다.

■ 1부. 문제분석

ARIZ 첫째 부문의 목적은 불분명한 발명상황의 문제를 명백하게 생성하고 문제를 간단하게 기술하기 위함이다.

- 1단계(1.1) 최소 변경 문제 공식화

다음 방법에 따라 mini-문제의 상황을 적어나간다 (특수용어를 사용치 않음)

기술 시스템(그 임무를 나타내는)이 포함하는 (시스템의 기본 부분을 계시)

· 기술적 모순 1 : (그것을 나타냄)

· 기술적 모순 2 : (그것을 나타냄)

최소한의 시스템 변화로 얻을 필요가 있다 (필요한 결과의 내용)

※ 예제 : 전파를 수신하는 무선 시스템은 안테나, 전파, 번개, 낙뢰 봉을 가지고 있다.

- TC-1 : 만약 낙뢰 봉이 많으면 번개에서 신뢰성이 높지만, 전파를 흡수한다.
- TC-2 : 만약 낙뢰 봉이 없으면 전파의 흡수가 없다. 그러나 안테나는 번개에서 보호 받지 못한다. 최소한의 개조로 전파의 흡수 없이 번개에서 안전한 안테나가 필요하다(여기에서 낙뢰 봉은 전도 봉, 전도 대 혹은 전도라는 용어로 교체되어야 한다).

✔ 주석묶음 1

mini 문제: System의 큰 변화 없이 문제점을 제거하거나 원하는 기능을 달성하도록 정의된 문제의 모형

maxi 문제: 문제를 유발하는 요소를 제거 또는 다른 요소로 대체하여 원하는 기능을 달성하도록 정의된 문제모형으로 시스템의 작동원리에 변화가 이루어 짐.

· 주석 1

mini 문제는 한계의 도입에 의한 발명문제에서 얻어진다. 모든 것은 변화 없이 혹은 좀 더 간단하게 되고, 요구되는 기능(특성)은 유해한 특성이 사라진 채로 얻어져야 한다. 상황을 mini 문제로 바꾼다는 것이 작은 문제를 푼다는 뜻이 아니다. 반대로 모순의 집합에 의한 추가적인 요구와 답을 타협하지 않는다는 뜻이다.

· 주석 2

1.1을 적어나가면서 시스템의 기술적인 부분만이 아니라 기술 부분과 반응하는 다른 요소들도 기입되어야 한다. 무선안테나의 보호 문제에서 이 다른 요소란 수신전파(만약에 우주선이 방사된다면 그것도)가 된다.

· 주석 3

기술적 모순(TC)은 시스템 내에서 반응이다.

예를 들어 유익작용은 일부의 유해작용으로 일어나거나 유익작용의 도입(강화), 혹은 문제를 일으키는 유해작용의 제거(약화), 전체 시스템 혹은 시스템 부분의 퇴보에서 발생한다.

기술적 모순을 만들기 위해 시스템 요소를 기술하고, 무엇이 좋고 무엇이 나쁜가 기술한다. 그리고 같은 방식으로 동일요소를 반대로 기술한다. 때때로 Product은 문제조건만을 가지는 경우가 있다.

기술 시스템(도구)이 없으면 명백한 TC가 없다. 이런 경우 TC를 얻기 위해 일반적으로 Product을 두 가지 상태로 본다. 또한, 한 상태는 거의 받아들일 수 없는 조건으로 한다. 예를 들어 다음 문제가 있다. →"어떻게 육안으로 투명한 액체의 미립자를 관찰할 수 있을까? 미립자는 아주 작아 빛을 통과한다"

- TC-1: 만약 입자가 작으면 액체는 광학적으로 투명하다. 그러므로 맨눈으로 입자를 관찰하는 것이 불가능하다.
- TC-2: 만약 입자가 크면 관찰이 가능하다. 그러나 액체는 투명하지 않다.

TC-2 문제의 조건 때문에 불가능한 것으로 보인다. 따라서 Product은 바뀌어야 한다. 우리는 TC1에서 계속해야 하지만 TC2는 새로운 요구조건을 주어야 한다. 입자는 작아야 하지만 입자는 커야 한다.

· 주석 4

도구의 취급에서 전문 용어는 심리적 타성을 없애기 위해 일반 용어로 치환되어야 한다.

✔ 일반 용어

a. 도구의 기능에 관한 오래된 개념: "쇄빙선은 얼음을 깬다 ", 하지만 얼음을 깨지 않고도 움직일 수 있다;

b. 문제에서 언급된 물질의 숨은 기능: "비계"는 “벽”이 아니라 “철벽”이 된다.

c. 상태의 가능 조건을 좁힌다: "페인트"는 전통적으로 액체나 고체이지만 가스 상태일 수도 있다.

- 2단계(1.2) 모순 요소들 정의

모순 집합을 Product와 도구로 분리하고 적어나간다.

· 규칙 1

만약 문제 내의 도구가 두 개의 상태이면 양쪽을 기술할 필요가 있다.

· 규칙 2

만약 문제 내의 요소와 반응하는 동질의 것이 있다면 하나의 집합으로 해도 좋다.

예제: Product은 번개와 전파. 도구는 전도 봉 (많은 봉 혹은 적은).

✔ 주석묶음 2

· 주석 5

Product은 문제의 조건에서 처리되어야 하는 공정이다(제조, 이동, 변화, 개선, 유해한 작용에서 보호, 측정 등). 요소의 측정과 표현 문제에서 도구(주요 기능에 의한)는 Product이 될 수도 있다(예를 들면 연삭기).

· 주석 6

도구는 Product과 직접 작용하는 것(예를 들면 절단기-공작기기, 불꽃-버너가 아니라). 경우에 따라 환경도 도구가 될 수 있다. Product 설치의 표준 사양도 도구가 될 수 있다. 예를 들면 Meccano는 여러 모델을 생성하는 도구이다.

· 주석 7

모순 집합의 요소는 배증해야 한다. 예를 들면 두 개의 다른 도구는 반드시 동시에 작용해야 하고, 각각을 숨겨야 한다. 혹은 두 개의 Product은 도구의 기능을 인식해야 한다. 하나의 Product은 다른 것을 숨겨야 한다.

- 3단계(1.3) 기술모순의 도식 모델 묘사

기술적 모순 TC-1 과 TC-2를 도식화한다(하단의[표 1-10] 참고).

[표 1-10] 문제모형의 전형적인 모순

No	도식화	도식화 설명
1		**반작용** - A는 B에 유용하게 작용(실선 화살표)하지만, B는 A에 영구적으로 또는 어떤 단계에서 유해하게 작용한다. - 유해한 작용을 제거하고 유용한 작용을 보존하는 것이 필요하다.
2		**접합 작용** - A에서 B로의 유용한 작용은 B에 유해한 작용을 한다(작용단계에 따라 유용하거나 유해할 수 있다). - 유해한 작용을 제거하고 유용한 작용을 보존하는 것이 필요하다.
3	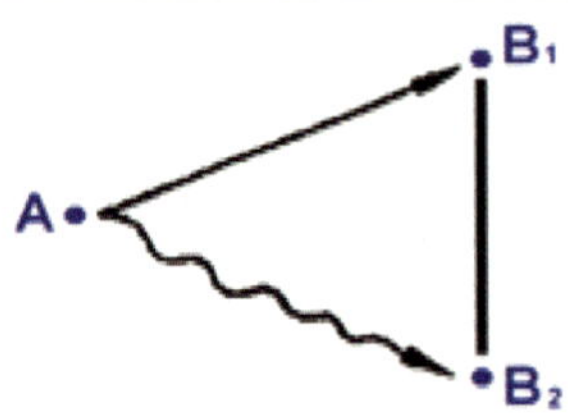	**상호 유해하고 유익한 작용** - A가 B의 한 부분에 유용하게 작용하는 것이 B의 다른 부분에 유해한 작용을 한다. - B_2에 대한 유해한 작용을 제거하고, B_1에 대한 유익한 작용을 보존한다.
4	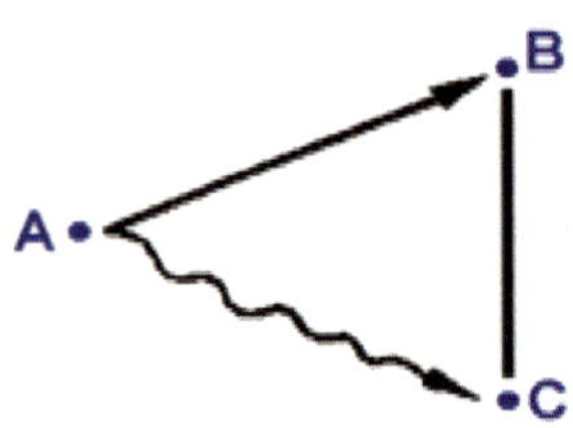	**접합 작용** - A에서 B로의 유용한 작용은 C에게 유해한 영향을 끼친다. A, B 그리고 C는 시스템의 한 부분이다. - 시스템을 파괴하지 않는 범위 내에서 유해한 작용을 제거하고 유익한 작용을 보존하는 것이 필요하다.

5	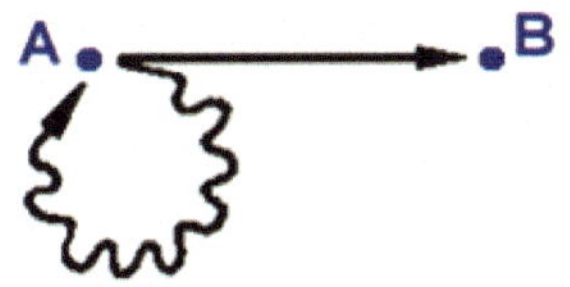	**접합 작용** - A에서 B로의 유용한 작용은 A 자신에게 유해한 영향을 끼친다(예, 장치의 복잡성 증가). - 유해한 작용을 제거하고 유용한 작용을 보존하는 것이 필요하다.
6	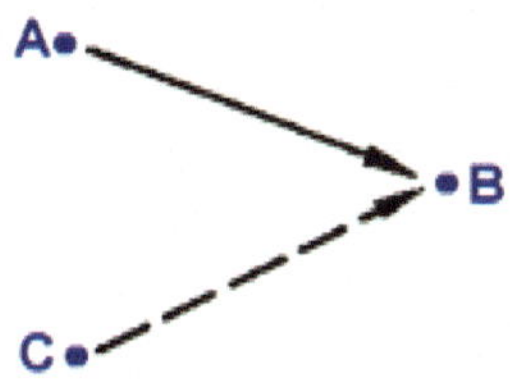	**모순작용** - A에서 B로의 유용한 작용은 C에서 B로의 유용한 작용과 모순된다(예, 취급법이 측정법과 모순된다.). - A에서 B로의 작용을 변화시키지 않고, C에서 B로의 작용을 제공할 필요가 있다.
7	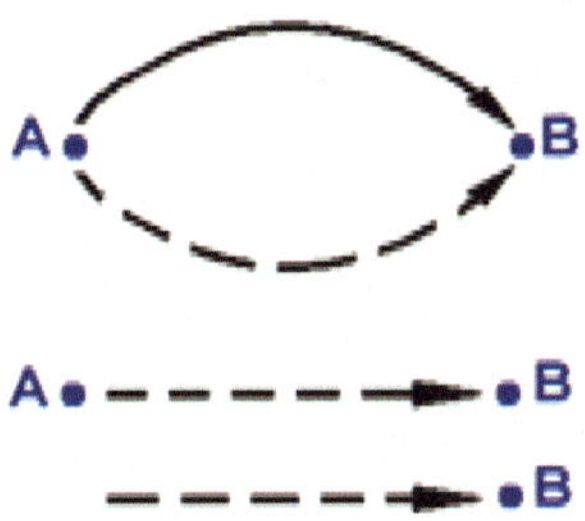	**불완전 작용 또는 작용 안 함** - A는 B에 하나의 유형으로 작용한다, 그러나 동일한 두 작용이 필요하다. - A는 B에 작용하지 않는다. - 때때로 A가 존재하지 않는다: B를 변화시킬 필요가 있으며 방법은 알려져 있지 않다. - 가장 단순한 A로써 B에 대한 작용을 제공할 필요가 있다.
8	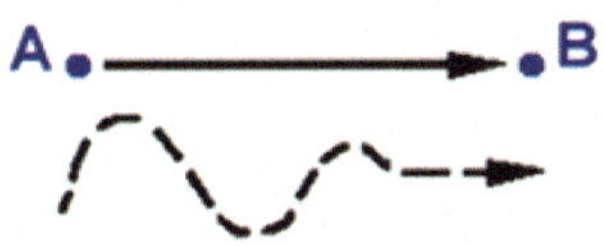	**침묵 작용** - A, B 또는 A와 B 사이의 상호작용에 대한 정보가 없다. 때로는 B에 관한 정보만 존재한다. - 필요한 정보를 얻는 것이 필요하다.
9		**통제 안 된 작용** - A와 B 사이의 상호작용은 제어가 불가능하다(예, 영구적인 운동). 그러므로 제어 가능한 상호작용이 필요하다(예, 가변적인 운동). - A에서 B로의 작용을 제어 가능하도록 하는 것이 필요하다.

※ 예제

- TC-1 : 전도 봉이 많이 있음

- TC-2 : 전도 봉이 적음

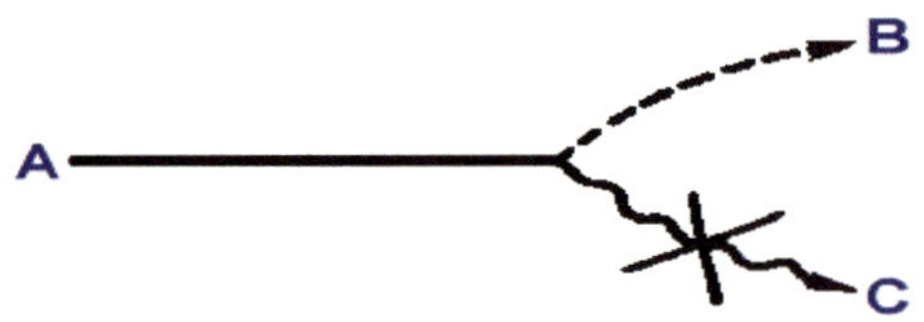

✔ 주석묶음 3

· 주석 8

표 1은 전형적인 모순을 가지고 있다. 만약 모순의 내용이 효과적으로 표현될 수 있다면 굳이 표를 쓰지 않아도 좋다.

· 주석 9

어떤 문제는 모순이 여러 개로 연결되어 있다. 예를 들면 :

이런 것은 단일 연결로 다음과 같이 바꿔야 한다.

만약 B가 변경 가능한 Poduct이거나 A의 기본 기능이라면 B로 변경해야 한다.

· 주석 10
모순은 시간이나 공간에서 처리될 수 있다.

· 주석 11
단계 1.2와 1.3은 문제의 일반적 공식화를 담당한다. 따라서 단계 1.3 이후에 단계 1.1로 돌아갈 필요가 있다. 그리고 절차 1.1-1.2-1.3. 내에서 모순된 것은 없는가 점검해야 한다. 만약 모순이 발견되면 절차를 수정해 그것을 제거해야 한다.

- 4단계(1.4) 심화 분석을 위한 도식 모델 선정

두 개의 모순 중에서 어느 것이 주요 공정에 최적 결과를 주는 가를 선별한다(다음에 주요 기술 시스템 기능이 문제의 조건에서 나타나는가 확인한다). 무엇이 주요 공정(MP ; Main Product)인가 확인한다.

※ 예제 : 무선안테나의 보호 문제에서 주요 기능은 전파의 수신이다. 따라서 TC-2가 선정되어야 한다. 이 경우는 전도 봉이 전파를 방해하지 않는다는 것이다.

✔ 주석묶음 4

· 주석 12
두 모순 중 하나를 선택하고, 도구의 두 반대 상태의 하나를 선택한다. 해는 이런 상태로 명명되어 진행되어야 한다. 예를 들면, 하나는 "전도 봉" 없음이 "봉의 최적 수"로 대체되면 안 된다. ARIZ는 문제를 무마하는 것을 요구하지 않는다.
만약 당신이 한 도구의 상태를 잡으면 우리는 다음을 해야 한다: 선택된 것에서 긍정적 기능.

적은 전도 봉이 있고 우리는 그 숫자를 늘리지 않는다. 그러나 번개는 많은 전도 봉이 있는 것처럼 중화되어야 한다.

· 주석 13

가끔 MP를 정의하는 데 있어 측정의 문제로 인해 어려움이 발생한다. 거의 항상 측정은 어떤 변화를 측정하는 것이거나 혹은 생산을 위한 과정을 정의하는 것이다. 따라서 측정문제의 MP는 단순히 측정문제 만이 아니라 전체 시스템의 문제이어야 한다. 과학에서 측정의 특정한 문제는 예외이다.

- 5단계(1.5) 모순 심화

각 구성요소의 상황(동작)을 극단적인 상태로 가지고 가서, 모순을 극대화 한다.

· **규칙 3**

대부분의 문제들은 많은 수의 구성요소이어야 하면서 적은 수의 구성요소이어야 하는 것과 같은 (혹은 강한 구성요소이면서 약한 구성요소이어야 하는) 모순들을 가지고 있다. 적은 수의 구성요소이어야 하는 것과 같은 모순을 심화시키기 위하여 개수가 전혀 없는 제로 구성요소로부터는 하나의 구성요소를 간주하게 한다.

예: TC-2 에서 적은 개수의 전도 봉이란 전도 봉이 하나도 없다는 것을 가리키게 되는 것을 고려한다.

- 6단계(1.6) 문제 모델 요약

다음과 같은 것을 지적하면서 문제의 모델을 만들어 간다.

1) 모순되는 짝
2) 한층 심화된 형식의 모순
3) 문제해결을 위해 제안되는 X 라는 구성요소가 할 일(무엇을 유지해야 하고, 무엇을 없애야 하고 무엇이 개선되어야 하며 무엇이 제공되어야 하는지)

※ 예 : 전도 봉이 하나도 없으면서 번개가 발생한다.

전도 봉이 하나도 없으므로 전파수신을 방해하지 않으며 동시에 번개로부터 안테나를 보호하지 못한다.

안테나의 전파수신을 방해하지 않는, 즉 전도 봉이 하나도 없는 것과 같은 상태를 유지하면서 번개로부터 안테나를 보호할 어떤 X 라는 구성요소가 필요하다.

✔ 주석묶음 5

· 주석 14

문제의 모델은 약간은 보편적이다. 모델은 기술 시스템의 몇몇 구성요소들을 인위적으로 구분시킨다. 나머지 구성요소들은 있다는 정도로 인식하고 있을 뿐이다. 예를 들어 안테나의 문제에 있어 안테나, 라디오 주파수, 전도봉, 번개의 네 가지 구성요소 중에서 두 가지만 연관이 되었다. 나머지 두 가지 요소는 있다는 정도로 마음속에 인식될 뿐 문제 모델에서 전혀 언급되지 않았다.

· 주석 15

1.6 단계를 지나서는 반드시 문제의 모델을 만들어 내는 논리를 체크하기 위하여 1.1 단계로 되돌아갈 필요가 있다. 종종, 다음과 같은 방식에 의하여 X라는 구성요소를 지정한 후에 문제의 모순을 구체화할 수 있게 된다.

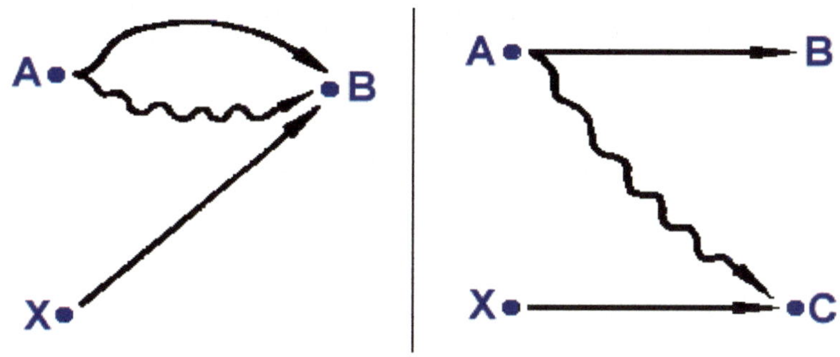

· 주석 16

X라는 구성요소는 반드시 시스템 속에 반드시 존재해야만 하는 것은 아니다. 예를 들어 X는 시스템이 존재하는 환경의 온도가 될 수도 있다.

- 7단계(1.7) 표준 해결법 활용

문제 모델을 해결하기 위하여 표준적인 시스템을 응용할 수 있는지 체크해 보라. 만일 풀리지 않는다면 ARIZ의 2부로 가라. 만일 문제가 풀린다면 곧바로 ARIZ의 7부로 가라. 이렇게 문제가 풀리는 경우라 하더라도 두 번째 부분을 짚어 나가는 것은 권장된다.

✔ 주석묶음 6

· 주석 17

첫 번째 파트에 의한 문제의 분석과 모델의 생성은 본질적으로 문제파악을 선명하게 해주며 일반적이지 않은 문제에서의 표준적인 모습을 설명하게 된다. 여기서 처음의 문제 서술 상태보다 좀 더 효과적으로 표준적인 것을 사용할 기회를 받게 되는 것이다.

■ 2부. 문제 모델 분석

두 번째 파트의 목적은 문제해결에 이용될 유용한 자원의 발견이다. 이러한 것들은 공간이나 시간 혹은 물질과 장들이 될 수 있다.

- 8단계(2.1) 작동 영역(OZ; Operating Zone) 정의

✔ 주석묶음 7

· 주석 18

가장 간단한 동작 구역의 경우가 문제 모델에서 모순이 일어나는 공간이다.

예: 안테나 문제의 경우 동작 구간은 전도 봉이 배열된 혹은 전도 봉이 없는 공간이다.

- 9단계(2.2) 작동 시간(OT; Operating Time) 정의

✔ 주석묶음 8

· 주석 19

동작 시간은 가능한 시간 자원이다. 모순이 일어나는 시간 T1과 모순이 일어나기 전의 시간 T2로 구분한다. 어떤 경우에 모순은 T2에서 특별히 빠르게 제거되거나 방지될 수 있다.

예: 안테나 문제의 경우 동작 시간은 번개가 치는 T1′과 다음번 방전이 일어나기 전까지의 시간인 T1″로 나뉜다. T2는 없다.

- 10단계(2.3) 물질-장 자원들(SFP; Substance Field Resources) 정의

Product의 환경과 관련된 물질-장 자원을 정의하라. SFR의 리스트를 완성하라.

✔ 주석묶음 9

· 주석 20

물질-장 자원들은 이미 문제의 조건에서 존재하고 있는 장이나 물질들이 될 것이다. SFR은 다음과 같은 세 가지 분류로 나뉜다.

1) 시스템 자원
   a) 도구의 SFR
   b) Poduct의 SFR
2) 획득 가능한 자원
   a) 문제에서 특정하게 주어진 환경에서의 SFR. 물속의 입자 문제에서 광학적으로 투명한 액체
   b) 공통적인, 즉 거의 모든 환경에서 일반적인 SFR. 예를 들어 지구의 중력장과 자기장
3) 슈퍼시스템의 SFR
   a) 문제의 상황을 고려하여 가능하다면, 시스템 바깥의 낭비
   b) 비용이 무시될 정도의 구성요소 너머의 매우 비용이 싼 어떤 것

mini 문제를 푼다는 것에서 SFR을 최소로 사용하는 것이 결과를 얻는 데 바람직하다. 따라서 시스템 자원을 첫 단계에서 쓰는 것이 좋다. 예상되는 문제를 풀고 답을 찾는 문제(예를 들면 maxi)에서는 여러 자원을 가능한 한 많이 이용하는 것이 좋다.

· 주석 21

Product는 변하지 않는 구성요소이다. 어떤 자원이 Product에 사용될 수 있는가? 실제 Product를 변화시키는 것은 불가능하다. 즉, mini 문제를 풀면서 그것을 변화시키는 것은 부적당하다. 그러나 가끔 Product는 다음과 같은 일이 있을 수 있다.

a) 자기 스스로 바뀐다.
b) Product가 제한되어 있지 않다면, Product의 자기 일부분을 소비한다. 슈퍼시스템으로 전환이 가능하다(벽돌은 변하지 않았지만 집은 변하는 것이다).

c) 미시적 구조의 변화는 가능하다.
d) 틈이나 빈 공간과 같은 Nothing과 혼합될 수 있다.
e) 일시적인 변화가 일어날 수 있다.

변화 없이 간단히 변화된다면 Product는 SFR list의 하나일 수 있다.

· 주석 22

SFR은 사용 가능한 자원이다. 문제해결 첫 단계에서 이러한 자원을 이용하는 것이 유리하다. 만일 자원이 부족해지면 다른 물질이나 장을 가져온다. 2.3 단계는 SFR의 예비분석이다.

예: 안테나 보호 문제에 있어 전도 봉이 하나도 없는 상태가 언급돼 있다. 그래서 SFR은 환경의 단지 물질과 장만을 포함한다. 이러한 경우 SFR은 공기이다.

■ 3부. 이상적 최종해의 정의와 물리적 모순

이상적 최종해(IFR)의 이미지는 ARIZ 세 번째 단계의 응용과정에서 형성되어야 한다. 물리적 모순(PC)도 정의되어야 한다. 물리적 모순은 IFR에 도달하는 비밀을 숨기고 있다. 이상해에 도달하는 것이 항상 가능한 것은 아니다. 하지만 IFR은 가장 강력한 방향이다.

- 11단계(3.1) IFR-1의 정의

X-요소(시스템을 복잡하게 하지 않고, 유해한 부가효과 없는) 제거(유해효과를 나타내는)
(작동 시간) 중에
(작동범위) 안에서
도구의 능력을 만들기 위한(유용 기능을 나타내는)

※ 예제 : X-요소(시스템을 복잡하게 하지 않고, 유해한 부가효과 없는) 제거
전도 봉의 제거로 번개를 "당기지 않는"

(작동 시간) 중에
(작동범위) 안에서
안테나의 장애를 만드는 도구의 능력을 유지하는

✔ 주석묶음 10

· 주석 23

"유해한 기능은 유용한 기능과 연결되어 있다는 모순" 외에 다른 모순이 있다. 예를 들면 "새로운 유용한 기능의 도입은 시스템을 복잡하게 만드는 원인이 된다." 혹은 "하나의 유용한 기능은 다른 기능과 상충한다." 등이다. 따라서 IFR의 형성에서 3.1에 주어진 것은 그저 적어나가는 형식일 뿐이다.

IFR 형성의 상식은 다음과 같다: 유용한 기능의 취득(혹은 해로운 기능의 제거)는 다른 기능의 저하(혹은 유해한 기능의 출현) 없이 되어야 한다.

- 12단계(3.2) IFR-1의 심화

IFR-1을 부가적 요구로 심화한다:

새로운 물질과 장은 도입하지 않아야 한다. SRF를 사용할 필요가 있다.

※ 예제 : 안테나 보호를 위한 문제모형에서 도구는 없다. (낙뢰 봉의 제거) 주해 24에 의하면 IFR-1의 도입에 환경을 도입해야 한다. 아니면 단어 "공기"를 X-요소로 대체해야 한다(그것은 낙뢰 봉의 대신에 "공기 봉"으로 좀 더 정확해야 한다).

✔ 주석묶음 11

· 주석 24

mini 문제를 푸는 데 있어서 주해 20 and 21에 기술된 절차에 의해 SFR을 사용해야 한다. :

a) 도구에 대한 SFR
b) 환경에 대한 SFR
c) 상위시스템에 대한 SFR
d) Product에 대한 SFR(주석 21번에 따른 어떠한 제약도 없을 경우)

위의 네 가지 형태의 SFR에 따라 네 가지 방향의 분석이 존재한다. 실제로, 문제의 조건에 따라 보통 몇 가지 방법이 제거된다. mini-문제인 경우, 문제해결의 실마리를 찾는 분석 시, 이처럼 제거된 방법만으로도 충분하다.

예를 들면 만약 한 아이디어가 도구의 방법을 통해 얻어질 수 있다면, 다른 방법은 고려하지 않아도 된다. Maxi 문제를 푸는 데는 모든 가능한 방법을 체크하는 것이 도움이 된다. 예를 들어 도구의 방법으로 해답이 얻어졌을 때는 환경에 대한 방법과, 보조 SFR의 방법, Product에 대한 방법을 동시에 살펴봐야 한다.

ARIZ를 배울 때, 이러한 연속적인 분석은 점차 병렬적인 분석으로 바뀐다. 다시 말해서, 아이디어를 한 방법에서 다른 방법으로 바꾸는 기술이 만들어지는 것이며, 이를 상위시스템, 시스템, 하위시스템의 변화를 동시에 관찰하는 기술, 즉 "Multi screen scheme of strong thinking"이라고 한다.

✔ 주의 2

문제해결은 기존 관념의 파괴와 함께 이루어진다. 새로운 개념이 나타나면 그것은 말로 표현하기 어렵다. 예를 들어, 안료를 녹이지도 않고 안료의 특성을 알 수 있나?

ARIZ로 작업할 때 어떤 방법에도 특별한 어휘(이는 심리적 타성을 증가시킨다.)를 피하고 단순하고, 비기술적인, 심지어 "어린아이가 쓰는" 언어로 기술하는 것이 필요하다.

- 13단계(3.3) 매크로 레벨 물리모순 정의

물리적 모순을 거시적 관점에서 기술한다.

(작업영역),

(작업시간) 동안,

(상반된 행위 중 하나를 가리키는 것)을 수행하기 위해

(거시적 관점에서 물리적 상태를 가리키는 것, 예를 들면 '뜨겁다')를 해야만 하고,

(상반된 행위 중 다른 하나를 가리키는 것)을 수행하기 위해

(거시적인 관점에서 반대되는 물리적 상태를 가리키는 것, 예를 들면 '차갑다')를 하지 말아야 한다.

✔ 주석묶음 12

· 주석 25

물리적 모순은 작업영역에서 물리적 상태가 서로 상반되어야 하는 조건을 말한다.

· 주석 26

물리적 모순을 전체적으로 정형화하기가 어렵다면, 간단한 물리적 모순을 작성해도 된다.

엘레멘트(혹은 작업영역에서의 엘레멘트의 일부)는
(지시하는 것)을 위해 존재해야 하고
(지시하는 것)을 위해 존재하지 말아야 한다.

예: 공기 기둥(Air column)은 동작 시간 동안 번개를 중화(Neutralize)하기 위해 전도성이 있어야 하고 라디오파를 흡수하기 위해서는 전도성이 있으면 안 된다.

이러한 정형화를 통해 다음의 해답이 나온다. 공기 기둥은 번개 방전 동안에는 전기를 전도해야 하고 나머지 시간에는 전도하지 말아야 한다. 번개의 방출은 상대적으로 드문 현상이고 매우 빠르게 일어난다. 이는 리듬 조화의 법칙(The law of rhythms' concordance)이다. 번개 막대의 발현 주기는 번개 발현의 주기와 같아야만 한다. 물론, 이는 완전한 해답은 아니다.

예를 들면, '어떻게 번개가 치는 동안 공기 기둥을 전도체로 변환하는가?'
'어떻게 번개가 치고 난 후 즉시 전도성이 사라지게 만드는가?'

✔ 주의 3

ARIZ를 통해 문제를 풀어가는 동안, 해답은 마치 발전되듯 천천히 정형화된다. 미숙한 해답이 나타난 후 문제해결을 멈추지 말고, 그것을 또한 "고치지"도 마라. 해답은 ARIZ를 통해서 완성되어야만 한다.

- 14단계(3.4) 마이크로 레벨 물리적 모순 정의

미시적 관점에서 물리적 모순을 정형화하여 기술한다. 3.3에서의 거시적 상태를 가리키는 것을 제공하기 위해 작업영역에는 재료 입자(물리적인 상태나 행위를 가리키는 것)가 분명히 존재한다. 그리고 3.3에서의 다른 거시적 상태를 가리키는 것을 제공하기 위해 그 입자는 존재하지 않아야 한다(혹은 다른 상태이어야 하거나 다른 행위를 하는 입자이어야만 한다).

※ 예 : (번개를 중화하기 위해서) 전기 전도성을 제공하기 위해(번개 치는 동안) 공기 기둥 안에는 자유전하(Free charges)가 있어야 한다. 그리고 (라디오파가 흡수되는) 전기 전도성이 없어지려면(나머지 시간에서는) 자유전하가 있으면 안 된다.

✔ 주석묶음 13

· 주석 27

3.4를 수행할 때, 아직은 입자의 개념을 명기할 필요는 없다. 예를 들어, Domen이나 분자, 이온 등을 입자로서 볼 수도 있다.

· 주석 28

입자는 다음과 같이 결정될 수 있다.

a) 개체(Substances)에 대한 입자로 단순화한다.
b) 한 개체의 입자들의 조합, 혹은 필드의 조합
c) "필드의 입자"

· 주석 29

만약 이미 거시적 단계에서 문제가 해결안을 갖게 된다면, 3.4는 실행할 필요가 없는 것이 될 수 있다. 하지만 이러한 경우에서도 미시적 관점에서 물리적 모순을 작성하는 시도는 유용하다. 왜냐하면, 그것은 '문제는 거시적 단계에서만 풀릴지도 모른다'는 부가적인 정보를 제공하기 때문이다.

✔ 주의 4

ARIZ의 첫 세 단계는 초기문제를 본질적으로 재정형 화한다. 3.5 단계는 이러한 재정형 화를 종합한다. IFR-2의 문구를 작성하고 나서, 동시에 우리는 새로운 문제(물리적인)를 얻게 된다. 물론 후에 이를 풀어야만 한다.

- 15단계(3.5) IFR-2의 공식화

마지막 결과인 IFR-2를 정형화하여 기술하라.

작업영역(이것을 가리키는 것)은 작업시간 동안(이것을 가리키는 것) 자체적으로 (상반된 거시적 혹은 미시적 단계를 가리키는 것)을 제공해야 한다.

※ 예 : 공기 기둥 속의 중립 분자는 번개의 충전 기간 동안 자체적으로 자유전하로 변해야 한다. 그리고, 자유전하는 번개의 방전 후 자체적으로 중립 분자로 되돌아가야 한다.

새로워진 문제에 대한 개념은 다음과 같다 : 자유전하는 번개가 칠 때 공기 기둥 속에서 자발적으로 존재해야 하고, 그리고 이온화된 공기 기둥은 "번개 기둥"처럼 작동하고 번개를 자발적으로 끌어당겨야 한다. 번개의 방전 후에는 공기 기둥 내의 자유전하는 자체적으로 중립 분자로 다시 돌아가야 한다. 학교에서 배우는 물리학만으로도 이 문제를 풀 수 있다.

- 16단계(3.6) 표준 해결법 활용

IFR-2로 정형화된 물리적 문제를 푸는데 창조적인 규칙 시스템을 사용할 수 있는지 시험한다. 만약 아직 문제가 풀리지 않았다면, 아직 ARIZ의 네 번째나 일곱 번째 단계(이러한 경우에도 역시 네 번째 단계의 분석이 필요하긴 하지만)로 넘어간다.

■ 4부. 자원(Resources)의 활용

SFR은 이전(2.3 단계)에서 이미 결정되었다. ARIZ의 네 번째 단계는 자원의 확장에 대한 구조적인 과정을 포함한다. 가능한 SFR을 최소한으로 변형시켜 쉽게 얻어진 SFR이 고려의 대상이다. 3.3 ~ 3.5의 단계에서 문제로부터 해답(이는 물리학의 응용에 기초한다)으로의 전이를 시작했으며, ARIZ의 네 번째 파트도 이러한 방법으로 계속된다.

· 규칙 4

각 종류의 입자는 하나의 물리적 상태에서 단 하나의 기능을 수행해야 한다. 만약 입자 A가 행위 1과 2를 수행할 수 없다면, 입자 B를 제시하여, A는 행위 1을 수행하게 하고, B는 행위 2를 수행하게 한다.

규칙 5

입자 B는 두 그룹(B-1, B-2)으로 나누어 질 수 있고, 이는 "자유롭게" 새로운 행위를 얻을 수 있다(이미 가능한 입자 B들 사이의 상호작용 확장으로).

· **규칙 6**

심지어 시스템이 단지 입자 A만을 포함할지라도, 입자를 그룹으로 나누는 것은 이득이 될 수 있다. A 입자들의 한 그룹은 같은 상태로 유지하게 하고, 다른 그룹은 한 파라미터(주어진 문제에서 중요한)를 바꾼다.

· **규칙 7**

나뉘거나 새로 제시된 입자들은 서로 분간이 어렵거나, 또는, 각기 이전의 것들과 분간이 어려워야 한다.

✔ 주석묶음 14

· 주석 30

규칙 4-7은 ARIZ 4단계의 모든 단계에 적용된다.

- 17단계(4.1) SLP(Smart Lttle People)의 모의시험

a) SLP 모델링 방법(MMD)을 사용하여 모순의 스킴(Scheme)을 작성한다.

b) SLP들이 모순 없이 활동할 수 있도록 스킴 "a"를 바꾼다.

✔ 주석묶음 15

· 주석 31

"SLP 모델링 방법"은 다음과 같다. 모순되는 요구조건을 많은 소인들이 움직이는 일반적인 그림(혹은 여러 그림의 나열)으로 도식적으로 표현한다. 문제의 모델에서 유일하게 변형이 가능한 파트를 "SLP"로 그린다.

"모순되는 요구조건"이란 문제 모델에서 혹은 역 물리적 상태(단계 3.5에서 제시되었던)에서 모순이다. 역 물리적 상태가 아마도 더 좋지만, 물리적 문제를 MMD로 바꾸는 명확한 법칙은 없다. 문제의 모델에서는 모순을 더 단순히 그린다.

4.1-b의 단계에서 좋은 행위와 나쁜 행위의 두 이미지를 하나의 그림으로 묶는 방법이 자주 행해진다. 만약 시간에 따라 사건이 발전된다면 몇몇 순차적인 그림을 그리는 것이 편하다.

✔ 주의 5

빨리, 주의 없이 그리면 에러가 발생한다.

좋은 그림은 a) 어떠한 주석 없이도 표현적이고 이해하기 쉬운 것 b) 일반적인 제거 방법을 제시하여 물리적 모순에 대해 부가적인 정보를 주는 그림이다.

· 주석 32

4.1 단계는 보충적인 단계이다. SFR을 작동하기 전에, 한 개체의 어떠한 입자들이 작업 부분에서 할지를 역동적으로 상상해야 한다. MMD 방법은 물리적 현상(어떻게 할 것인가) 없이 이상적인 동작(무엇을 하는가)을 명확히 보게 해준다. 덕분에, 심리적 타성은 사라지고 상상력이 증가한다. 따라서, MMD는 심리적인 방법이다, 하지만, SLP 법으로 한 모델링도 물리적 시스템의 발전법칙에 따라 수행된다. 그 결과 MMD 법은 자주 기술적 모순으로 귀결되며, 이러한 경우 문제해결을 멈출 필요는 없으며, SFR을 꼭 만들어야 한다.

※ 예제

- A. 정신적으로 분리된 공기 기둥 속의 소인들은 기둥 밖의 소인들과 동일하다. 이 둘 모두의 소인들은 중립적이다.(소인들은 서로 손을 잡고 있기 때문에, 번개를 잡지는 않는다.)

- B. 규칙 6에 따라 이들 소인들을 두 그룹으로 나누어야 한다. 기둥 바깥쪽의 소인들은 변함없이 놔두고(중립 쌍), 기둥 안쪽의 소인들은 쌍으로 놔둔 채 한 손을 놓게 한다. 이것이 바로 번개를 끌어들이고자 하는 경향을 상징화한 것이다.

(다른 스킴도 가능하지만, 어떠한 경우라도 소인들을 두 그룹으로 나눠야 한다. 예를 들어 기둥 내의 소인들의 상태를 바꿔도 상관없다.)

- C. 중립적으로 있을 때, 공기 기둥 속의 공기 분자는 이온화하거나 붕괴하는 경향이 있어야만 한다. 공기 기둥 속의 기압을 낮추는 것은 이러한 행위를 하기 위한 가장 단순한 방법이다.

✔ 주의 6

mini 문제 해결 과정 중의 자원이동의 목적은 모든 자원을 사용하고자 하는 것이 아니다. 목적이 다르다. 이것은 최소한의 자원을 통해 답을 얻을 필요가 있다.

- 18단계(4.2) IFR로부터 한 발짝 물러서기

완성된 System에 문제의 개념이 정의되어 있지 않다면, 우선 사안으로 해결해야 할 것이 문제의 내용 정의이다. 이를 위해서 사용 가능한 방법이 "IFR로부터 한 발짝 물러나기(Step back from IFR)"이다. 예를 들어서, IFR의 설명을 통해서 양립하는 부분의 교류가 이루어지며, 이를 통해서 이 둘 사이의 차별이 이루어진다. 여기에서 새로운 Micro-problem이 생겨난다. : Defect를 소거하기 위해서 무엇을 해야 하는가? 실제로 Micro-problem의 해결은 쉬운 편이며 주 문제해결의 방법을 제시해 준다.

- 19단계(4.3) 물질자원들을 결합시켜 활용하기

✔ 주석묶음 16

· 주석 33

자원의 활용이 가능하다면, 문제점이 발생하지도 않거나 때로는 스스로 해결이 가능하다. 일반적으로 새로운 대체물질이 필요한 것이 사실이지만, 새로운 것의 도입은 동시에 System 내부의 복잡성을 발생시킨다(예를 들어, Ghost effects 같은 것들). ARIZ의 네 번째 단계는 새로운 자원을 도입할 때의 이러한 모순을 제거하는 것이다.

· 주석 34

4.3단계는 Mono-substance를 불규칙한 Bi-substance로 전환하는 것이다. 여기에서 문제점이 하나 제시될 수 있는데, "Mono-substance를 불규칙한 Bi-substance나 Poly-substance로 전환할 수 있을까?"의 의문이다. 실제로 이러한 종류의 전이는 광범위하게 진행이 가능하다(규칙3.1.1 참고). 이 규칙은 System 간의 조합을 설명하고 있지만, 4.3단계에서는 대체물질에 관한 사항도 고려한다. 그래서, 2개의 개별 System을 결합해 하나의 새로운 System의 창안이 가능하다. 이를 통해서, 대체물질의 양적인 측면의 증가를 가져온다. 두 개의 개별 System을 결합하는 기술의 하나는, 주 System과 부 system의 경계를 명확히 하는 것이다.

예를 들어서, 두꺼운 종이를 한 장 첨가함으로써 Poly-system이 되는 것은 아니다. 그러므로, 하부 System을 도입할 때는 이것의 범위를 명확히 하는 것이 중요하다.

4.4 단계는 Quasi-poly-system을 생성하지 않는 것이 주요 사안이다. Void (진공, 빈틈, 간극)가 여기에서는 경계물질로 작용한다. 그러나, Void가 일반적인 혼합 파트너는 아니다. Void와 대체물질의 혼합과정에서 경계의 구분은 대개가 불확실하다.

- 20단계(4.4) 빈공간 활용하기

문제의 해결을 위한 자원의 대체나, Void와 현존 자원의 결합을 시도해 본다.

※ 예 : 공기와 Void의 결합은 저압의 공기를 산출한다. 방전을 위한 Voltage는 기압을 낮추어 가는 과정에서 낮아진다. 이렇게 해서 앞서 제시한 안테나의 문제는 해결되었다. Lightning rod는 절연체 내부의 진공 구조와 함께 이용되어 나가기를 제시한다. 폭풍 상태에서 양질의 Gas가 Dielectric rod의 내부에서 이온화된다. 도체 내의 Plasma는 번개가 지면으로 통하도록 해준다. 폭풍 이온들의 재결합이 일어난 이후에, Gas는 전기적으로 중성 상태를 유지한다. 이 경우 Lightning rod는 전파를 방해하지 않는다.

✔ 주석묶음 17

· 주석 35

Void는 물질자원의 중요한 형태의 하나이다. 그것은 어디에나 있고, 가격이 싸며, 존재하는 물질과 쉽게 섞일 수 있고, 형태는 공극, 모세관, 다공성 물질, 거품, 형 등으로 존재한다.

Void가 진공인지는 명확하지 않다. 그것이 고체라면 Void는 액체나 가스로 채워질 수 있다. 만약 액체라면 가스로 채워질 수 있다. Void는 고차 구조를 위한 저차 구조일 수도 있다. 말하자면 수정 격자의 Void는 각각의 분자이고, 분자의 Void는 각각의 원자이다.

- 21단계(4.5) 유도자원 활용하기

존재하는 자원에서 유도된 물질을 사용하여 문제해결의 가능성을 검토한다(혹은 유도된 물질과 Void를 혼합해 사용한다).

✔ 주석묶음 18

· 주석 36

분해와 조합을 통한 파생자원의 생성:

a) 현존 자원의 부분적 상태의 수정을 통해서 얻을 수 있다. 예를 들어서, 물에서 얼음과 수증기라는 2개의 대체물질을 얻을 수 있다.

b) 현존 자원의 분해를 통해서 얻을 수 있다. 역시 물을 예로 들어서 설명할 때, 산소와 수소를 얻을 수 있다. 이들의 구성요소는 하나의 자원에서 파생된다. 요소구성 대체물질(Multi-component)이 되는 것이다.

c) 그 밖에도, 생성물의 분해와 연소를 통해서도 새로운 자원의 파생이 가능하다.

· **규칙 8**

문제의 해결에 있어서 추가적인 Particle이 필요할 때는 상위구조의 구성물질 분해작용을 통해서 획득이 가능하다.

· **규칙 9**

필요한 Particle의 직접생성이나, 규칙 8을 통한 획득이 불가능할 때는 하부구조(이온 같은 것)의 조합이나 완전한 조합을 통해서 가능하다.

· **규칙 10**

규칙 8에 의하면, 가장 간단한 방법은 근접한 상위구조의 "전체"나 "여분"의 분해를 통해서 가능하다. 규칙 9에 의하면, 근접한 위치의 하부구조 분해를 통해서 대체물질의 획득이 가능하다고 한다.

✔ 주석묶음 19

· 주석 37

대체물질은 다층으로 구성된 계층적 System이다. 실제 적용의 정확성을 기하기 위해서 이 계층의 분리구조를 먼저 파악해야 한다.

- 최소의 공정을 요구하는 물질 (가장 간단한 도구는 전깃줄 등이다.)
- 초분자 물질들: Crystal lattices, Polymers, 분자화합물
- 분자들
- 분자의 입자들, 원자의 Groups
- 원자
- 원자의 Particles
- 장(자기장 등)

- 규칙 8의 핵심 : (액체, 가스 등을 흘려보내는) 측관을 통해서, 크기가 더 큰 구조의 분할을 통해서 대체물질을 얻어낸다.
- 규칙 9의 핵심 : 하부구조의 완전한 결합을 통해서도 가능하다.
- 규칙 10의 핵심 : Particle 전체를 분해하는 것이 바람직한 경우도 있다.

왜냐하면, 불완전한 Particle은 부분적으로 파괴될 수도 있고, 분해의 심화 과정에서 저항이 발생할 수도 있기 때문이다. 그러므로, 불완전한 Particle의 완성이나 혹은 그 반대의 경우를 통해서 대체물질을 얻을 수 있다.

다시 말해서, 규칙 8-10은 기존의 것이나 도입이 쉬운 대체물질에서 파생적인 자원을 획득하기 위한 효과적인 방법이다.

- 22단계(4.6) 전기장 활용하기

물질 대신에 전기장을 도입해 문제해결의 가능성을 본다(혹은 전기장과의 반응).

※ 예 : 비틀림으로 파이프를 자르는 방법이 알려져 있다. 파이프를 비틀기 위해 그것들을 잡아야 하지만 그로 인해 변형이 일어난다. 전자 유 체력을 이용해 파이프를 비트는 방법이 제안되었다.

✔ 주석묶음 20

- 주석 38

예: 만약 자원물질(존재 혹은 유도된)이 문제의 조건에서 사용되지 않았다면 가동 혹은 정지 전자를 사용하는 것이 필요하다. 전자는 항상 대상물의 존재를 위한 물질로서 존재한다. 또한, 전자는 장과 결합해 좋은 조종성을 준다.

- 23단계(4.7) 장과 그 장에 민감한 물질 활용하기

"장+장의 반응으로 산출되는 대체물질"을 이용한 문제해결의 가능성
예를 들어, 자기장+철류 물질, 자외선+인산, 열장+형상기억합금 등

✔ 주석묶음 21

- 주석 39

현재의 SFR은 2.3 단계에서 이미 정의되었다. 또한, 4.3-4.5 단계는 기존 SFR에서 물질을 파생해내는 것에 연계되어있다.

4.6 단계는 기존의 SFR과 파생된 SFR의 부분적인 편향을 설명한다: 이것은 "이물질, 불순물"이라고 불린다. 4.7 단계는 또 하나의 부분적인 편향을 의미하며, 이는 "이물질과 외부에서 침투해온 장"이라고 소개된다.
mini 문제의 해답 완성도는 SFR 소비에 반비례한다. 그러나, 모든 문제를 소수의 SFR를 동원하여 해결할 수는 없다.
때때로 개체발생 과정 내에서의 편향을 이용하여, 이물질이나 외부에서 유입된 자기장의 도움을 받는 것도 필요하다(이는 현재 보유하고 있는 SFR의 완전한 활용이 불가능한 경우에만 수행되어야 한다.).

■ 5부. 지식기반의 사용

보통 아리즈의 네 번째 부분은 문제의 해결책을 준다. 이러한 경우에 아리즈의 일곱 번째로 가는 것이 가능하다. 만일 4.7 단계 이후에도 해답이 없다면 다섯 번째 부분으로 가야만 한다. 아리즈의 다섯 번째 부분의 목적은 특별히 조직화 된 트리즈 지식자산에 집중된 경험을 이용하는 것이다. 문제는 다섯 번째 부분 전에 분명해지고 특별히 조직화 된 정보의 직접적인 사용을 통해 풀 수 있다.

- 24단계(5.1) 표준 해결법 적용

(네 번째 부분에서 보강된 IFR-2와 SFR을 사용하여) 문제 풀이의 가능성을 조사하라.

✔ 주석묶음 22

· 주석 40

발명법칙으로 돌아가는 것은 4.6단계와 4.7단계를 반드시 거치는 것이다. 그런 과정들 전에 주요한 아이디어는 새로운 물질과 새로운 장 없이 존재하는 SFR을 사용하는 것이었다. 만일 문제가 존재하고 유도된 SFR을 사용하는 해결책을 가지고 있지 않다면 새로운 물질과 새로운 장을 소개하는 것이 필요하다. 대부분의 발명법칙은 첨가물 소개(Additives introduction)의 기술을 포함한다.

- 25단계(5.2) 유사 문제 적용

비 표준문제들에 대하여 ARIZ에 의해 먼저 얻어진 분석 해결책을 사용하여 문제풀이(네 번째 부분에서 보강된 IFR-2와 SFR을 사용하여)의 가능성을 조사하라.

> **✔ 주석묶음 23**
>
> · 주석 41
>
> 발명문제의 양은 무한하나 물리적 모순(모든 문제의 "근본")의 양은 그리 많지 않다. 그러므로 발명문제의 대부분은 비슷한 물리적 모순을 갖고 있는 다른 발명문제들과의 분석으로 풀릴 수 있다. 문제들은 겉으로는 많이 다르게 보이지만 정립한 후에는 유사점들이 모인다.

- 26단계(5.3) 물리모순 해결에 분리원리 적용

표준 변형(아래 표 물리적 모순의 제거 원리 참조)을 사용하여 물리적 모순을 제거하는 가능성을 조사하라.

[표 1-11] **물리적 모순의 제거 원리**

원칙	예
1. 공간 내에서의 상충된 성질을 분리	구소련 특허번호 256 708: 탄광에서의 먼지 억제. 먼지를 제거하기 위한 물방울은 작아야 한다. 그러나 작은 물방울은 안개를 형성시킨다. 원추 모양의 큰 물방울에 작은 물방울을 입힌다.
2. 시간 내에서 상충된 성질을 분리	구소련 특허번호 258 490: 전극의 간격을 납땜 간격에 따라 조정한다. 날개의 형태를 바꿀 수 있는 비행기
3. 시스템 변천 1a: 성질이 다른/같은 시스템을 상위시스템으로 합친다.	구소련 특허번호 722 624: 냉각을 막기 위하여 사각형 주물을 롤러 컨베이어 위에서 마주 대어 연결시킨다. 컴퓨터는 네트워크로 통합되어서, 전체 그룹이 하나의 프린터나 쌍방의 인터넷 연결을 가능하게 한다.

4. 시스템 변천 1b : 반대 시스템(Anti - system)을 시스템으로 변환하거나 반대 시스템(Anti-system) 과 시스템을 혼합	구소련 특허번호 523 695: 지혈을 위하여 다른 혈액형의 피를 이용한다.
5. 시스템 변천 1c : 시스템의 부분이 반대 A(Anti-A) 성질을 갖는 곳에 시스템이 A 성질을 갖도록 한다.	구소련 특허번호 510 350 : 복잡한 모양의 바이스 클램프: 바이스 구조의 각각은 딱딱하나 전체 클램프는 부드럽고 모양이 변한다.
6. 단계 변천 1 : 시스템 부분이나 환경의 상(Phase)의 상태를 바꾼다.	광산에서 쓰는 공압 시스템에 압축 가스 대신에 액화 가스가 제안된다.
7. 시스템 변천 2 : 마이크로 레벨에서 작동되는 시스템으로 변천	구소련 특허번호 179 479 : 기계적인 기중기 대신 열적인 기중기를 이용. 열팽창계수가 틀린 두 개의 물질을 이용하여 열적인 기중기를 만든다. 열을 가하면 두 개의 물질 사이에 공간이 생긴다.
8. 단계 변천 2 : 시스템 부분 두 개의 상(phase)의 상태 (동작 조건에 따른 상으로부터 다른 상으로의 전이)	구소련 특허번호 954 479 : 니티놀(니켈과 티탄의 합금, 열 조건에 따라 본래의 모양으로 변하는 성질이 있다)을 이용한 열 교환기. 열이 올라가면 열 교환기의 모양이 늘어나서 냉각면적을 늘린다.
9. 단계 변천 3: 단계 변천의 결과로부터 나온 효과를 사용	구소련 특허번호 601 192 : 얼음 조각들을 이용하여 냉동 화물(Frozen load)를을 이송하는 기계(얼음은 마찰력을 감소시킨다)
10. 단계 변천 4: 한 개의 상을 가지고 있는 물질을 두 개의 상을 가지고 있는 물질로 대체	구소련 특허번호 722 740 : 광택 방법. 납이 녹아있는 액체와 강자성체의 연마 물질을 혼합한 물질이 사용됨.
11. 물리적 - 화학적 전이 : 합성 / 분해, 이온화 / 재조합 등에 의한 출현 / 소멸	구소련 특허번호 342 761 : 나무의 암모니아 플라스틱 화. 암모니아염을 주입한 나무는 마찰이 있으면 분해된다.

· 규칙 11

해결책은 IFR에 따르거나 IFR에 가깝다면 적당하다.

- 27단계(5.4) 물리효과 및 현상 적용

물리적 효과와 현상을 사용하여 물리적 모순을 제거할 가능성을 조사하라.

✔ 주석묶음 24

주석 42. 물리적 효과와 현상을 부분은 논문 "Technika I nauka" (1981-1983)에 출판되어있다.

· Daring formulae of creativity, Karelia, Petrozavodsk/Selusky A. B. ed.: 1987;

· A thread in the labyrinth, Karelia, Petrozavdsk/Selusky A. B., ed.: 1988.; Rules of a game without rules, Karelia, Petrozavdsk/Selusky A. B., ed.: 1989.;

■ 6부. 재구성 혹은 문제 변환

단순한 (전형적인) 문제들은 물리적 모순의 직접적인 제거를 통해 풀게 된다(예를 들어, 상충되는 공간 또는 시간의 분리). 복잡한 (비전형적인) 문제들은 문제의 의미 변화, 초기 한계의 제거, 심리적 관성의 제거 (그들은 해결책 이전에 자기 확신한다)와 함께 한다. 예를 들어, "얼음 부수기(Ice breaker)"의 속도 증가는 "얼음 못 부수기(Ice NO breaker)"로의 전환으로 얻어진다. 영구적 "페인트"는 직접적인 페인트가 아니고 기체의 방울들이 전기분해를 통해 나타난다.

문제의 정확한 이해를 위한 해결책을 갖는 것이 필요하다. : 발명문제 들은 한 번에 정확하게 공식화될 수 없다. 발명문제 풀이의 기본은 문제의 수정과정(재 공식화)이다.

- 28단계(6.1) 기술적 해결안으로 전환

문제가 풀렸다면 물리적 해결책(개념)을 기술적 해결책으로 전환하라 : 방법을 공식화하고 이 방법을 위한 주요한 계획을 주라.

- 29단계(6.2) 여러 문제들이 결합되었는지 확인

만일 해결책이 없다면 여러 가지 다른 문제들의 조합을 위하여 먼저 공식화된 문제(1.1)를 체크하라. 이 경우, 1.1 단계를 재 공식화하는 것이 필요하고 문제들은 하나하나씩 풀리도록 선택되어야 한다(보통 하나의 중요한 문제를 푸는것이면 충분하다).

※ 예 : 미세한 금 사슬들의 조각들을 용접하는 것이 필요하다. 1 m의 이 사슬은 1 g이다. 몇백 미터의 사슬에 대한 기술을 찾는 것이 필요하다. 무엇을 해야 하는가?

문제는 부속되는 문제로 분해된다.

a) 어떻게 미소량(Micro-dose)의 용접 물질을 조각들의 사이에 적용하는가?

b) 어떻게 사슬을 망가뜨리지 않고 사용되는 미소량의 용접 물질을 가열하는가?

c) 만일 용접 물질이 남아있으면 어떻게 제거하는가?

- 중요한 문제: 미소량의 용접 물질을 조각들의 사이에 적용하는 것

- 30단계(6.3) 문제 변경

만일 해결책이 없다면 선택된 기술적 모순을 변화시킨다(4단계(1.4)로 되돌아 간다).

※ 예 : 만일 탐지나 측정의 문제를 준다면 기술적 모순(TC)의 변화는 측정부분의 발달에 대한 것이 아니라는 것을 지적한다. 문제는 탐지나 측정을 수행할 필요없이 시스템의 변화를 통해 풀린다(발명법칙 4.1.1).

전형적인 예는 같은 파이프라인을 통한 기름의 계속적인 운송에 대한 문제의 해결이다. 문제의 초기 공식화를 통하여 유체분리기 또는 (분리기가 없는) 직접 수송이 적용될 때 가능한 한 정확하게 기름의 수송형태에 대한 "접합(Joint)" 부분의 구성을 측정하는 것이 필요하다. 이 "측정" 문제는 "개조" 문제로 변화되었다: 어떻게 기름과 유체분리기의 혼합을 피할 것인지

- 해결책 : 유체분리기는 기름과 섞이나 유체분리기는 기체로 변형되어 용기 그 자체를 제거해야 한다.

- 유체분리기의 요구되는 성질 :
  a) 기름에 녹지 않는다.
  b) 유기물질에 중성이다.
  c) 수송되는 기름의 밀도와 같은 밀도를 가진다.
  d) -50℃까지 얼지 않는다.
  e) 가격이 싸고 안전하다.

- 암모니아가 참고 서적을 통해 발견되었다.
  (G.S. Altshuller: 1973, ALGORITHM OF INVENTION, Moscowskiy Rabochy, Moscow, p.207-209; 270-271)

- 31단계(6.4) 최소변경문제 재 공식화

해결책이 없다면 1단계(1.1)로 되돌아가서 작은 문제(mini-problem)를 재 공식화하고 작은 문제를 Super system과 함께 새롭게 공식화하라. 만일 super system으로의 전환을 이용하여 여러 번 반복하여 되돌아가는 것이 필요하다면 말이다.

※ 예 : 전형적인 예는 기체-열-방사복(구조복)에 대한 문제의 해결이다. [참고문헌 : G.S. Altshuller: 1973, ALGORITHM OF INVENTION, Moscowskiy Rabochy, Moscow, p.105-110]

처음 문제에 접근하는 데에 있어서 문제는 방열복의 발전에 대한 것으로 공식화된다. 그러나 필요로 되는 냉각력의 공급은 system의 무게 한계에 대한 물리적 원리를 통해 불가능하다. 문제는 Super system으로의 전환을 통해 풀린다. 구조복은 냉방복과 호흡을 동시에 수행하게 한다. 이것은 공기층과 냉매 저장을 함께하는 것으로 제안된다. 증발 중(액체상)의 산소는 냉각제로 작용한다. 기체 산소로의 전환 후 호흡에 사용된다.

Super system으로의 전환은 2~3 배 무게 제한을 증가하게 한다.

[그림 1-2] 탄광에서 광부를 구조하기 위한 열 안전복

■ 7부. 물리적 모순 제거의 원칙

ARIZ 일곱 번째 부분의 목적은 얻어진 해법의 품질을 검증하는 것이다. 물리적 모순은 가장 이상적 상태 “아무것도 없이”가 되어야 한다. 새로운 강력한 해법을 위해 2~3 시간을 쓰는 것이 엉성한 아이디어를 수년간 쓰는 것보다 낫다.

- 32단계(7.1) 개념 해결안 점검

얻어진 해법을 검증한다. 물질과 장을 도입하는 것을 검토한다. 새로운 물질이나 장을 도입하지 않고 기존의 혹은 유도된 SFR을 응용하는 것이 가능한가? 자체로 조절되는 물질의 사용이 가능한가? 기술적 해법에 대한 적절한 수정을 도입한다.

✔ 주석묶음 25

· 주석 43

자체 조절 물질(이 문장에서)이란 외부 환경의 변화로 자신의 물리적 특성(예를 들면 온도가 올라가면 큐리 점에 의해 자성이 없어진다)을 바꾸는 것이 가능한 것을 말한다. 자체 조절 물질을 사용함으로써 부가적인 장치 없이 변수를 측정하거나 시스템 상태를 바꾸는 것이 가능하다.

- 33단계(7.2) 개념 해결안 예비평가

질문식

a) 얻은 해법은 IFR-1 (요소 그 자체)의 주요 요구사항을 만족하는가?

b) 어떤 종류의 물리적 모순이 얻어진 해법으로 제거되는가?

c) 얻어진 시스템은 좋은 제어 부분을 가지고 있는가? 이 부분은 정확히 어디인가? 이 부분은 어떻게 조정되는가?

d) 문제 모델의 “한 주기”를 위한 해법은 많은 주기의 실제 조건에서 얻어진 것인가?

만약 얻어진 해법이 하나의 질문이라도 만족하지 않으면 1단계(1.1)로 되돌아간다.

- 34단계(7.3) 특허 검색

특허를 통해 얻은 해법을 평가한다(특허성).

- 35단계(7.4) 실행 시 발생할 수 있는 문제 추정

구체적인 설계 단계에서 어떤 부차적 문제가 일어날 수 있는가 검토한다.

부차적 문제의 목록을 준비한다: 발명문제, 설계 구조 개발의 난이도, 형태 설계, 재료 선택과 계산, 공정구조의 문제 등.

■ 8부. 얻어진 해의 사용

진정으로 좋은 해법은 다른 문제 해결에도 만능키로 사용된다.

ARIZ 여덟 번째 단계의 목적은 얻어진 해의 자원을 가능한 한 많이 이용하는 것이다.

- 36단계(8.1) 상위시스템의 변화에 대한 평가

- 37단계(8.2) 해결안의 새로운 적용 탐색

얻어진 해법(새로운 기술 시스템)의 적용을 위한 가능성과 그 Super-system의 검토

- 38단계(8.3) 다른 문제에 해결안 적용

a) 얻어진 해법을 위한 일반 형의 법칙 작성
b) 얻어진 원리가 다른 문제에 직접 적용될 수 있는가 본다.
c) 얻어진 원리를 반대로 사용할 수 있는가 본다.
d) 형태학 표를 만든다(예 "부분 설치", "Product의 상 상태" 혹은 "장의 사용", 환경의 상 상태"). 그리고 이 표를 이용해 해법의 재구성 가능성을 검토한다.
e) 시스템 차원의 변환을 통해 발견된 해법의 변환을 검토한다: 차원을 0으로 혹은 무한대로

✔ 주석묶음 26

· 주석 44

작업의 목적이 오직 하나의 기술적 문제 해법이 아니라면 단계 8.3a-8.3e은 새로운 이론 개발의 시작 단계로 조심스럽게 해야 한다(기존의 얻어진 원리에 기초해).

9부. 해법 경로의 해석

ARIZ를 적용하여 해결한 모든 문제는 개인의 창의성을 증진시킨다. 이 경우에 해법의 풀이 과정을 조심스럽게 해석할 필요가 있다. 이것이 ARIZ의 마지막 부분인 파트 9의 내용이다.

- 39단계(9.1) 문제 해결 과정 비교(이론과 실제)

문제 해결의 실질적인 과정과 ARIZ를 통한 이론적인 지침들을 비교하라. 만일 차이점이 나타나면 그것들을 수정하라.

- 40단계(9.2) 개념해와 트리즈 지식 비교

구한 해법과 트리즈 정보 창고(발명의 원리, 발명의 규칙, 그리고 물리적 효과)의 데이터를 비교하라. 만일 트리즈 정보 창고에 이러한 원리가 없으면, 그것을 예비등록에 기록하라.

✔ 주의 7

ARIZ-85C는 많은 문제에 적용되었음(TRIZ 교육에 사용되는 모든 문제). 가끔 이것은 하나의 문제 해결 경험에 기초해 근대화되었음. 제안된 방법은 특정한 문제에는 좋을 수도 있음. 그러나 다른 문제에 일반적으로 이용하려면 어려울 수도 있음.

모든 제안은 ARIZ을 위해 평가되어야 함(예. 이 방법을 위해 MMD가 사용). 모든 근대화는 적어도 20-25개의 비표준 모델에 의해 평가된 후 ARIZ에 적용되어야 함.

ARIZ는 발전 중임. 따라서 새로운 아이디어가 필요함. 그러나 이 아이디어는 조심스럽게 평가되어야 함.

Chapter 2.
문제분석의 특별기법

2.1 최소 문제와 최대 문제

최소 문제와 최대 문제의 정의는 다음과 같다.

> **✔ 최소 문제(Mini Problem)**
>
> 시스템의 작은 변경과 관련된 문제다. "시스템은 변경되지 않거나 단순화되어 유해한 효과가 사라지거나 유용한 효과를 얻는다."는 말처럼 최소 문제를 해결할 때 시스템의 작동원리는 변경되지 않는다.
>
> **✔ 최대 문제(Maxi Problem)**
>
> 시스템의 큰 변경과 관련된 문제다. 예를 들어 시스템의 작동원리를 바꾸는 것과 관련된 문제를 말한다.

위의 정의처럼 최대 문제는 작동원리를 바꿈으로써 문제를 근본(뿌리)에서 해결하는 방법을 말한다. 우리는 일상에서 문제를 해결할 때 '뿌리를 뽑는다'라는 표현을 자주 사용한다. 다만 최대 문제가 항상 문제 해결에 최적의 방법이 된다는 것은 문제의 상황, 조건에 따라 다르다.

[그림 2-1]의 왼쪽과 같이 작은 잡초를 뽑을 때는 최대 문제 방식이 적합하다. 하지만 그림의 오른편과 같으면 나무의 뿌리를 뽑을 수는 있겠지만 유적이 붕괴되어 버릴 것이다. 즉 빈대를 잡기 위해 초가삼간을 태운다는 속담처럼 되어 버린다.

[그림 2-1] 식물 뿌리

최대 문제로 문제를 근본부터 해결하면 좋을 것처럼 보이지만 거기에는 비용, 시간 같은 수많은 자원이 필요하고 다양한 모순들을 해결해야 하며 결과를 도출하는 시간을 맞추지 못하는 오류를 범할 수도 있다. 따라서 문제의 성격, 주어진 상황에 따라서 최소 문제로 해결할 것인지 최대 문제로 해결할 것인지를 결정할 필요가 있다.

그렇다면 문제 해결 전략인 최대 문제와 최소 문제의 차이를 사례를 통해 알아보자. 전자부품 중에 스피커가 있다. 전기신호를 음파로 변환시키는 원리와 방법에 따라 다이내믹 드라이버, 정전형, 압전형, 유전체형, 자기외형 등이 있으며 상용화가 된 것은 다이내믹 드라이버, 정전형, 압전형이다.

다이내믹 드라이버는 가장 많이 사용되는 형태이다. 앰프에서 나온 전기 에너지는 보이스 코일(Voice coil)에 의해 자기 에너지로 변환되고 주위에 설치된 영구자석의 자력과 반응해 로렌츠 힘에 의해 보이스 코일이 전후로 움직이게 되고 이것과 연결된 진동판(Speaker cone)이 움직여 공기를 진동하는 기계 에너지로 전환해 소리(음파)를 만드는 전자부품이다.

스피커는 보편적으로 45~20,000 Hz의 주파수 대역의 소리를 발생하는데 슈퍼 트위터의 경우 100,000 Hz 이상의 초고역을 내는 것도 있다. 저음역을 재생하는 크기가 큰 우퍼와 4,000 Hz 이상의 고음역을 재생하는 크기가 작은 트위터(Tweeter)가 있다. 저음역이 웅장함을 요구하는 데 비해 고음역은 청명함이 요구된다. 청명함이란 풍경이나 대금 소리가 내는 고음역의 음색을 말한다. 이것을 구현하기 위한 기술특성 중 하나에 진동판 질량이 관여한다.

[그림 2-2] 스피커 종류(다이내믹 드라이버, 정전형, 압전형)

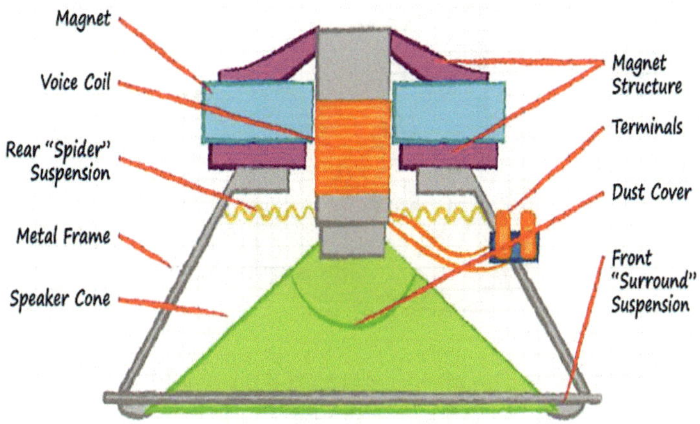

[그림 2-3] **다이내믹 드라이버 스피커 구조**

진동판이 앰프의 전기 신호에 신속, 정확하게 반응하려면 진동판의 질량이 적어, 즉 가벼워 관성질량이 작아야 한다. 관성질량이 크면 전기신호가 없음에도 관성으로 진동판이 움직여 허상의 소리를 만들어 소리가 탁해진다. 여기서 문제는 '트위터 진동판의 질량이 무겁다'이다. 이것을 최소 문제로 접근해 보면 시스템의 작은 변경 "시스템은 변경되지 않거나 단순화되어 유해한 효과가 사라지거나 유용한 효과를 얻는다." 최소 문제를 해결할 때 시스템의 작동원리는 변경되지 않는다. '시스템은 변경되지 않으니' 전자석에 의해 진동판이 움직인다는 시스템의 작동원리는 변경되지 않아야 한다. '유해한 효과가 사라지거나 유용한 효과를 얻기' 위해서 해결책은 명확하다. 질량이 무거운 것이 문제이니 질량을 가볍게 하면 된다. 어떻게 하면 가벼워질까? 크기를 작게 하거나 두께를 얇게 하면 가벼워진다. 그런데 진동판의 크기를 줄이면 음량이 작아진다는 새로운 문제가 생긴다.

크기를 줄일 수 없는데 질량을 줄여야 한다는 문제의 해결책은 무엇일까? 재료를 바꾸거나 두께를 얇게 하는 것이 있다. 두께를 얇게 하면 강도가 떨어지기에 두껍기도 해야 하고 두껍지 않기도 해야 한다는 모순이 발생한다. 재료를 바꾸는 해결책으로 진동판 재료로 많이 사용하는 종이 펄프를 대체할 알루미늄, 마그네슘, 티타늄, 베릴륨 같은 금속 진동판이나 천연 실크나 폴리프로필렌 같은 폴리머를 진동판으로 사용하고 있다. 이것에 의해 얇아져도 강도가 올라가기 때문에 진동판의 질량을 줄일 수 있다. 물론 JBL, EV, Eminence 같은 회사는 종이 펄프를 계속 개량해 사용하고 있다.

[그림 2-4] 스피커 - 트위터(윗쪽)와 우퍼(아래쪽)

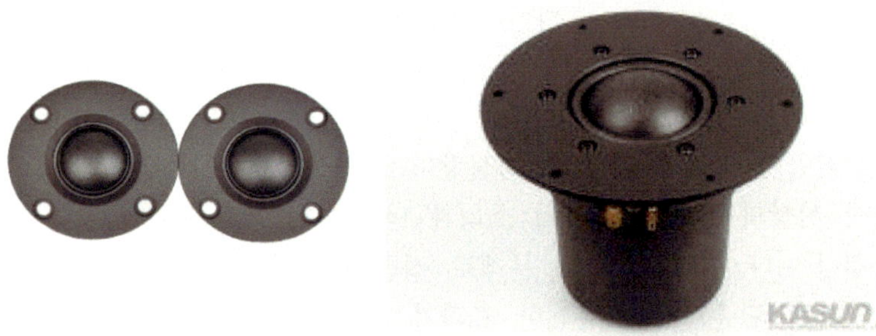

[그림 2-5] 1인치 트위터, 5인치 트위터

[그림 2-6] 알루미늄, 마그네슘, 티타늄, 베릴륨 트위터

이렇게 최소 문제에서 관성질량이라는 유해한 효과를 줄이고 있지만, 진동판을 사용한다는 시스템의 작동원리는 변경되지 않는다.

악기에서 사용하는 가장 얇은 진동판은 대금에 사용되는 갈대 속껍질인 '청(淸)'이다. 두께가 수 ㎛로 기존 트위터 진동판의 1/10 이하이고 무게도 1/10 이하가 된다. 다만 강도가 낮아 트위터 진동판으로는 아직 사용이 어렵다. 만약 트위터 진동판의 두께를 이 정도까지 얇게 하고 강도를 유지할 수 있다면 새로운 트위터가 만들어질 것이다.

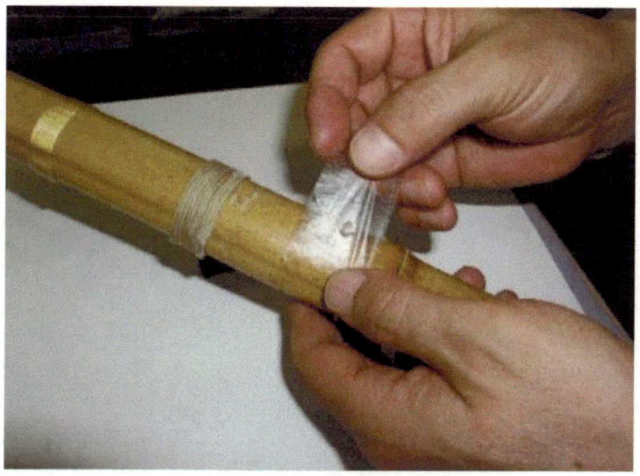

[그림 2-7] **대금 청**

그렇다면 동일 사례를 최대 문제로 접근해 보자. 최대 문제는 '시스템의 큰 변경, 예를 들어 시스템의 작동원리를 바꾸는 것과 관련된 문제'이다.

'트위터 진동판의 관성질량이 크다'라는 문제를 최대 문제에서는 어떻게 해결할까? 최대 문제는 시스템의 큰 변경, 예를 들어 시스템의 물리적 작동원리를 바꾸는 것이다. 진동판이 소리를 만들기 위해서 어떤 기능을 수행하는지 알아보자.

스피커 진동판의 진동을 우리가 듣는 것이 아니라 스피커 진동판이 만든 진동은 진동판 주변의 공기를 진동시키고 이 파동이 소리가 공기라는 매질을 통해 인간 고막에 전달되고 뇌가 그것을 해석해 소리라고 인식한다. 진동판이 소리를 진동한다는 물리적 작동원리를 바꾸는 해결책이 최대 문제이다. 작동원리를 바꾸는 예를 들면 진동판 없이 소리를 만드는 해결책이 있을 수 있다. 진동판이 없어지면 질량도 사라지고, 질량이 사라지면 관성질량도 사라진다. 진동판이 없이 공기를 진동하는 것은 물리적 작동원리를 바꾸는 것이 된다. 이러한 해결책으로 나온 것이 아래 그림의 플라스마 아크 트위터(Plasma arc tweeter)이다.

플라스마 아크 트위터는 20,000 V 이상의 고전압 아크를 발생하여 전극 주위에 플라스마를 형성한다. 플라스마는 전기적 성질을 갖고 있어서 자장에 의해 움직인다. 그 자장에 음성 전기신호를 걸면 플라스마가 음성 전기신호에 따라 진동을 만들어내고 그 진동이 공기를 매질로 전달되어 귀에 전달되면 소리를 들을 수 있게 된다. 이것은 진동판이 없어졌기 때문에 스피커 진동판의 관성질량이 없어져 작동원리를 바꾼 것이다. 하지만 이 해결책은 1915년 Peter L. Jensen과 Edwin Pridham에 의해 다이내믹 스피커가 발명되고 63년 뒤인 1978년에 Alan E. Hill에 의해 발명되어 63년이란 긴 시간이 걸렸다.

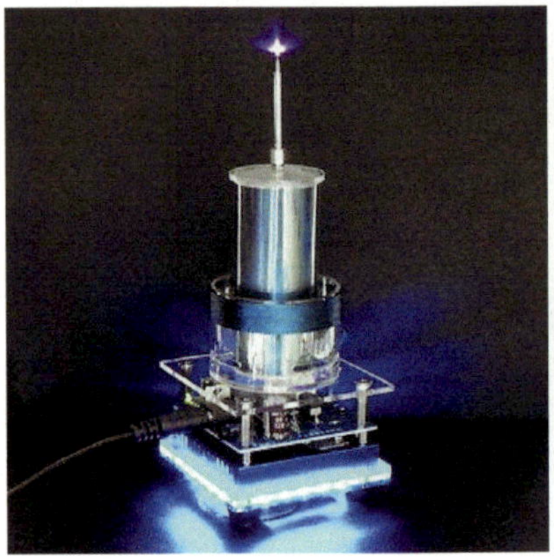

[그림 2-8] **플라스마 아크 트위터**

최소 문제, 최대 문제는 어느 쪽이 우월한 것이 아니라 문제 해결자의 상황에 맞게 적용하는 것이 필요하다. 두 개의 특징을 비교하면 [표 2-1]과 같다.

[표 2-1] **최소 문제와 최대 문제 특징 비교**

	최소 문제	최대 문제
정의	시스템의 작은 변경, "시스템은 변경되지 않거나 단순화되어 유해한 효과가 사라지거나 유용한 효과를 얻는다." 최소 문제를 해결할 때 시스템의 작동원리는 변경되지 않는다.	시스템의 큰 변경, 예를 들어 시스템의 작동원리를 바꾸는 것과 관련된 문제.
장점	시간 단축, 비용 최소화	근본 문제 접근
단점	새로운 문제 생성	시간, 비용 과다

2.2 슈퍼 이펙트(Super Effect)

트리즈의 기본 철학 중 하나는 자원을 유용하게 이용하는 것이다. 문제를 해결할 때 시스템 안에 있는 자원을 최대한 활용하지만 때로는 외부에서 물질-장 자원을 도입하기도 한다. 외부에서 도입한 자원을 문제 해결에 사용하는 것에 그치지 않고 도입한 자원을 활용하여 또 다른 개선을 추진하는 것을 슈퍼이펙트(Super effect)라 정의한다.

알트슐러가 마지막으로 개선한 문제 해결 알고리즘 ARIZ-85C의 8부에서 그는 문제 해결에 사용한 원리를 단순히 그 문제에만 적용하지 말고 다른 사례에 적극적으로 활용할 것을 제안하고 있다. 또한, 문제 해결에 사용한 자원을 활용하여 시스템의 다른 개선을 할 수 있는지 검토해서 활용할 것을 권하고 있다.

슈퍼 이펙트 활용절차는 다음과 같다.

(1) 문제를 해결한 시스템을 선정한다(슈퍼이펙트는 문제 해결 이후에 진행한다).

(2) 시스템의 초기 상태와 나중 상태의 변화된 내용을 List한다.

(3) 변화된 것을 자원의 시각으로 정리한다(자원 탐색).

(4) 새로운 자원을 이용해 시스템을 개선할 방법을 찾아 적용시킨다.

커피 산업에 적용된 슈퍼 이펙트 사례를 살펴보자. 커피 원두를 제작할 때 Roasting 이후 원두를 냉각시키고 Grinding 하는 과정에서 원두의 향이 날아가고 공기 중에 있는 산소가 결합하는 산화 반응으로 맛이 변하는 문제가 발생한다. Grinding 과정에서 산화를 최소화하기 위해 낮은 온도에서 공정을 진행한다. 과거 볶은 원두를 water cooling 방법을 이용하여 냉각시켰는데 냉각 시간이 오래 걸려 커피 특유의 향이 날아가는 문제가 발생하였다. 커피 원두 향이 날아가고 제품의 품질이 낮아지는 문제를 해결하기 위해 액체질소를 도입하여 Roasting 이후 낮은 온도로 급랭시키는 방법을 도입하였다. 액체질소를 사용하여 냉각 시간을 단축할 수 있을 뿐만 아니라 저온으로 냉각된 원두는 Grinding이 잘되어 좋은 결과를 얻게 되었다. 이렇게 문제 해결을 한 것으로 끝내지 말고 문제 해결 이후 슈퍼 이펙트를 찾아서 적용할 필요가 있다. 문제 해결을 위해 도입한 액체질소는 새로운 자원이 된다. 액체질소는 Roasting 한 원두의 온도를 급랭시키는 데 사용하지만 냉각 과정에서 많은 질소 가스를 만들어낸다. 새롭게 만들어진 질소 가스를 시스템 개선에 활용할 수 있는지 검토해야 한다. 질소 가스를 Roasting 과정과 Grinding 과정에 커피 원두에 분사시켜 질소 분위기로 만들면 공기 중의 산소의 접근을 막아 산화가 일어나지 않게 된다. 질소 가스는 커피 제조공정에 발생하는 산화 문제를 해결하는 자원으로 활용되어 커피 원두의 품질을 개선하는 데 유용하게 활용된다.

Chapter 3.
솔루션 특별기법

3.1 STC 오퍼레이터

3.1.1 STC 오퍼레이터의 개념

STC 오퍼레이터(Size, Time, Cost Operator)는 발명문제를 해결할 때 혁신적인 해결책을 도출하기 위해 기술 시스템 또는 물질 대상의 파라미터(Parameter) 중 크기, 시간, 비용 요소의 급격한 증가 또는 감소로 심리적 타성을 줄일 것을 제안하는 방법 및 기술을 말한다. DTC 오퍼레이터(Dimension, Time, Cost Operation)라고도 부른다.

문제의 해답을 찾기 위해서는 사고(Thinking)가 필요하다. 인간의 사고는 휴리스틱(Heuristics)과 알고리즘(Algorithm)이 기본으로 휴리스틱은 자신의 경험과 지식을 기반으로 새로운 정보의 의미와 가치를 판단하고 추론, 연역 등의 논리연산을 통해 해답을 찾는다. 즉, 인간 사고는 자신의 경험과 지식을 넘지 못한다. 예를 들면 기계공학자는 전자공학적 발상을 할 수 없고 역으로 전자공학자도 기계공학적 발상은 어려우며 문과는 이과적 사고를 하기 어렵다.

창의성도 휴리스틱을 넘을 수는 없다. 용이라는 상상의 동물을 보자. 지구상에서 이런 동물이 발견된 적은 아직 없기에 창의적 상상이라 말한다. 하지만 용을 분석하면 우측의 그림처럼 여러 동물의 기관을 합성한 것을 알 수 있다. 즉 인간이 사슴의 뿔을, 물고기의 비늘을 본 적이 없다면 용의 상상도는 지금과 달라져 있을 것이다.

[그림 3-1] 용

휴리스틱에서 판단 기준인 지식이나 경험을 도그마(Dogma) 화하는 것이 심리적 타성이다. 하지만 지식과 경험은 단편적이고 일시적인 기준일 뿐이다. 블랙 스완이 거기에 해당된다. 1790년 호주에서 블랙 스완이 발견되기 전까지 백조의 색이 하얗다는 것은 도그마 수준의 상식이었다.

평판 유리의 후공정인 연마도 거기에 해당된다. 평판 유리는 플로트법, 리드로우법, 다운드로우법 등에 의해 생산되었다. 이 경우 롤러나 연마를 해야 하는 것이 상식이었다. 하지만 코닝이 개발한 퓨전법은 퓨전 파이프에서 흘러내린 용융 글라스를 흘려보내 냉각・고화시킨다. 다른 물질과의 물리적 접촉이 없어서 표면 평탄 성이 뛰어나고 연마가 필요 없다.

자기부상(Magnetic levitation)도 마찬가지이다. 1842년에 영국의 수학자이며 물리학자인 사뮤엘 언쇼(Samuel Earnshaw)가 안정적인 자기부상은 불가능한 것임을 수학적으로 증명했다. 그래서 20세기 중반까지 물리학자 사이에 자기부상을 이야기하는 것은 사이비 취급을 받았다. 그런데 미국의 한 물리학자가 부러진 연필심을 자석 위에 올려놓고 장난하던 중에 흑연이 안정적인 자기부상이 되는 현상을 발견했다. 문헌 조사결과 19세기 이래 이것이 금기였음을 알았고 연구를 시작해 [그림 3-2]의 상품이 만들어졌다. 언쇼의 지식이 틀린 것은 아니지만 정자장(Static magnet)에서만 성립하고, 동자장(Dynamic magnet)에서는 성립하지 않으며 흑연과 같은 반자성체(Diamagnetic)에서도 다르다는 것이 현재의 지식이다.

[그림 3-2] 자기부상

심리적 타성을 만드는 인자가 많지만, 공간(Size), 시간(Time), 비용(Cost)이 현실에서 가장 보편적 인자이다.

공간은 물리적 공간인 Space와 심리적 공간인 Field로 구성되며 인간의 사고를 제한한다. 미국 미네소타대학 경영학과 조운 메이어스-레비 교수팀은 높은 천장 아래에서 문제를 푼 사람들이 낮은 천장에서 문제를 푼 사람들보다 좀 더 자유롭고 창의적으로 생각하는 경향을 보인다는 연구논문을 발표했다. 천장 높이를 2.4 m, 2.7 m, 3 m로 다르게 한 후 100명의 참가자들에게 문제를 풀도록 한 실험에서 높은 천장 아래에서 문제를 푼 사람들이 자유롭고 창의적으로 생각하는 경향을 강하게 보였다는 것이다. 천장의 높이가 달라짐에 따라 높아지면 창의적인 사고, 낮아지면 집중력이 높은 사고가 서로 다르게 발달한다는 사실을 입증했다.

1 ㎢ 크기의 해양 부유물을 만들 수 있다면 토지보상비용 없이 340 MW의 태양광 발전이 가능하거나, 10만 명을 수용하는 토지비용 없는 해상도시를 건설할 수 있다. 지금까지 만들어진 가장 큰 해양 부유물은 길이 1,000 m, 폭 200 m이다.

우주선 발사에는 막대한 돈이 들어간다. 인도의 화성 탐사선 '망갈리안'의 발사 비용은 약 7,400만 달러였고, NASA가 발사한 화성 탐사선 '메이븐'은 6억 7,100만 달러였다. 위로 물체를 옮기는 도구에 엘리베이터가 있다. 그것의 길이가 36,000 km라면 로켓을 대신하는 우주 엘리베이터가 된다. 만약 이것을 이용하면 운송비가 kg당 2만 2,000달러에서 200달러가 된다고 한다.

[그림 3-3] **우주 엘리베이터**

시간은 카이로스(Κ α ι ρ ός)와 크로노스(χ ρ ό ν ο ς)로 구성되며 인간의 사고를 제한한다. 다수의 인간에게 시간은 크로노스로 되돌릴 수 없는 것이다. 그래서 자신의 행동이나 선택의 결과에 후회를 경험하면 사고가 위축될 수밖에 없다. 하지만 시간을 되돌릴 수 있다면 우리는 선택이나 행동에 망설임이 줄어들 것이다.

고대 이집트 인류는 순환되는 시간인 카이로스를 인지했다. 시간이 순환된다는 발상은 고대 이집트인이 천문관측을 통해 얻은 것이다. 태양의 신인 라(Ra)가 황도를 따라 움직이는데 동지 때 가장 낮은 고도에 도달한다. 그리고 3일간 그 고도에 머물다가 다시 올라온다. 여기에서 부활의 개념이 만들어져 종교까지 사고가 확장되었다.

국토의 비균형 발전이 심각한 한국이지만 싼 주거비에도 지방에 사는 것이 문제인 이유 중 하나는 서울까지 가는 시간이 오래 걸리기 때문이다. 하이퍼 트레인(1,200 km/h)이 보급되어 서울-세종시(119 km)를 6분에 갈 수 있다면 국토개발 계획은 다시 세워야 할 것이다. 또는 수직이착륙기가 보급되어 도시 간 이동을 1시간 안에 KTX 요금으로 할 수 있다면 지방에 사는 불편함이 많이 해소될 것이다.

비용도 인간의 사고를 제약하는 큰 요인이다. 수많은 환경 문제는 처리 비용이 너무 많아 비용을 사회적 비용으로 떠넘기는 것이 주된 원인이다. 만약 에너지 비용을 0(Zero)으로 할 수 있다면 유기 폐기물을 플라스마로 처리하면 되기 때문에 다이옥신 등 수 많은 대기 오염, 폐기물 적체 등의 문제가 해결될 것이다.

구텐베르크의 인쇄술이 지식혁명의 기초가 되었다고 말하지만 사실은 펄프 지의 개발이 지식을 대중화하는 데 가장 큰 역할을 했다. 종이가 지금처럼 싸진 것은 1840년 켈러(F. G. Keller)의 쇄목펄프 발명이 있었기 때문이다. 천재 수학자 라마누잔은 칠판에서 계산한 후에 종이에 결과를 정리했는데 이는 종이 가격이 비쌌기 때문이라고 한다.

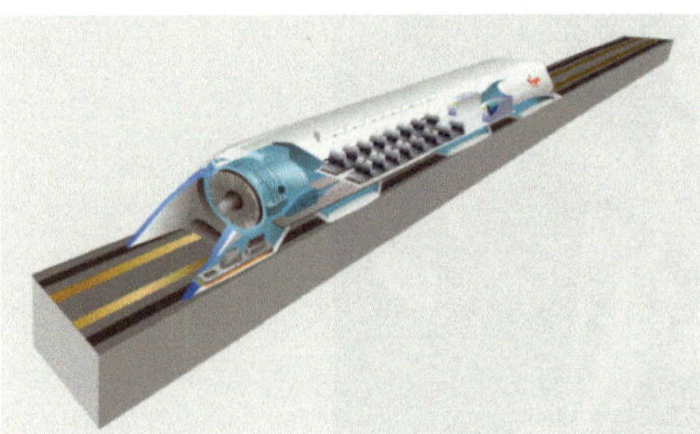

[그림 3-4] 하이퍼 트레인과 수직이착륙기

지금은 생필품인 우산, 손수건, 문고리, 양초, 베개, 빗, 유리창, 거울 등은 200년 전에는 귀족만이 가질 수 있는 물건이었다. 지금은 생활용품점에서 1,000원이면 살 수 있는 물건들이다.

파인애플은 지금은 567 g 깡통 1개에 1,610원일 정도로 싼 음식이라 누구나 먹을 수 있다. 하지만 1493년 크리스토퍼 콜럼버스가 스페인으로 들고 온 후 17세기까지도 지금 돈으로 하나에 500~900만 원 정도로 비싸 귀족들조차도 쉽게 접할 수 있는 것이 아니었다. 그 때문에 당시에는 파인애플은 부의 상징이었으며, 전신 초상화를 그릴 때 파인애플을 들고 있는 모습을 그리는 것이 유행이었다.

1980년대 말에 전 직원에게 PC 1대를 주도록 하자는 제안은 몽상이었지만 지금은 한 집에 여러 대의 PC를 가지고 있는 것이 현실이다.

3.1.2 STC 오퍼레이터 사용법

STC 오퍼레이터는 분석 대상을 정한 후 STC 프레임을 이용해 휴리스틱 적으로 전개한다. 즉, 체계적이면서 합리적인 판단을 하는 것이 아니라 이럴 수도 있다는 식으로 전개한다.

- 분석 대상의 크기, 시간 및 비용을 정의한다.

  예: 스마트폰 크기(LG Q7 - 67.3 x 143.8 x 8.4 mm)
  스마트폰 시간(완충 시간 1시간 30분)
  스마트폰 비용(495,000원)

- 분석 대상의 크기가 0 이거나 ∞ 라고 상상한다.

  예: 스마트폰 크기가 0 이거나 ∞ 라고 상상한다.
  스마트 폰 크기가 0 이면 스마트 폰을 손으로 조작할 필요가 없다. 음성이나 생각만으로 작동하는 기기가 될 것이다. 크기가 1 mm^3 이라면 인간 피부 아래에 이식이 가능하다. 이 폰은 전화만이 아니라 개인 정보 기록, 인간 건강 기록 등 새로운 기능을 구현하는 제품이 될 수 있다.
  스마트 폰 크기가 ∞이면 시야 전체를 가리는 디스플레이가 된다. 가상현실이나 오디오 비주얼을 이동 중에 즐길 수 있다. 또한, 집의 벽을 스마트폰 디스플레이로 만들어 원하는 경치를 항상 볼 수 있다.

- 분석 대상의 시간이 0 이거나 ∞ 라고 상상한다.
  예: 스마트폰 시간이 사용 시간이 0초이거나 ∞ 라고 생각한다.
  스마트 폰의 충전 시간이 0이라면 배터리의 설계를 다르게 할 수 있다.
  스마트 폰 대기 시간이 무한대인 경우 센서와 결합해 유비쿼터스 디바이스를 만들 수 있다.

- 물체 비용이 0 이거나 ∞ 라고 상상한다,
  예: 스마트폰 비용이 0원이거나 ∞ 라고 상상한다.
  알리바바에서 파는 가장 싼 휴대전화는 미화 13달러이고, 미국 Simple mobile 선불폰은 미화 25달러이다. 국내에는 6개월 약정을 하면 스마트 폰 기깃값을 0원으로 제공하는 대리점도 있다.
  노키아 Vertu의 가격은 GSM 폰임에도 불구하고 미화 310,000달러였다. Falcon의 SuperNova Pink Diamond iPhone 6는 미화 $ 95,500,000로 1,100억 원이다.

STC 오퍼레이터는 휴리스틱(Heuristics)이다. 따라서 아이디어가 맞는가 틀리는가는 평가항목이 아니라 그럴 수도 있다는 긍정적 마인드를 가지는 것이 중요하다. 이는 SLP(Smart Little People)에서도 마찬가지이다.

3.2 전환 분석(Inversion Analysis)

문제 해결에 있어서 중요한 요소 중 하나는 문제의 원인을 규명하는 것이다. 문제의 원인을 잘 규명해야 문제를 체계적으로 해결할 수 있다. 하지만 문제의 원인을 규명하기는 그리 쉽지 않은 작업이다. 문제의 원인을 분석하는 좋은 방법의 하나인 전환 분석(Inversion Analysis)에 대하여 알아보자.

3.2.1 어떻게 문제를 발생시킬까?

문제의 원인을 분석하고자 할 때, 때로는 무엇부터 어떻게 분석을 해야 하는지 실마리가 잡히지 않을 때가 있다. 어떤 문제는 문제 성격상 관찰을 하기가 불가능할 경우도 있다. 2차 세계대전 당시 전쟁터에서 있었던 사례를 가지고 생각해 보자. 산이나 지형지물 뒤에 숨어있는 적군에게 타격을 가하기 위해 대형 박격포가 개발되어 실전에 매우 효과적으로 사용되었다.

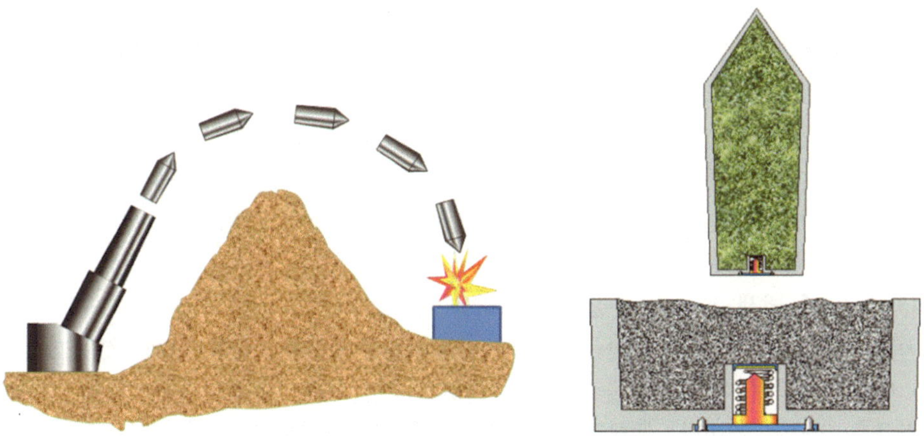

[그림 3-5] **박격포의 포탄 궤적과 폭발 원리**

포탄이 적군의 진지로 날아가 거꾸로 부딪히게 되면 포탄 아랫부분에 스프링에 의해 안전하게 보관된 공이가 관성의 힘으로 앞에 있는 뇌관에 충격을 가해 폭발하도록 설계되었다. 그런데 전쟁이 후반부로 가고 있던 어느 날 박격포로 공격을 하던 중 심각한 문제가 발생하였다. 포탄이 날아가 적진의 진지에 떨어졌을 때 폭발해야 하는데 발사를 해서 70~100 m 날아가다 상공에서 터져 아군에게 심각한 피해를 주는 상황이 벌어진 것이다.

[그림 3-6] 박격포의 포탄이 공중에서 폭발하는 모습

당시 사령관은 누군가 스파이가 숨어있어서 이런 일을 만든 것이 아닌가 의심해 스파이를 찾으라고 명령을 내렸지만, 아군 중에서 스파이를 찾을 수가 없었다. 그렇다면 어떤 이유로 포탄이 목표물에 도달하기 전에 폭발하고 전쟁 초기에는 아무 문제 없던 박격포에 왜 이런 일이 발생하게 된 것일까? 게다가 새로 배치된 포탄은 쏘기만 하면 이런 문제가 계속해서 발생하고 있다. 진상조사위원회가 소집되어 원인을 찾으려고 했지만, 무엇 때문인지 원인을 찾기 어려웠고 포탄이 날아가는 도중에 터지는 과정 역시 관찰이 어려워 큰 혼란에 빠졌다.

이처럼 문제 발생 과정을 관찰하기 어려울 때 문제의 원인을 규명하기가 매우 어렵다. 이런 경우 창의적으로 문제를 분석하는 방법은 "왜 이런 문제가 발생했을까?"라는 질문 대신 "어떻게 이런 문제를 만들까? (어떻게 하면 이런 문제를 발생하게 할까?)"라고 질문을 바꾸는 것이다. 문제를 발생시키는 방법을 찾아보고 검증해 보는 것이 단순히 원인을 찾는 것보다 훨씬 효과적이기 때문이다. 이런 방법은 우리의 사고를 활성화해서 원인분석을 쉽게 만들어 준다. 박격포 문제로 되돌아가면, "왜 포탄이 터질까?" 대신에 "어떻게 하면 포탄을 터트릴까?"라고 질문하는 것이다.

포탄을 터트리는 간단한 방법은 포탄 뒤에 있는 공이로 뇌관을 치는 것이다.

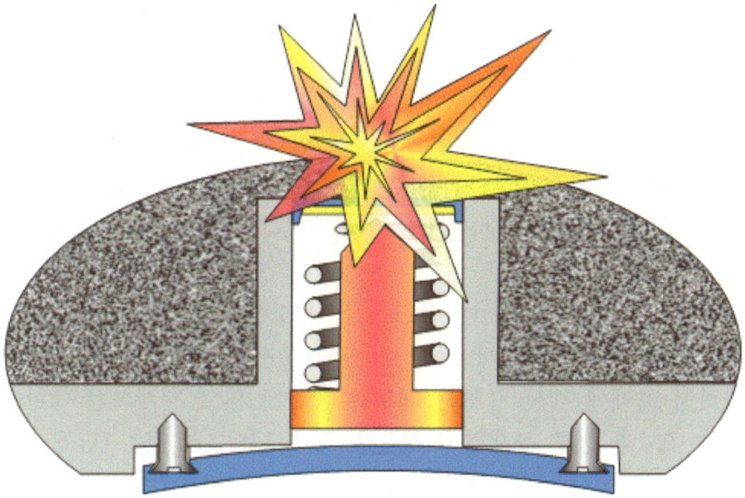

[그림 3-7] **박격포의 포탄이 공중에서 폭발하는 모습**

터뜨리는 방법에 대해 찾았으면 이러한 방법이 현실적으로 실현되는 것인지 확인하면 된다. 위의 그림처럼 하단에 있는 금속판은 포탄이 발사될 때 가속으로 공이가 뒤로 밀릴 때 발생하는 힘을 흡수하기 위해 원래 구리로 설계되어 장착되어 있었다.

구리는 연성이 좋아 힘을 받으면 쉽게 변형되게 되어 공이를 뇌관 뒤에 안전하게 보호한다. 그러다가 포탄이 적진에 앞으로 부딪히면 공이가 관성에 의해 앞으로 밀려 뇌관에 충격을 가해 포탄이 터지는 것이다. 그런데 전쟁이 한참 진행되다 보니 구리 물자가 부족하게 되어 포탄을 만드는 공장에서 아무 생각 없이 구리대신 강철을 사용하게 되었다.

구리대신 강철을 사용하게 되면 어떠한 일이 발생할까? 철은 탄성이 좋아 포탄이 발사되면 초기 가속으로 뒤로 밀리는 공이의 힘을 받아 스프링처럼 뒤로 밀리다가 조금 날아간 후 강하게 공이를 앞으로 밀어내어 뇌관을 쳐서 포탄이 공중에서 터졌던 것이다. 진상조사위원회는 "왜 포탄이 터질까"라는 질문을 "어떻게 하면 포탄을 터뜨릴까"라고는 질문으로 전환하고 검증하는 작업을 통해 원인을 규명하였고 공이 뒤에 있는 금속판을 구리로 바꿈으로써 이 문제를 해결하게 되었다.

3.2.2 전환 분석의 3단계

원인을 효과적으로 분석할 수 있는 전환 분석을 체계적으로 진행하기 위해서는 다음 3단계로 진행하면 된다.

① 분석하는 질문을 "왜 문제가 발생했을까(What and Why)?"에서 "어떻게 하면 문제를 발생시킬까(How to)?"로 바꾼다.

첫 단계에서 문제를 발생시키는 방법을 찾을 때는 문제를 일반화시키고 강화시켜 생각하는 것이 필요하다. 조그만 부분에서 발생한 것은 전체의 문제로 가끔 발생한 사건은 매번 발생하는 사건으로 1차원은 2차원으로 2차원은 3차원으로 확대하고 일반화시켜 문제를 발생시킬 방법을 찾는 것이 효과적이다.

② 문제를 발생하게 만드는 가설(Hypotheses)을 설정한다.

사람들은 문제 발생에 따른 책임소재로 인해 문제에 대해 매우 부정적 시각을 가지고 있다. 따라서 문제에 대한 정보는 매우 부족하게 되고 체계화된 데이터베이스가 없어 문제분석을 할 때 정보 부재의 어려움을 겪게 된다. 하지만 1단계에서 "문제를 어떻게 하면 만들까"라고 바꾸면 새로운 연구과제로 변하게 되어 정보를 얻기가 쉬워진다. "현상을 어떻게 만들 수 있을까"라는 연구과제가 되면 정보를 쉽게 얻을 수 있고 실현할 수 있는 가설을 만들 수 있게 된다.

③ 가설을 만족시킬 수 있는 자원(Resources)이 있는지 확인하고 검증한다.

2단계에서 만들어진 가설이 진짜 원인이 되는가는 시스템 안에 그 가설을 만족시킬 수 있는 자원(Resources)이 있는지 확인하면 된다. 자원에 대한 내용은 앞에서 언급했듯이 트리즈에서 매우 중요한 개념이다. 시간, 공간, 물질, 장과 같은 자원들을 자세히 관찰하여 2단계에서 찾아낸 가설을 만족시키는 자원을 찾아내면 그 가설이 문제를 일으킨 원인이 되는 것이다. 2단계에서는 매우 신중하게 자원을 분석해서 맞는 가설을 찾아내는 것이 중요하다. 자원은 시간에 따라 변화할 수 있고, 합성되어 새로운 형태를 만들 수도 있음을 기억해야 한다.

헬리콥터를 만드는 회사에서 발생한 문제에 전환 분석 3단계를 적용해 보자.

미국의 한 헬리콥터 제작회사에서 비행기 제작 시 알루미늄으로 만든 로터 블레이드(Rotor Blade) 부품에서 작은 검은 반점(Black dots)이 발생하였다. 로터 블레이드는 빠른 속도로 회전하며 양력을 만들어내는 부품으로 작은 결함도 용납되지 않는다. 연구원들은 왜 이런 검은 반점이 발생했는지 이유를 알지 못해 많은 시간을 문제분석에 소비하였다. 이 문제를 전환 분석 3단계를 이용하여 분석해 보면 다음과 같다.

[그림 3-8] **헬리콥터와 로터 블레이드**

① 원인을 찾을 때 질문을 "왜"에서 "어떻게"로 바꾸고, 문제를 일반화시키고 강화해 만든다.

몇 개의 알루미늄 블레이드 표면에 약간의 검은 반점(Black dot)이 발생한 문제이지만 약간의 검은 반점이 아니라 알루미늄 전체를 항상 검게 만드는 방법을 찾는 문제로 전환한다. "어떻게 알루미늄을 표면을 검게 변하게 만들 수 있을까?"

② 알루미늄 표면을 검게 만드는 방법을 찾는다.

알루미늄 표면에 검은 반점을 일으키는 문제에 대한 정보를 찾는 것은 어렵다. 문제를 발생시킨 다양한 경우에 대한 데이터베이스는 부족하다. 하지만 문제의 원인을 찾는 것이 아니라 무엇인가를 만드는 "연구과제"에 대한 정보는 매우 많고 자료를 찾기가 쉬워진다. 알루미늄 표면을 검게 만드는 기술은 보석가공기술에서 알루미늄을 앤틱(Antique)풍으로 검게 만들 때 자주 활용된다. 염산(HCl) 용액을 도포한 후 알루미늄을 전기산화(Electro oxidation) 시키면 검게 변하게 된다. 이 정보를 가지고 알루미늄에 산성용액이 도포된 후 전기 산화되어 검게 변했다는 가설(Hypothesis)을 세울 수 있다.

③ 두 번째 단계에서 설정한 가설이 맞는지 자원을 찾아 확인하는 단계이다.

설정된 가설이 맞으려면 시스템에 가설을 뒷받침할 자원이 있어야 한다. 이 단계에서는 아주 세밀하게 시간, 공간, 물질, 장 자원을 분석해야 한다. 즉, 알루미늄 표면에 염산이 존재해야 하고 전기산화 공정이 있어야 한다.

알루미늄 로터 블레이드는 장착되기 전에 표면 보호 및 화학적 안정성을 위해 전기산화를 시켜 산화막을 입힌다. 하지만 표면을 깨끗이 관리하기 때문에 염산이 존재할 리가 없다고 현장의 사람들은 생각했다.

자원을 찾을 때는 하나의 공정만 관찰하는 것이 아니라 전체 공정을 관찰해야 한다. 전체 공정을 살펴보면 알루미늄 블레이드는 큰 재료를 깎아 만든다. 재료를 깎아 블레이드 모양으로 만든 후 표면 세척을 위해 산세(酸洗)를 하게 된다. 산세란 염산(HCl)과 같은 반응성이 높은 산성용액에 넣어 표면의 기름이나 작은 금속 입자들을 씻어내는 공정을 말한다. 산세 후 물로 여러 번 씻어내고 폴리싱(Polishing)을 하여 표면에서 산성용액이 남지 않게 완전히 제거한다. 회사에 있는 엔지니어들은 품질관리를 위해 표면에 남아있는 염산이 있는지 조사를 해본 결과 전혀 남아있지 않은 것을 확인하였다. 깨끗이 세척한 블레이드는 비닐 커버에 넣어져서 창고 안에 보관하게 된다. 그리고 헬리콥터를 조립할 때 비닐 안에 보관된 블레이드를 가지고 나와 전기산화를 시켜 표면 산화막을 입힌 후 비행기에 장착한다. 가설이 맞으려면 블레이드 표면에 염산이 점(dot) 형태로 조금씩 묻어 있어야 하는데 언뜻 공정을 관찰하면 염산이 존재하지 않는다. 현장 사람들의 증언에 의하면 검은 반점 발생이 봄, 가을에 주로 발생한다고 했다. 봄, 가을은 일교차가 심하다. 자원을 찾을 때 이런 특이한 조건들에 관심을 가져야 한다. 블레이드를 관찰하면 내부가 비어 있고 뚫어져 있는 구멍(Hole)이 있다. 산세를 한 후 내부도 물로 깨끗이 씻어내지만 표면처럼 폴리싱을 하지는 않는다. 즉 완전히 염산을 제거했다는 보장을 하지는 못한다. 약간의 염산이 내부에 남아있게 되면 비닐 커버로 씌운 후 창고에 보관하게 될 때 온도가 올라가게 되면 휘발성이 높은 염산이 기화되어 내부 홀에서 빠져나와 비닐 안으로 퍼져 나간 후 기온이 떨어지는 밤이 되면 표면에 점 형태로 응축되게 된다. 일교차가 심한 봄, 가을에 이런 현상이 쉽게 발생하게 된다. 실제로 현장에서 이 가설을 테스트한 결과 맞는 가설임이 입증되었고 산세 후 내부 홀에 열을 가해 완전히 염산을 기화시켜 날려 보내는 공정이 추가된 수정 공정으로 검은 반점 문제를 해결하게 되었다.

전환분석법은 원인을 찾는 매우 강력하고 창의적인 방법이다. "왜 그렇게 되었을까?" 대신에 "어떻게 하면 그렇게 만들까?"라는 반대로 하는 질문은 우리의 사고를 활성화 시키고 많은 정보를 활용하게 도와준다. 이 방법은 문제의 원인을 분석할 때 사용할 뿐만 아니라, 미래에 발생할 문제를 예측하고 사전에 예방을 하는 방법으로도 활용된다. 만약 내가 테러리스트의 공격을 막는 경찰이라면 "어떻게 하면 강력한 효과를 주는 테러를 자행할까?"라는 질문을 던지고 그 방법을 찾아 사전 예방 조치를 해야 한다. 911 테러 이전에 트리즈 전문가들은 강력한 테러의 방법으로 에너지가 많고 속도가 빠른 비행기를 이용한 방법을 경계하며 허술한 비행기 조정석 문을 강화해야 한다는 주장을 하였다. 실패하지 않기 위해 우리는 "어떻게 하면 실패할까?"라는 질문을 던져야 한다.

3.3 대체시스템과의 결합(하이브리드 시스템)

시스템을 발전시켜 나가는 하나의 전략은 같은 기능이나 유사한 기능을 수행하는 시스템과 결합하여 하이브리드(Hybrid) 시스템을 만드는 것이다.

하이브리드 시스템 개념을 이해하기 위해 간단한 스푼과 포크의 사례를 가지고 생각해 보자. 두 가지 시스템 모두 음식을 먹는데 활용하는 유사 기능이 있는 시스템이다. 그런 경우에 두 가지 시스템에서 한 개를 선정하여 기반 시스템으로 삼은 뒤 남은 다른 시스템의 중요 특성을 가져다가 적용시켜 하이브리드 시스템을 개발하는 것이다. 스푼을 기반으로 해서 유사 기능을 수행하는 포크의 특성을 가져다가 스푼의 앞부분에 결합하여 새로운 하이브리드 시스템을 만들 수 있다.

[그림 3-9] 포크와 수저의 하이브리드 시스템

대체시스템과의 결합(하이브리드 시스템)에 대한 개념을 이해했으니 좀 더 기술적인 시스템에 적용해 보자. 다음과 같은 금속 플레이트를 움직이는 기계식 이동 장비를 생각해 보자.

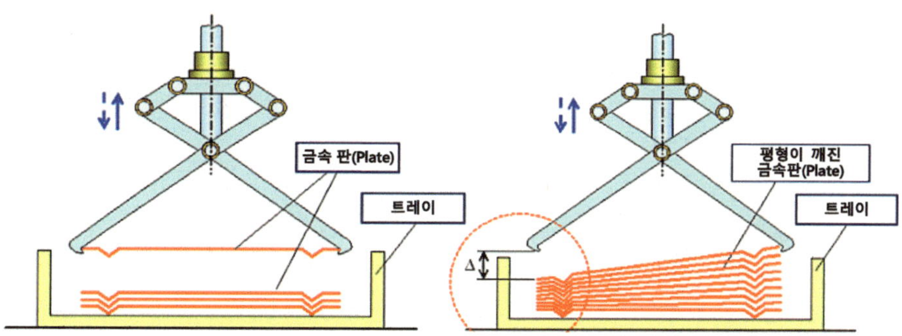

[그림 3-10] 금속 플레이트 기계식 이동장비(좌) & 장비의 문제점(우)

[그림 3-10]처럼 하단의 용기에 일부 가공된 금속 플레이트가 공장으로 들어오면 기계식 장비가 플레이트의 양 끝을 잡아 다른 공정장치로 이동시킨다. 그런데 금속 합판을 가공해서 들어오는 플레이트가 때때로 양쪽 높이가 일정하게 정돈이 되지 않고 들어올 때가 있는데 그러면 이 기계식 이동장치는 제대로 플레이트를 잡지 못해 이동시키는데 문제가 발생한다. 그런데 같은 기능을 수행하는 진공을 이용한 이동 장비가 있었다. 이 장비는 아래의 부분에 유연한 고무 재질로 만든 흡입판을 플레이트 위에 압착시켜 진공으로 흡착하여 물건을 이동시킨다. 이 장비의 장점은 플레이트가 수평적으로 잘 정돈되어 있지 않아도 진공 흡착으로 잘 들어 올릴 수 있는 것이다. 반면에 긴 거리를 계속해서 진공 흡착을 유지해야 하고 충격이 발생하거나 조그만 틈이 흡착 면에 발생하면 이동 중 플레이트가 떨어진다는 문제점을 가지고 있다.

이러한 이동장치를 개선하는 방법은 두 가지 같은 기능이 있는 장비의 장점을 살리는 하이브리드 시스템을 만드는 것이다. 처음 플레이트를 잡아 들어 올릴 때는 진공식 장비를 사용하고 이동 중에는 기계식 방법을 사용하면 완벽한 이동장치가 탄생한다. 진공 흡착기로 처음에 플레이트를 들어 올리면 어떻게 플레이트가 정리되어 있든지 쉽게 들어 올릴 수 있고 기계식 방법으로 양쪽을 집어 안전하게 이동시킬 수 있게 된다.

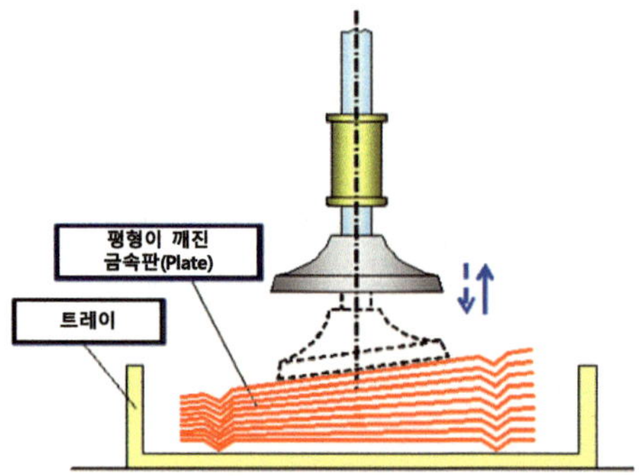

[그림 3-11] 진공방법을 통한 문제해결방법

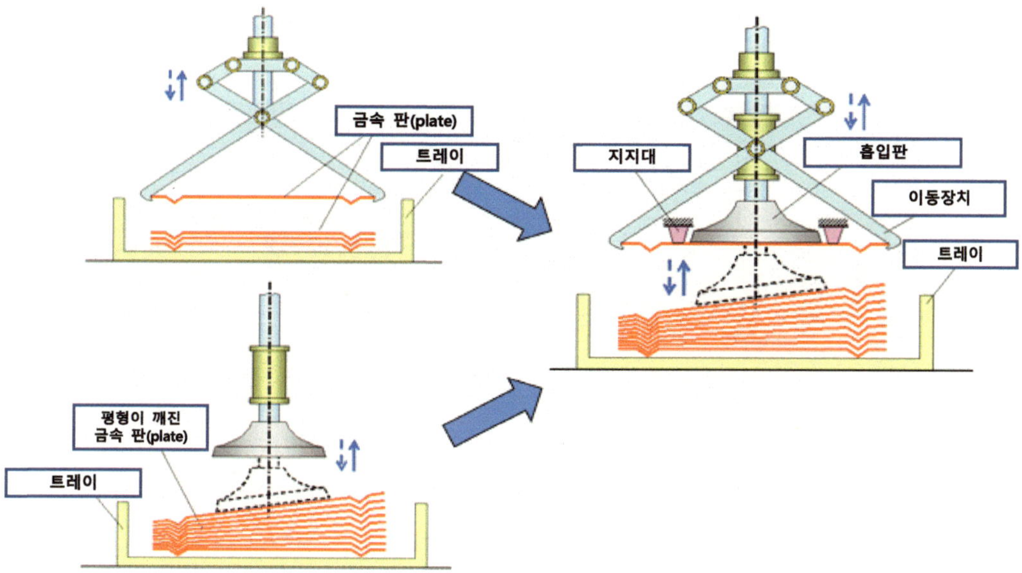

[그림 3-12] **문제를 해결한 새로운 장비의 탄생**

요즘 연비와 소음 등 사람들의 요구가 커지고 있는 상황에서 하이브리드 자동차가 탄생한 것도 좋은 사례이다.

기능의 시각으로 분석하여 유사 또는 같은 기능을 수행하는 시스템을 접목하여 대체시스템과의 결합을 만드는 것은 시스템을 발전시켜 나가는 좋은 전략이다. 하이브리드 시스템을 만드는 또 하나의 전략은 같은 시간에 활용되는 시스템들을 모두 모아서 결합하는 것이다. 여행할 때 필요한 것들을 모아서 만든 다기능 맥가이버 칼은 다중 하이브리드 시스템의 대표적인 사례이다.

[그림 3-13] **맥가이버 칼(Swiss army knife)**

3.4 속성전이(초점대상 방법)

[그림 3-14] **속성전이 방법을 이용해 전구와 의자의 성질을 결합해 나온 아이디어**

제품개발에 활용하는 속성전이 방법은 1920년대 독일의 심리학자 쿤체가 개발한 초점대상 방법(Focal object method)과 동일하다. 이 방법의 핵심은 임의로 선택한 물건의 특징을 개선하고자 하는 대상으로 전이하여 아이디어를 만들어 내는 것이다. 예를 들어 의자를 개선하고자 할 때 의자와는 아무런 관계가 없는 전구를 선택한 후 전구가 가진 특성을 열거해 본다. '빛이 난다, 열이 난다, 유리로 되어 있다' 등을 생각해 볼 수 있다. 그다음 이 특성들을 하나씩 의자에 전이 및 결합시켜 새로운 아이디어를 생각해 본다.

만약 '빛이 난다'라는 특성을 의자에 전이시킨다면 빛이 나는 의자라는 아이디어가 나온다. 이외에도 열이 나는 의자, 유리로 된 의자 등의 새로운 아이디어가 나올 수 있다.

속성전이 방법의 절차는 다음과 같다.

① 개선하고자 하는 시스템을 선정한다.
② 개선하고자 하는 시스템과 관련이 없는 임의의 시스템을 3~5개 선정한다.
③ 선택한 임의의 시스템들의 특성을 각각 나열한다.
④ 임의로 선정한 시스템들의 특성을 개선하고자 하는 시스템에 전이시켜 아이디어를 도출한다.

Chapter 4.
기술예측

4.1 기술예측의 개념
4.2 S-곡선
4.3 기술진화 패턴
4.4 미래예측

4.1 기술예측의 개념

4.1.1 미래예측방법론

요즘 산업계에서 주로 등장하는 핵심 화제는 단연 '4차 산업혁명'이다.

1차 산업혁명은 18세기 중반에 증기기관의 발명으로 인간의 노동력이 기계의 힘으로 대체되어 기계가 생산을 이끌었다. 19세기 말에 전기와 컨베이어 생산조립 기술로 발생한 2차 산업혁명은 대량생산의 길을 열었고, 1960년대에 시작된 3차 산업혁명은 컴퓨터와 인터넷 기술을 기반으로 지식정보 사회를 구축 했다. 지난 3차에 걸친 산업혁명은 인간 삶의 질을 혁신적으로 변화시켜 놓기에 충분했다. 하지만 정보통신기술(ICT)의 융합으로 주도되는 4차 산업혁명은 지난 2천 년간 인류가 만들어온 변화보다 훨씬 역동적이고 빠른 속도로 세상을 근본적으로 변화시킬 것이다. 인공지능(AI)과 로봇기술이 발전하여 기존 산업기술과 연결됨으로써 산업과 노동시장에 혁명적 변화를 만들어 낼 것이다. 이미 여러 직종에서 단순 업무나 육체노동은 자동화 된 기계가 대신하고 있고 지능 알고리즘이 발전하여 우리가 예상하는 것보다 이른 시일 안에 변호사, 재무분석가, 의사, 기자, 회계사, 보험판매사 같은 직업군들을 대체할 것이라고 예측하고 있다.

공장은 스마트 팩토리로 바뀌어 고객 개개인의 수요에 맞는 제품을 만들어 공급하게 될 것이다. 예를 들면 세계적 스포츠용품업체 아디다스는 2016년에 독일로 리쇼어링(Reshoring)하여 연간 50만 켤레의 운동화를 제작하고 있는데 공장의 상주 인력은 10명에 불과하고 핵심 공정은 컴퓨터와 3D프린터, 로봇 12대가 책임진다. 지능적 소프트웨어 기반의 혁신적인 생산 방식으로 소비자가 디자인, 소재, 색깔 등을 입력하면 기존 공장에서 약 6주가 걸리던 시간을 5시간 안에 맞춤형 신발이 제작된다고 한다.

속도가 매우 중요한 4차 산업혁명 시대에 미래기술 개발전략을 올바로 정립하고 빠르게 실행하는 것은 매우 중요하다. 한마디로 최소한의 시간과 비용으로 예측할 수 있는 창의적 미래기술 개발전략이 필요하다.

미래기술을 예측하기 위해 다양한 방법들을 개발하여 활용하고 있다. 대표적인 방법은 델파이법(Delphi technique)으로 다양한 다수의 전문가에게 설문을 조사하여 집단의견을 분석하고 재설문을 통해 오류를 수정해 나가면서 미래를 예측해 나가는 방법이다. 또는 특허 분석을 통해 기술 로드맵(Technology roadmap)을 작성해 활용할 수 있다. 최근에는 3P 분석법, 즉 Patent(특허), Paper(논문), Product(제품)을 분석하여 미래기술 예측에 활용한다.

글로벌 선두 기업 대다수가 자기 나름대로 매년 글로벌 기술전망을 작성해서 내부 R&D 로드맵을 업데이트하고 적용한다.

한 예로 IBM은 1982년부터 매년 특허 및 기술 데이터, 내부 R&D와 프로젝트 데이터를 활용해 글로벌 트렌드와 주제를 파악한다. 이후 회사, 전문가, 학계, 사업가와 심지어 일반인까지 참여하는 시스템화된 글로벌 재밍(Jamming: 온-오프라인 브레인스토밍)을 활용해 기술 방향을 분석한다. 재밍으로 수집된 데이터는 빅데이터 분석으로 기술전망을 수립하는 데 사용된다. 이를 통해 앞으로 3~10년 동안의 산업 변화를 이끌어 나갈 수 있는 미래전략 기술을 예측해 세계시장을 선도하는 연구과제를 체계화해서 지속성 있게 수행하고 있다. 특히 최근 이슈가 되는 빅데이터 분석을 활용하여 더 정확도 높은 미래기술 개발전략을 수립하고자 노력하고 있다.

이런 기존의 분석법들은 대부분 많은 시간과 비용이 수반된다. 충분한 시간과 경제적 여유를 가지고 있는 대기업이나 정부 기관들이 이러한 방법들을 활용하여 미래기술 개발 전략을 수립하고 있다. 하지만 대부분의 중소기업들에는 기존의 미래기술 개발 예측법은 그림의 떡일 뿐이다. 게다가 대부분의 미래예측 방법론으로 분석된 결과는 추상적이고 거시적이어서 현실에 적용하기가 쉽지 않다.

기술 시스템은 일정한 패턴을 보이며 발전한다. 미래예측 방법론을 개발하는 데는 많은 이론과 노력이 필요하더라도 그 결과는 구체적이고 누구나 쉽게 활용할 수 있게 현실적이어야 한다. 이러한 개념을 바탕으로 트리즈 방법이 제안하는 '창의적 미래기술개발 전략'에 대하여 소개하고자 한다.

트리즈는 일차적으로 복잡하고 어려운 문제를 창의적으로 해결하기 위한 문제해결 방법론으로 연구되었다. 하지만 연구 과정에서 기술 시스템이 일정한 패턴을 보이며 발전하고 있다는 사실을 알게 되어 '기술 시스템 진화 트렌드(TESE: the Trends of Engineering System Evolution)'를 찾아내게 되었다. 이런 것을 설명할 한 가지 예를 들면 마이크로 칩에 저장할 수 있는 데이터양이 18개월마다 2배씩 증가한다는 반복된 패턴을 무어의 법칙(Moore's Law)이라고 부른다. 이 법칙은 오랜 시간 동안 유지되고 진행되어온 결과로서 객관적 지표라 할 수 있다. 따라서 이 법칙에 따라 우리는 향후 마이크로 칩 저장 데이터양을 예측할 수 있고 기술개발 전략에 활용할 수 있다.

이처럼 반복되는 기술 시스템 진화 트렌드를 분석하기 위해 트리즈 전문가들이 다양한 기술 시스템을 체계적으로 분석하였다. 각 기술 시스템들은 인간이 원하는 핵심적인 기술 지표를 향상하기 위해 끊임없는 발전을 거듭하고 있다. 핵심적 기술 지표는 마이크로 칩에서는 저장 데이터양(데이터 밀도)이 되고 비행기에서는 속도라고 할 수 있다.

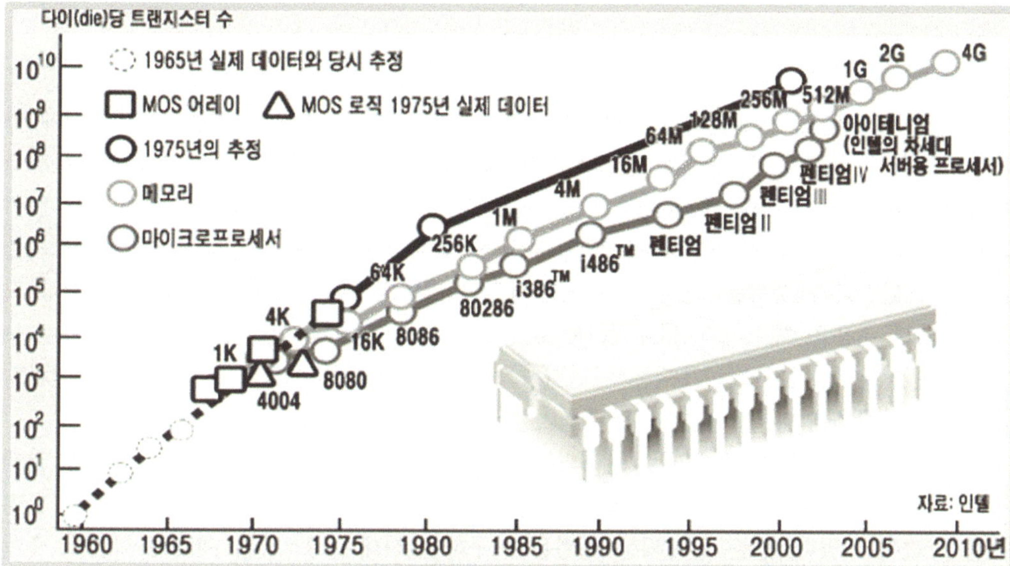

[그림 4-1] 기술진화에 따른 데이터 저장 용량 변화

비행기 발전 역사를 분석해 보면 1783년 몽골피에 형제가 최초로 기구를 이용해서 창공을 나는 데 성공했다. 그들은 불을 가지고 기구 안의 공기를 데워 공기의 밀도를 가볍게 하는 원리를 이용하여 최초의 비행을 하게 되었다. 그 후 가벼운 가스를 넣어 비행하는 원리를 지파르와 체펠린이 발명하여 더 속도를 증가시킨 기구 형태의 비행체가 개발되었다. 1903년 라이트 형제는 기존의 원리를 깨고 비행체가 스스로 공기의 양력을 만들어 비행할 수 있는 최초의 비행기를 발명하여 비행 속도를 혁신적으로 증가시켰다. 그 후 프로펠러를 이용하던 원리는 제트 엔진으로 진화하면서 더욱 빠른 비행기가 발명되었고 지금은 음속의 몇 배나 되는 초음속 비행기를 발명하여 이용하고 있다.

이런 방법으로 많은 기술 시스템을 분석해 보면 시스템은 달라도 공통적으로 적용될 수 있는 반복되는 패턴이 존재함을 알게 된 것이다. 무어(Moore)는 마이크로 칩 하나의 시스템을 분석하여 그 시스템에만 적용될 수 있는 '무어의 법칙'을 찾아냈지만 트리즈 전문가들은 많은 시스템을 분석하여 기술 시스템 전반에 적용될 수 있는 일반적인 '기술 시스템 진화 트렌드' 혹은 '기술 시스템 진화법칙'을 발견한 것이다. 이 법칙은 이론이 아니라 실질적으로 인류가 기술 시스템에 적용해온 매우 구체적인 발전 패턴이다. 또한, 주목할 중요 시사점은 델파이법(Delphi technique)을 비롯해 많은 미래예측 방법들이 분석자의 주관성을 배제할 수 없다는 한계를 가지고 있지만, '기술 시스템 진화 트렌드'는 주관적 견해가 아닌 객관적인 패턴, 법칙이라는 점이다.

기술 시스템은 인간의 선택을 받아야 생존한다!

기술 시스템 진화 트렌드와 함께 창의적 미래기술 개발전략을 수립할 때 생각해야 하는 또 한 가지의 중요 관점은 사회적 변화가 끼치는 영향에 관한 문제이다. 이 문제를 과학 기술의 발전과정에서 살펴보자. 과학사에서 보면 원시시대 사람들은 자연에서 일어나는 물리적 현상을 이해하지 못할 때 두려움 속에 살았다. 예를 들면 바다에 물고기를 잡으러 나갔다가 풍랑을 만나 어려움을 겪으면 바다의 신이 노해서 그렇다고 생각하고 불안과 두려움을 해소하기 위해 동네 소녀를 바다의 신에게 제물로 바쳤다. 무지는 두려움을 낳는다. 하지만 반복되는 자연현상을 보고 이해하면서 물리학 등 각종 자연과학이 발전하게 되었다.

물리학이란 자연에 존재하는 반복되는 현상 패턴을 연구하는 학문이다. 법칙을 알게 되면서 이제는 자연 앞에서 두려워하지 않게 되었고 자연의 법칙을 이용해 새로운 문명을 창출해 내었다. 단순 반복되는 패턴을 연구하던 시대에 또 다른 새로운 학문이 출현했다. 바로 다윈(Charles Darwin)의 진화론이다. 다윈은 생명체가 진화되는 데 특정한 패턴이 있는 것을 발견하게 되었다. 단순 반복 패턴을 다루는 물리 화학과 다르게 진화하는 생명체의 발전 패턴을 연구한 새로운 분야의 학문이 출현한 것이다.

다윈 진화론의 중요 핵심 중 하나는 '자연의 선택(Nature selection)' 혹은 '적자생존(Survival of the fittest)'으로 자연환경에 잘 적응하는 생명체가 생존하고 진화했다는 사실이다. 생물학적으로 뛰어난 생명체, 또는 강한 생명체가 아니라 환경에 적응할 수 있는 능력을 갖춘 '자연의 선택'을 받은 생명체가 생존했고 진화해 나갔다는 것이다.

[그림 4-2] 다윈과 진화론

기술 시스템의 미래를 논할 때도 이 사실은 중요한 의미가 있다. 기술 시스템은 인간이 필요로 하는 기능을 수행하기 위해 탄생하고 발전한다. 기술 시스템의 생존은 '인간의 선택'에 달려 있다.

창의적 미래기술 개발전략에는 앞에서 언급한 두 가지 요소를 접목시켜 도출해야 한다. 첫째는 기술 시스템의 기술적 현 위치를 파악하고 기술 시스템 진화 트렌드에 맞추어 향후 기술발전 방향을 예측할 수 있다. 둘째는 인간의 선택을 받을 수 있게 사회-문화적 트렌드를 가지고 조정을 해야 한다. 이러한 두 가지 방향은 앞으로 미래기술 개발에 관한 전략을 도출하는 중요한 이론적 기반이 될 것이다. '창의적 미래기술 개발전략'이 독자 여러분들이 기술개발 전략을 수립하거나 새로운 아이템을 찾는 데 도움이 되기를 기대한다.

4.1.2 기술 시스템의 탄생

'시스템의 탄생, 성장, 성숙 그리고 죽음'이라는 주제를 시작하기 전에 시스템이란 무엇인가 생각해 보자. 네이버 사전에는 시스템을 다음과 같이 정의하고 있다.

"필요한 기능을 수행하기 위하여 관련된 요소를 어떤 법칙에 따라 조합한 집합체"

이 정의는 인간이 만든 시스템에 관한 정의이다. 어떤 의미에서 세상 모든 것은 더 작은 부품이나 원소로 구성된 시스템이라 볼 수 있다. 세상에 존재하는 모든 시스템은 자연(Nature)과 인공 시스템(Man-made system)의 두 가지 종류로 나눌 수 있다. 여기서 인공 시스템은 자동차, 빌딩, 핸드폰 등과 같은 유형의 제품뿐만 아니라 국가, 대학, 기업 등 비 기술 분야의 조직이나 기관도 포함한다. 우리가 만들지 않은 자연은 왜 존재하는지 어떻게 존재하게 되었는지 알 수 없지만, 인간에 의해 만들어진 시스템은 왜 존재하는지 어떻게 존재하게 되었는지 알 수 있다. 우리 주위를 둘러보면 보이는 책상, 창문, 볼펜, 책, 시계, 자동차 등은 인공 시스템이다(앞으로 인공 시스템을 단순히 시스템이라고 부르고자 한다). 세상의 시스템(제품 또는 조직)은 왜 존재하게 되는가? 그것은 인간이 필요한 기능을 수행하기 위해서 만들어진 것이다. 시스템의 미래전략을 올바로 수립하기 위해 시스템의 탄생에 관한 과정을 좀 더 세분하여 관찰할 필요가 있다.

시스템의 탄생은 인간의 Needs에서 출발한다. 시스템들은 다양한 인간의 욕구, Needs를 만족시키기 위해 탄생한다. 따라서 새로운 제품을 만들거나 미래제품 전략을 수립할 때 인간의 욕구에 대한 체계적 고찰이 중요하다. 인간의 욕구(Needs)에 대한 이론은 다양하지만 일반적으로, 많이 회자 되고 있는 1943년 매슬로우(A. H. Maslow)가 발표한 "인간의 욕구 단계 이론(Needs hierarchy theory)"을 살펴보자.

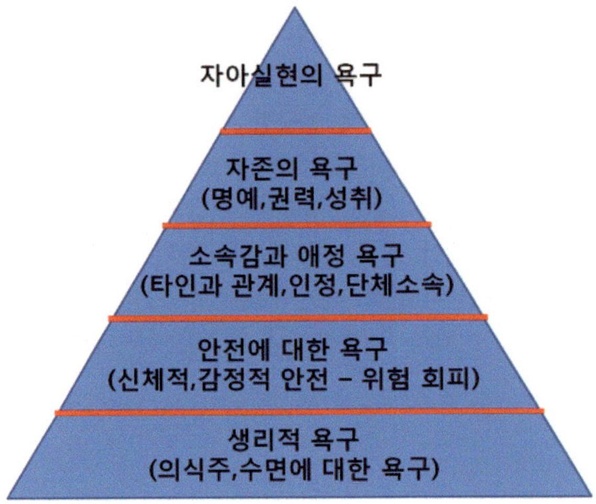

[그림 4-3] 매슬로우의 욕구 5단계 이론

생리적 욕구(Physiological needs)는 인간 생존에 필요한 기본적인 욕구로 음식, 수면, 성, 배설, 호흡과 같은 욕구를 말한다. 피라미드에서 가장 아래 존재하는 원초적이고 강력한 인간의 욕구이다. 인간이 만든 시스템들의 많은 것이 이러한 생리적 욕구를 만족시키기 위해 만들어졌다. 농업 관련 시스템, 식당, 조리 기구, 집, 호텔, 가구 등 수 많은 산업이 인간의 의식주 욕구를 만족시키기 위해 탄생했다. 또한 성(Sex)적 욕구를 만족시키기 위한 산업, 다음 세대를 위해 탄생한 자녀들 양육을 위한 시스템들이 탄생했다.

생리적 욕구가 만족 되면 다음으로 인간은 안전에 대한 욕구(Safety needs)를 갖는다. 건강에 대한 욕구를 만족시키기 위해 탄생한 병원을 포함한 의료 시스템, 운동 산업, 미래를 대비하는 보험 시스템, 다양한 사회의 안전 시스템, 외국의 공격으로 보호하려는 군대를 포함한 국가 방위 시스템, 무기산업, 개인적 보안 시스템 등 다양한 시스템들이 탄생했다. 큰 틀에서 국가도 안전을 추구하는 인간의 욕구를 충족시키기 위해 탄생했고, 존재에 대한 불안, 미래 사후 세계에 대한 불안을 해소하기 위해 종교 시스템이 탄생했다고 말할 수 있다.

생리적 욕구 및 안전에 대한 욕구가 만족 되면 인간은 사람과의 관계에서 오는 애정과 소속의 욕구(Need for love and belonging)가 발생한다. 매슬로우에 의하면 인간은 누구나 크고 작은 사회집단에 소속되고 사랑하고 사랑받기를 원한다. 그래서 사람은 사랑과 소속감을 받지 못하면 외로움이나 고통을 느끼고 우울증에 시달리기도 한다. 네트워킹 욕구를 만족시키는 방송, 통신, 페이스북, 카카오 등 각종 인터넷 산업이 요즘 가장 주목받는 분야이다.

애정과 소속의 욕구 다음은 다른 사람들로부터 인정받고자 하는 자존의 욕구(Need for esteem/respect)가 발생한다. 사람들은 자신이 존중받고 인정받을 때 행복을 느낀다. 칭찬은 고래도 춤추게 한다는 책 제목처럼 인간은 인정과 명예에 목마르다. 이에 부응하는 성형, 화장품, VIP 마케팅 시스템 등이 탄생했다. 또한, 많은 분야에서 다양한 명품산업이 현대사회의 중요한 부가가치 산업으로 등장했다.

매슬로우에 의하면 인간의 마지막 욕구는 욕구 피라미드 최상부에 있는 자아실현 욕구(Self-actualization needs)이다. 자아실현 욕구는 개인의 타고난 능력 또는 이상을 완전히 실행하고 사회에 기여하고 싶은 욕구라고 할 수 있다. 빌 게이츠(Bill Gates)는 마이크로소프트사 설립을 통해 막대한 부를 창출한 후 돈을 버는 일을 중단하고 아내와 같이 '빌&멀린다 게이츠 재단(Bill&Melinda Gates Foundation)'을 설립해서 국제적 보건 의료를 확대하고 빈곤을 퇴치하며 교육을 확대하기 위해 노력하고 있다. 인간은 궁극적으로 의미 있는 일을 하기 위해 노력한다.

세상에 있는 시스템들은 인간의 다양한 욕구를 만족시키기 위해 탄생한다. 원시시대에는 기본적인 의식주 욕구를 해결하기 위한 도구로부터 안전에 대한 욕구를 만족시킬 초보적인 도구들이 탄생했다. 산업혁명 이후에는 과학 기술의 발달로 인간의 다양한 욕구를 충족시켜줄 수 있는 수준 높은 시스템들이 탄생하였고 발전되어 왔다. 인간의 역사는 인간의 욕구를 만족해 주는 시스템을 발명하여 탄생시키고 발전시켜 가는 과정이라고 말할 수 있다. 제품들은 과학 기술의 발전과 함께 끊임없이 진화되어 가고 있고 인간의 삶의 변화에 따라 발생하는 새로운 욕구(Needs)는 끊임없는 새로운 시스템을 탄생시키고 있다.

매슬로우가 주장한 기본적인 욕구 5단계 피라미드는 인간의 보편적 욕구를 체계화시킨 것이다. 신제품을 개발하거나 미래기술개발 전략을 수립할 때는 좀 더 구체적인 인간 욕구에 관한 분석이 필요하다. 산업혁명 시대에는 보편적인 인간의 욕구를 만족시킬 시스템들이 부족하여 쉽게 신제품을 개발하여 돈을 벌 수 있었다. 하지만 현대에는 제품이 차고 넘친다. 만족되지 않은 인간의 욕구를 처음 발견하여 존재하지 않는 새로운 시스템(제품)을 발명하기는 쉽지 않다. 그래서 삼성전자의 한 고위층 리더는 이러한 어려움을 2015년 국제트리즈학회에서 다음과 같이 표현했다. "Finding problem worth solving is the father of innovation."(해결할 가치가 있는 문제를 발견하는 것이 혁신의 아버지다). 즉 인간의 만족되지 않은 욕구가 무엇인지 발견하는 것이 삼성 혁신의 핵심이라는 것이다.

제품이 넘쳐나는 현대사회에서 창업을 하거나 미래기술개발 전략을 수립할 때 첫 번째 생각해야 할 중요한 단계는 고객을 세분화(Segmentation)하는 것이다. 세상 모든 사람을 만족시키는 제품을 만드는 것이 아니라 고객을 세분화하여 내 고객을 정의하고 그들의 Needs를 파악하여 그들을 만족시킬 제품을 만드는 것이다. 예를 들면 롯데 칠성음료의 캔커피 “칸타타”의 성공사례를 들 수 있다. 커피 제품이 많이 있었지만 롯데 칠성음료는 음료업계가 주로 건강과 다이어트에 관심이 많은 젊은 여성을 타깃으로 하는 것과는 달리 20~30대 남성을 주 고객으로 선정하고 이들을 분석하고 욕구(Needs)를 파악하였다. 자신을 위해 기꺼이 투자하고 자기 자신을 가꾸는 데 적극적인 ‘그루밍족’ 남성의 욕구를 위해 건강하고 고품질 커피 음료 “칸타타”를 개발한 것이다. 칸타타는 프리미엄 원두커피와 차별화된 알루미늄 캔을 사용하였고 모델도 젊은 ‘그루밍’ 가이(Guy) 현빈을 등장시켜 출시 5개월 만에 100억 원의 매출을 일으켰다.

개발할 제품의 고객을 올바로 정의하고 그들의 Needs를 파악하기 위해 세상의 변화와 트렌드를 잘 파악하는 것이 선행되어야 한다. 최근 여성의 사회 참여가 확대되고 미혼, 만혼이 유행하고 출산율이 감소되는 현상들이 보편화 되어가고 있다. 이런 경향에 따라 과거에 없었던 골드미스, 딩크족(DINK ;Double income no kids ; 결혼해서 수입은 두 배가 되었지만 아이는 낳지 않고 인생을 즐기며 사는 젊은 세대) 등이 등장했다.

이들은 기존 고객보다 차별화된 욕구가 있다. 작지만 고급 아파트, 고품격 여행, 럭셔리한 취미 생활, 프리미엄 제품 등을 원한다. 내가 원하는 고객을 세분화한 후 그들의 행동 양식 취미 등 라이프스타일을 분석하여 미충족 욕구를 찾아서 미래제품개발 전략으로 사용해야 한다.

[그림 4-4] 롯데칠성음료 칸타타 제품군

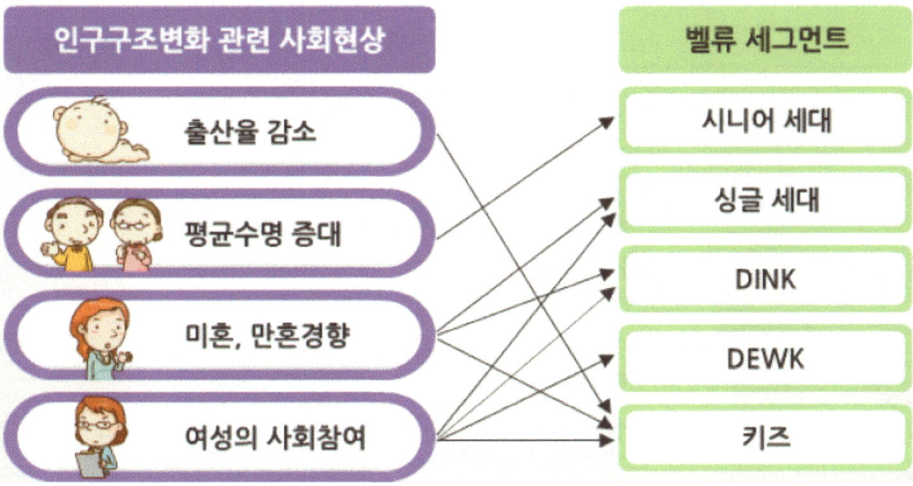

[그림 4-5] **인구구조변화와 관련된 사회현상과 고객 분할**

과거에는 단순히 연령별로 계층을 나누어 그들의 욕구를 파악했다면 이제는 사회 변화를 고려하여 다양한 욕구가 있는 고객들을 더 세분화하여야 한다. 예를 들면 아래의 그림에서 인구 및 사회현상을 고려해서 새롭게 주목을 받는 몇 가지 계층의 요구를 생각해 보자. 일반적 노령층이 아니라 돈도 시간도 많아서 새롭게 떠오르는 컨슈머 시니어 세대의 욕구와 싱글 세대의 욕구, 딩크, DEWK(Double Employed With Kids) 등의 새로운 욕구가 발생하는 새로운 시장이다. 이들의 욕구를 만족시킬 새로운 상품이나 서비스들이 계속해서 만들어지고 있다.

벤처캐피털 시장 분석업체 CB 인사이드에 따르면 스타트업이 망하는 이유의 42%가 시장이 원하지 않은 제품을 개발했기 때문이라고 한다. 즉 세상의 욕구를 제대로 파악하지 못하고 상품을 개발했기 때문이라는 것이다. 이처럼 성공적인 제품을 개발하기 위해서는 무엇보다도 시대의 흐름과 변화를 분석하여 내 고객의 정확한 욕구를 파악해야 한다.

고객의 욕구가 파악되면 그것을 만족시킬 시스템(제품)을 개발하기 위한 연구가 진행된다. 욕구를 만족시킬 원하는 결과를 만들기 위해 어떤 특성을 변화시켜야 하는지 파악하고 그런 변화를 만들 수 있는 과학적인 원리를 찾는 것이 중요한 연구 과정이다. 원리를 찾으면 사람들은 원천특허를 내고 지식 재산권을 확보한다. 그리고 그 원리를 이용하여 제품을 개발하게 된다.

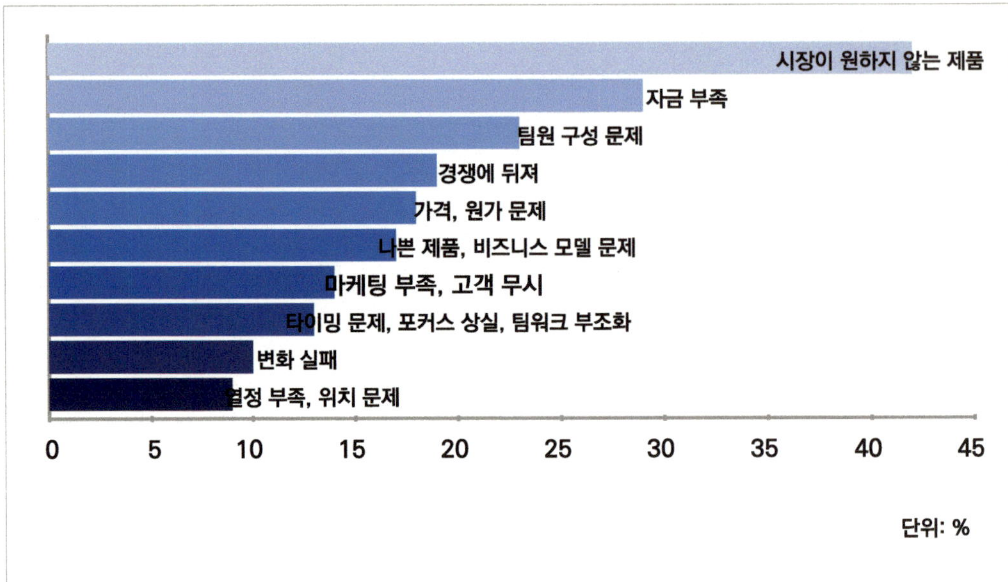

[그림 4-6] 스타트업이 망하는 이유

음식 보관 제품으로 예를 들어 설명해 보자. 음식을 오래 보관해야 할 욕구를 만족시키기 위해 과학자들은 연구했다. 분석을 통해 음식을 부패하게 만드는 원인이 미생물이 번식하기 때문인 것을 알게 되었고 미생물의 생존에 중요한 요소는 높은 온도, 습도, 공기(산소)임을 알게 되었다. 세 가지 요소 중 한 가지 특성만 변화시켜도 미생물의 번식을 막아 음식을 오래 보관할 수 있게 된다. 공기(산소)를 제거하는 진공 포장기 또는 불활성 가스(질소 또는 아르곤) 포장기가 탄생하였다. 또한, 습도를 제거하기 위한 건조기, 온도를 낮추어 주는 냉장고가 탄생하였다. 인간의 욕구가 파악되면 연구과정을 통해 어떤 특성을 변화시켜야 할 것인지 결정하고 그것을 만족시킬 다양한 원리를 파악하여 적용한 제품이 탄생하게 된다. 여기서 한 가지 중요한 사실은 인간의 욕구를 만족시킬 수 있는 시스템은 다양하게 개발된다는 것이다. 따라서, 항상 경쟁 제품이 존재하게 된다.

또 다른 예로 시력교정을 위한 안경의 탄생과정을 생각해 보자. 눈이 잘 보이지 않는 사람들의 보고 싶은 욕구를 만족시키기 위해 먼저 눈이 잘 보이지 않는 이유에 대한 연구가 선행된다. 연구 결과 눈이 잘 보이지 않는 이유가 초점이 망막에 제대로 맺히지 못하는 것임을 파악한다.

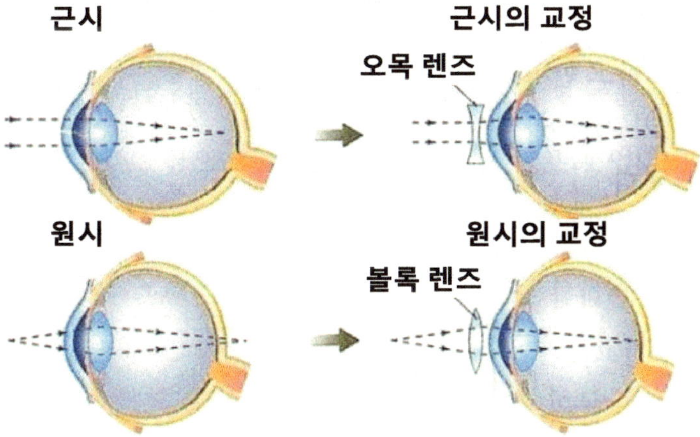

[그림 4-7] 시력 저하원인과 교정방법

초점이 망막의 안쪽에 맺히는 근시, 뒤쪽에 맺히는 원시가 문제인 것을 파악하고 초점을 망막에 잘 맺힐 수 있도록 굴절을 통해 빛의 경로를 조절할 수 있는 제품을 개발하게 된다. 근시면 각막과 수정체에 의해 빛이 너무 많이 굴절되어 상이 망막 앞에 맺히기 때문에 빛의 경로를 확산시켜 줄 수 있는 오목 렌즈를 사용하고 원시는 반대로 볼록렌즈 안경을 사용한다. 최근에는 각막이 두꺼워 빛의 굴절이 너무 많이 발생하여 근시가 된 사람들의 각막을 레이저로 깎아 빛의 초점을 망막으로 이동시키는 라식 수술을 이용하기도 한다.

시스템은 인간의 원하는 기능을 수행하기 위해 관련된 요소를 어떤 법칙에 따라 조합한 집합체라고 정의했다. 따라서 시스템은 인간이 원하는 구체적 욕구에서 출발한다. 그리고 R&D는 인간의 욕구를 만족시킬 기능을 효과적으로 수행할 수 있는 구체적 시스템을 개발하는 과정이다.

4.1.3 기술 시스템의 발전

인간이 만든 시스템(제품 또는 조직)은 인간이 원하는 기능을 수행하기 위해 탄생한다. '필요는 발명의 어머니다(Necessity is the mother of invention)'. 인간의 욕구(Needs)는 끝 끊임없이 커져가고 다양화되기 때문에 시스템은 끊임없이 탄생되고 발전해 나간다. 욕구의 다양성으로 이제는 Mass-manufacturing 시대에서 3D printer와 AI(Artificial Intelligence)를 이용한 Mass-customizing 시대로 바뀌고 있다. 다양한 욕구가 있는 시대의 시스템 다양성 및 발전 방향에 대해서는 뒤에서 더 다루기로 하고 먼저 시스템의 탄생, 성장, 성숙 그리고 쇠퇴라는 주제를 가지고 생각해 보기로 한다.

시스템의 성장 또는 발전을 논할 때 먼저 시스템을 평가할 수 있는 평가 지표가 필요하다. 창의적 문제해결 방법, 시스템 개발 및 효율을 연구하는 트리즈나 VE(Value Engineering) 분야에서 시스템의 특성을 평가하는 정성적 지표로 시스템의 이상성(Ideality)을 가지고 설명한다.

$$\text{이상성}(Ideality) = \frac{\sum \text{유익한 기능}}{\sum(\text{비용} + \text{해로운 기능})}$$

이상성의 정의에서 보듯이 시스템 수준은 가격 대비 기능이 얼마나 잘 수행되고 있는가 - 일반적으로 사람들이 말하는 가성비(가격 대비 성능비)로 설명할 수 있다. 또한, 시스템의 유해한 작용(기능)이 적을수록 시스템의 이상성은 증가된다. 개발자로서 이해해야 할 중요한 점은 인간은 제품을 사는 것이 아니라 제품이 가지고 있는 기능을 사는 것이라는 관점이다. 그 기능을 사기 위해 어느 정도의 돈을 사람들이 기꺼이 지불할까에 관심을 가져야 한다.

시스템이 발전한다는 것은 이상성의 지표가 증가한다는 것이다. 기능이 좋아지고 비용 및 해로운 작용(기능)은 줄어들어야 한다. 또한, 시스템은 하나의 기능만 수행하는 것이 아니라 인간이 원하는 추가적인 기능을 수행하게 되는 방향으로 발전하게 된다. 다양한 관점에서 시스템이 어떻게 진화되어 발전해 가는지는 뒤에서 논의할 시스템 발전법칙들에서 자세히 다루고, 여기서는 시스템의 핵심 기능을 중심으로 시스템 성장의 기본적인 개념을 설명하기로 한다.

시스템은 처음 연구 단계를 거쳐 시제품(Prototype) 형태로 탄생한다. 시제품을 개발할 때 핵심은 필요한 기능을 제대로 구현되도록 설계해서 제작하는 것이다. 시제품 제작을 통해 원하는 기능이 구현될 수 있는 것이 확인되면 경쟁자들에 앞서 새로운 제품이 시장에 출시하게 된다.

제품이 시장으로 나오게 되면 소비자들의 피드백과 효율성 증대를 위한 연구가 진행되면서 시스템의 이상성(Ideality)이 증가되는 방향으로 기술적으로 발전하고 성장하게 된다. 시장에는 경쟁자들이 출현하게 되고 같은 기능을 갖는 유사 제품을 만들어 시장에 내놓게 되며 생존경쟁을 위한 치열한 기술개발 과정이 진행되며 시스템의 기능은 빠르게 발전하게 된다.

기능은 다양한 특성 변수(Parameter)로 평가할 수 있다. 기능을 측정할 수 있는 다양한 특성 변수 중 가장 대표적인 특성을 측정하는 변수를 핵심가치변수(MPV : Main Parameter of Value)라고 정의한다. 예를 들면 비행기의 MPV는 속력이라고 할 수 있고, 컴퓨터 파일을 저장하는 저장매체의 MPV는 단위 면적에 저장할 수 있는 비트(bit) 수라고 할 수 있다. 즉 시스템의 기능 향상은 MPV값의 변화로 측정할 수 있다. 비행체 발전과정을 지금까지 논의된 개념을 가지고 설명해 보자. 인간의 날고 싶은 욕망을 처음으로 실현한 사람은 몽골피에 형제이다. 조제프 미셸 몽골피에(Josep Michel Montgolfier)와 자크 에티엔 몽골피에(Jacques Etienne Montgofier) 형제는 불 위에 말리던 세탁물이 위로 떠 오르는 것을 보고 열기구 연구를 시작하였다. 천과 종이로 만든 커다란 구를 만들고 밑에서 불을 피워 뜨거운 공기가 그 안에 들어가게 했다. 처음 만들어진 열기구는 금방 찢어져 못쓰게 되었지만, 가능성을 보게 되었고 열기구 재료를 개선하고 밑에 불을 피워 계속해서 더운 열을 공급하는 장치를 달아 개선된 열기구는 점차 공중에 떠 있는 시간을 늘릴 수 있었다.

초기 열기구에서 기능을 평가할 수 있는 MPV는 비행거리였다(처음에는 단순히 공중에 떠 있는 시간이 중요했다. 하지만 차차 오래 그리고 멀리 날아갈 수 있는 능력이 중요한 핵심가치가 되었고 후에 개발된 비행체의 MPV는 속도가 되었다). 1782년 12월 종이와 조각 천으로 만들어진 최초의 열기구는 수십 미터 날다가 파괴되었지만, 이듬해 6월에는 삼베로 만든 79 m^3 크기의 열기구는 2 km를 날았으며 180 m 높이까지 올라갔다. 이러한 원리로 사람이 날 수 있다는 것이 증명되자 당시 많은 사람들이 더 튼튼한 재료로 큰 열기구를 만들고 열기구 아래에 공기를 데워줄 수 있는 화로 장치를 추가로 설치하여 점점 오랫동안 멀리 날아갈 수 있는 열기구로 발전하게 되었다. 1783년 11월 21일에는 물리학자 필라트르 드 로지에와 육군 장교인 다를낭도 후작이 열기구를 타고 900 m 높이에서 파리 시내를 9 km를 비행하다가 천이 불에 그을려서 내려오기도 하였다. 열기구 탄생 이후 재료의 발전과 제작 기술의 개발로 열기구 크기를 증가시켜 날아갈 수 있는 거리가 획기적으로 증가되었다. 즉 MPV값이 급속히 증가 되었다. 하지만 열기구 풍선을 무한정 크게 만들 수도 없고 큰 풍선 안에 더운 공기를 채워 공중에 뜨게 하는 일도 쉽지 않았다. 또한, 공기를 덥히는 장치를 달고 계속해서 가열시키며 오래 날아다니는 것도 한계에 도달하여 MPV값의 증가 폭이 느려지다가 포화되어 더 이상 발전하지 못하고 일정한 값이 유지되게 된다. 일반적으로 시간의 흐름에 따른 MPV 값 변화를 S-curve라고 부른다. 즉 시스템의 핵심가치 특성은 S-커브 모양으로 변화되며 성장한다는 것이다. 이것을 “S-curve 시스템 라이프 사이클”이라고 부른다.

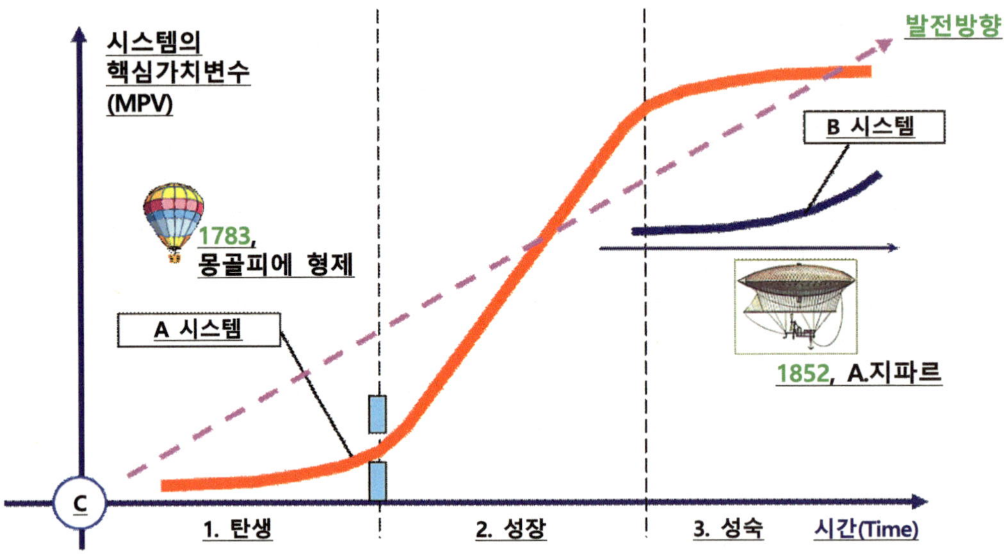

[그림 4-8] 시스템 발전 S-Curve

[그림 4-8]에서 보듯이 첫 단계인 시스템 "탄생"기에는 연구를 통해 기능을 구현할 수 있는 개념(이론)을 찾아내고 그것을 검증할 시제품을 개발한다. 소수의 뛰어난 발명가들에 의해서 시스템이 탄생하는 것이다. 최초 탄생한 시스템의 중요 특성을 설명하는 핵심가치변수(MPV) 값은 매우 낮다.

"성장"기에는 탄생한 시스템의 이상성을 높이기 위한 다양한 기술개발이 이루어진다. 일반적으로 "탄생"기(연구 단계)에는 리스크가 있어서 투자자가 많지 않지만, 인간에게 필요한 기능을 수행하는 획기적인 신상품이 탄생해 가능성이 확인되면 대규모 투자가 이루어지고 많은 사람들이 기술개발에 참여하며 경쟁하므로 빠른 속도로 MPV가 증가하게 된다. 하지만 MPV가 계속해서 성장하는 것은 아니다. 빠른 속도로 증가하다가 증가 속도가 둔해지면서 더 이상 증가하지 않는 "성숙"의 단계로 진입하게 된다. 시스템의 특성을 발전시키는 데 한계에 도달한 것이다. 앞에서 열기구의 사례로 설명해 보면 공기를 데워 상대적 밀도를 낮춰(공기를 데우면 가벼워진다는 것의 정확한 물리적 개념은 더운 공기는 팽창되어 주위의 공기보다 상대적 밀도가 낮아져서 부력을 얻어 위로 올라가는 것이다) 날아가는 원리를 사용한 시스템은 아무리 개선을 해도 계속해서 땔감을 가지고 공기를 데워야 해서 오랫동안 멀리 날 수가 없다. 이 원리로 탄생한 시스템은 성장의 한계를 가지고 있다. 시스템의 MPV가 한계에 도달하면 연구자들은 같은 기능을 구현할 수 있는 새로운 원리를 찾는다. 인간이 날 수 있다는

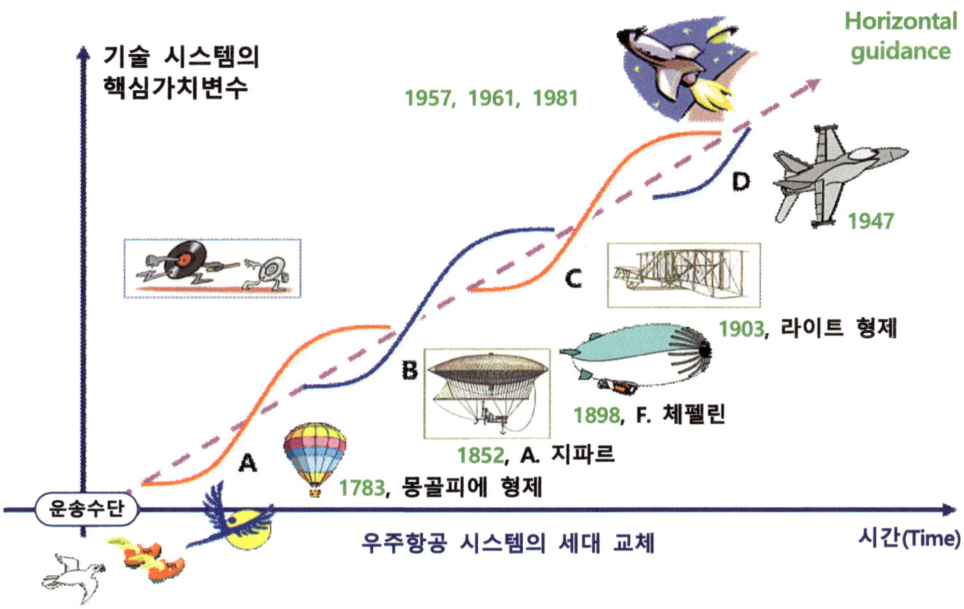

[그림 4-9] 비행체 기술 시스템 발전 S-curve

것을 보여준 열기구에 자극을 받은 많은 발명가들이 새로운 비행 원리를 찾아 노력하였고 뜨거운 공기를 채우는 대신 가벼운 수소 가스를 넣는 아이디어가 탄생하였다. 공기보다 훨씬 가벼운 수소 가스를 넣으면 몽골피에 형제의 열기구보다 훨씬 작은 기구로도 똑같은 무게를 떠오르게 할 수 있고 계속해서 가열할 필요가 없어 먼 거리를 여행할 수 있다. 하지만 단순한 기구 형태의 비행체는 원하는 장소로 날아 이동할 수 없다. 1852년 프랑스 발명가 지파르는 수소 가스를 채우고 증기기관을 이용해 프로펠러를 돌려 이동하는 비행선을 발명해 10 km/h 속도로 비행하는 데 성공하여 새로운 비행체 세대를 열게 되었다. 새로운 시스템은 몽골피에 열기구보다 발전된 차세대 시스템으로 비행체 발전에 새로운 장을 열게 되었다. 지파르의 비행선은 자신의 S-curve를 가지고 발전하여 다시 성숙기에 도달했고 비행 속도를 획기적으로 발전시킨 라이트 형제의 글라이더 비행기에 바통을 넘기게 되었고 또 다른 시스템의 S-curve가 시작되게 되었다.

[그림 4-9]에서 보듯이 비행체는 한 가지 원리를 갖고 탄생해서 S-곡선 형태로 발전해 나가다 MPV가 한계에 도달하면 새로운 원리로 탄생한 다음 시스템에 기능을 넘겨주고 사라져 버린다(시스템의 "쇠퇴"). "탄생 - 성장 - 성숙 - 쇠퇴"라는 사이클을 가지고 발전하는 과정을 통해 인간이 원하는 기능을 구현하는 시스템의 MPV는 계속해서 성장

한다. 인간이 원하는 기능은 변함이 없지만 그 기능을 수행할 수 있는 기술 시스템은 "탄생 - 성장 - 성숙 - 쇠퇴"라는 시스템 라이프사이클(System's life cycle)을 그리며 발전해 나간다.

소리를 저장하는 시스템의 발전 역사도 똑같은 발전 과정을 통해 발전한다. 소리를 저장해서 들을 수 있는 시스템을 처음 발명한 사람은 토마스 에디슨(Thomas Elva Edison)이다. 1877년 에디슨은 원통에 얇은 주석 포일(Thin foil)을 둘러싼 뒤 바늘을 이용해 소리를 기록한 포노그래프(Phonograph)를 발명해 최초로 소리를 기록하고 재생하는 데 성공했다. 물질 표면에 홈(Groove)을 파고 바늘로 홈의 모양을 읽어 소리를 기록하고 재생할 수 있다는 원리를 개발하면서 새로운 시스템이 탄생한 것이다. 최초의 포노그래프는 음질도 형편없고 소리 재생시간도 몇 초에 불과한 낮은 MPV 값을 가진 시스템이었지만 당시 많은 연구가들을 자극해 음질과 재생시간을 늘리는 기술개발이 이루어졌다.

1948년 콜롬비아社에서 쉽게 다룰 수 있는 플라스틱 소재인 염화비닐수지(PVC)를 이용하여 많은 노래를 기록할 수 있는 LP(Long Playing record) 기술을 개발해 시연함으로써 본격적인 소리 저장 및 재생 시스템이 탄생하게 되었다. 이후 음질과 소리 저장 용량이 계속해서 발전했지만 홈을 파서 바늘로 읽는 기계적인 원리로 MPV를 높이는 데 한계에 도달하게 되었다. 1982년 네덜란드에 본사를 둔 필립스가 광학과 디지털 기술을 이용한 CD를 개발하자 LP는 서서히 역사 속으로 사라져 버리고 새롭게 탄생한 CD 시스템에 소리를 저장하고 재생하는 기능을 넘겨주게 되었다. CD는 새롭게 자신의 S-curve 발전을 해나가다가 DVD 및 반도체 저장매체에 밀려 사라지고 있다.

어떠한 원리에 의해 탄생한 시스템은 "탄생 - 성장 - 성숙"의 S-curve 단계를 거쳐 발전하다가 새로운 더 효율적인 원리에 의해 탄생한 차세대 시스템에 바통을 넘기고 역사의 뒤안길로 사라지는 것이다.

4.2 S-곡선

4.2.1 특허 분석과 MPV를 통한 S-곡선 위치 파악

시스템은 인간이 원하는 기능을 위해 탄생하여 기술발전을 통해 지속적으로 발전해 나간다. 하지만 탄생한 시스템은 영원히 존재하는 것이 아니라 "탄생 - 성장 - 성숙 - 쇠퇴"의 S-곡선을 그리며 변화된다. 인간이 만든 시스템은 태어나서 지속적인 발전을 하다가 경쟁 시스템에 밀려 역사의 뒤안길로 사라져 버린다. 따라서 시스템을 각 단계에 따라 적절한 전략을 가지고 다루어야 한다. 먼저 시스템이 S-곡선에서 어디에 있는지 평가하는 방법에 대하여 논의한 뒤 각 단계에서 어떤 전략을 가지고 다뤄야 하는지 알아보기로 하자.

■ 특허 분석을 통한 기술 시스템 S-곡선 위치 파악

기술 시스템의 진화는 다음과 같은 S-곡선의 라이프사이클로 설명할 수 있다.

시스템이 S-곡선의 "탄생기 - 성장기 - 성숙기" 중 어떤 위치에 있는지 파악하는 전통적인 방법은 특허를 분석하는 것이다. 시스템과 관련된 특허 분석을 통해 특허의 "수준(Level)"과 등록된 특허의 "수량 변화"를 가지고 판단할 수 있다.

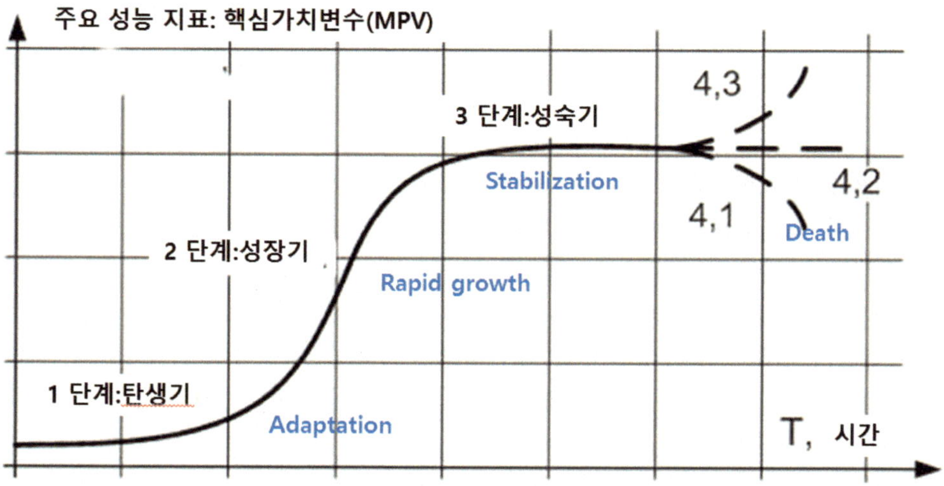

[그림 4-10] 시스템의 S-곡선 라이프 사이클

문제의 수준	특 징	해결방법
1 수준	• 몇 번의 시행착오로 해결되는 문제 • 시스템의 변화가 없는 개선	• 하나의 전문분야 내에서 해결 ex. 판지생산의 개선문제는 판지 생산 분야의 방법으로 해결
2 수준	• 수십 번의 시행착오로 해결되는 문제 • 약간의 시스템 변화를 통한 개선 • 1, 2수준 특허가 80~90% 차지	• 단일 기술 분야 내에서 해결 ex. 임업에서 알려진 방법으로 판지문제를 해결
3 수준	• 수백 번의 시행착오로 해결되는 수준의 문제 • 시스템의 본질적인 개선 • 모순을 해결 • 특허의 10% 정도를 차지	• 다른 분야의 방법을 적용 ex. 목재산업의 문제를 야금학에서 알려진 방법으로 해결
4 수준	• 수천에서 수만 번의 시행착오로 해결되는 문제 • 새로운 개념을 제시 • 특허의 3~4% 정도를 차지	• 기술이 아닌 과학의 영역에서 해결 • 물리적 · 화학적 효과를 활용
5 수준	• 10만~100만의 시행착오로 해결되는 수준의 문제 • 완전히 새로운 원리를 제시 • 특허의 1% 미만 차지	• 동시대 과학 지식의 한계를 넘어 새로운 발견으로 해결

[그림 4-11] **문제 및 특허의 수준**

트리즈에서는 기술개발 단계에서 해결한 문제의 수준 또는 그 문제를 해결한 특허의 수준을 [그림 4-11]에 설명한 것과 같이 5단계로 1수준에서 5수준으로 분류한다.

[그림 4-11]에서 보듯이 1~2수준의 문제를 해결하기 위해서는 수 번에서 수십 번에 걸친 시행착오를 통해서 가능하고 문제를 해결할 때 시스템을 거의 변형시키지 않거나 약간의 변화를 통해 가능하다. 1~2수준의 문제를 해결해서 얻은 특허가 전체 특허의 80~90%를 차지한다. 3수준의 문제는 단순한 시행착오 방법으로 해결하기 어렵고 문제 안에 있는 모순을 해결하기 위해서 창의적인 아이디어가 필요하다. 문제해결을 위해서는 다른 분야에 대한 지식이 필요하며 해결안은 수준 높은 특허로 등록된다. 3수준 문제를 해결한 특허는 전체의 약 10% 정도 차지한다. 4수준 문제는 새로운 개념을 가지고 원천기술 개발을 해야 하는 수준 높은 문제이고 이러한 문제를 해결한 특허는 전체 특허의 3~4% 정도에 불과하다. 5수준 문제는 당시 존재하지 않는 새로운

장을 여는 발명으로 최고 수준의 문제이며 이에 해당하는 특허는 1% 미만이다.

트리즈 이론을 만든 알트슐러와 그의 동료 즐로틴은 특허 분석을 통해 특허의 수준과 기술 시스템이 S-곡선 단계의 연관 관계를 찾을 수 있었다. 시스템의 탄생기에는 시스템 작동의 핵심 원리, 원천특허에 해당하는 4~5수준의 특허가 등록된다. 시스템의 작동 원리를 발명하고 그 원리를 적용시켜 기능을 구현할 수 있는 시스템 설계를 해야 하고 시제품을 만들어 검증해야 한다. 이런 과정에서 발생하는 문제를 해결하는 "탄생기"는 가장 수준 높은 특허가 탄생하는 시기이다.

소수의 발명가나 연구원들이 깊이 있는 연구를 진행하는 시기라 다른 구간에 비해 특허의 숫자는 매우 작다. 탄생기는 경제적인 측면에서 보면 기업이 이윤을 내지 못하고 미래를 보고 투자하는 기간이다. 투자해도 항상 성공을 보장할 수 없는 큰 리스크가 있는 단계라 자금력이 충분치 않은 개인이나 기업에서는 독자적으로 새로운 시스템을 개발하기 쉽지 않다. 따라서 국가에서 산학연 R&D 프로젝트를 지원하거나 연구개발을 돕는 다양한 지원 체계를 운영하고 있다.

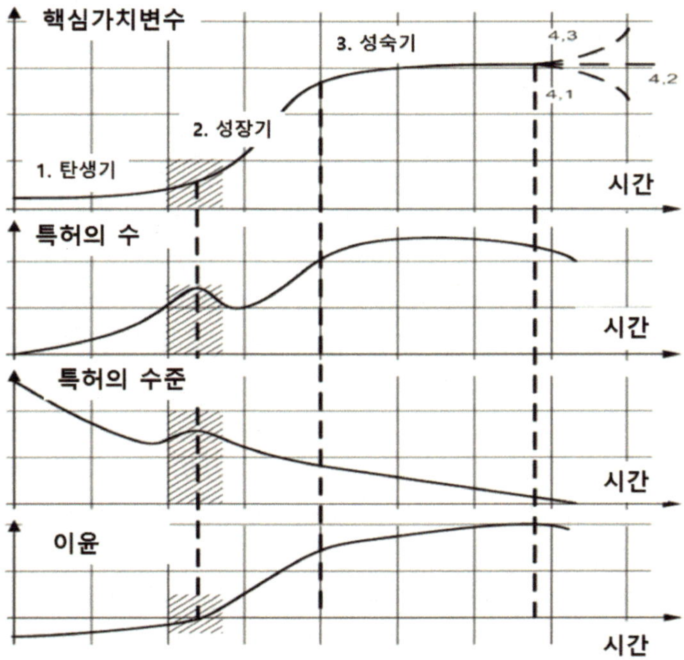

[그림 4-12] 문제 및 S-곡선과 특허 및 이윤과의 관계

시스템 S-곡선 라이프사이클 단계와 특허의 수준, 특허의 수, 이윤과의 관계는 [그림 4-12]에서 볼수 있다.

탄생기 초기에는 특허의 수가 거의 없다가 조금씩 연구 과정을 통해 늘어나게 된다. 이 시기에 등록되는 특허의 수준은 가장 높다. 원천특허에 해당하는 4~5수준의 특허가 만들어지고 특허의 수준이 점진적으로 낮아지게 된다. 이 시기는 아직 제품이 만들어지기 전이기 때문에 투자만 이뤄지고 이윤은 마이너스이다.

연구개발을 통해 성공적으로 시제품이 만들어지면 시스템(제품)이 탄생하고 성장기로 진입하는데, 이때 탄생기에서 성장기로 진입하는 과도기 이동 단계에 주목할 필요가 있다.

[그림 4-12]의 빗금 친 영역을 보면, 특허의 수가 서서히 증가하다가 그 증가 폭이 순간 올라가고 다시 낮아지는 것을 볼 수 있는데, 이는 시제품 단계에서 생산 단계로 넘어가면서 기술적으로 해결해야 할 많은 문제들이 발생하고, 그 문제를 해결한 많은 특허들이 등록되기 때문이다. 이 과도기에는 특허 수준도 일시적으로 높아졌다가 낮아지는데, 이는 탄생기 초기에 수준 높은 원천특허가 점차 감소하던 경향에서 생산과정의 복잡한 문제를 해결하기 위해 일시적으로 특허의 수준이 높아지기 때문이다. 과도기를 지나면 다시 특허 수준은 점차 낮아진다. 이윤은 과도기에 마이너스에서 플러스로 변한다. 연구 단계에서 제품을 출시하여 판매하는 단계로 넘어가기 때문에 이윤이 발생하기 시작한다. 여기서 이윤이란 전체 투자 대비 얻은 이윤이 아니라 제품이 탄생, 판매되어 발생하는 상징적 이윤을 말한다. 즉 상품 판매로 발생하는 이윤이 시작되는 시점이라고 이해할 수 있다.

제품이 탄생되어 시장에 나와 판매가 시작되면서 성장기가 시작된다. 물론 기업이 아이디어를 찾고 기술개발은 성공했지만, 마케팅 자금 부족, 판로 개척 등의 많은 어려움을 겪는 "죽음의 계곡(Death valley)"을 건너야 정상적인 성장을 할 수 있는데 여기서는 비즈니스 측면의 다양한 과정은 다루지 않고 단순히 기술개발 측면에서 제품의 "탄생 - 성장 - 성숙 - 쇠퇴"에 대한 논의를 하기로 한다. 상품의 생산이 시작되면 많은 생산라인에서 다양한 문제들이 발생하고 그를 해결한 문제해결 사례가 특허로 등록된다. 그뿐만 아니라 품질을 개선하고 시장의 반응에 대응하기 위한 기술개발로 특허의 숫자가 지속적으로 증가하게 된다. 성장기에 등록되는 특허의 수준은 지속적으로 낮아진다. 탄생기 때 4~5수준의 원천특허 적 수준의 문제를 해결하던 데서 성장기는 생산라인에서 발생하는 기술적 문제해결이 주로 진행된다. 성장기 초기에는 3수준의 모순을 해결해야 하는 창의적 특허들이 등록되지만 점차로 구조개선이나 공정개선 수준으로 특허의 질(Quality)은 낮아진다. 하지만 기업의 이윤은 점차 증대되고 상품이 대중화되면서 기업은 많은 돈을 벌게 된다. 성장기는 특허의 수준은 낮아지지만, 출원 및 등록 수량은 증가되고, 이윤은 지속적으로 증가되는 시기이다.

성숙기로 접어들면 특허 등록의 숫자는 증가 폭이 줄어들고 포화상태에 다다르게 된다. 관련 기술이 오랫동안 발전되고 연구되어 더 이상 새로운 문제가 많이 발생하지 않아 특허 등록 숫자는 오히려 포화상태보다 조금씩 줄어들게 된다. 탄생기와 발전기에 어려운 문제들이 해결되어 특허의 수준은 계속해서 낮아지고 성숙기가 진행됨에 따라 제품의 성능을 높이기 위한 기술개발보다 원가를 줄이고자 하는 연구가 더 많이 진행된다. 경제적 측면에서 볼 때 성숙기는 기업의 이윤이 극대화되는 호황의 시기이다. 시장에서 제품의 인지도는 높아져서 판매량은 늘어나지만, 성능개발을 위한 많은 연구비 투자가 필요 없기 때문에 성숙기가 오래갈수록 기업은 많은 수입을 올리게 된다. 어떤 시스템은 오랫동안 성숙기를 보낼 수 있고 다른 시스템은 성숙기의 시간을 많이 보내지 못한 채 사라질 수 있다. 성숙기가 얼마나 지속될 것인가는 전적으로 새로운 시스템의 탄생에 달려 있다. 새로운 시스템의 등장으로 기존의 시스템은 서서히 죽음의 단계로 진입하여 사라지게 되는 것이 기술 시스템의 운명이다.

■ 핵심가치변수(MPV) 분석을 통한 기술 시스템 S-곡선 위치 파악

기술 시스템의 S-곡선 위치를 파악하는 또 하나의 방법은 "핵심가치변수(MPV)"를 분석하는 것이다. 각 시스템(제품)은 그것의 대표적 기능을 측정할 수 있는 특성 변수를 가지고 있다. 그러한 핵심 특성 변수를 "핵심가치변수(MPV)라고 정의한다. 예를 들면 비행기의 핵심가치변수는 속력(m/s)이라고 할 수 있고, 디스플레이는 해상도(dpi : dot per inch) 또는 같은 해상도에 따른 화면 크기라 할 수 있고 LED의 핵심가치변수는 광효율(lm/W)이라고 할 수 있다. 시스템이 다양한 기능을 수행할 수 있지만, 대표적인 특성을 찾아 핵심가치변수(MPV)의 발전 변화를 분석하면 S-곡선의 위치를 파악할 수 있다. [그림 4-13]에서 볼 수 있듯이 가로축에 시간(년도), 세로축에 핵심가치변수를 넣고 외삽법(Extrapolation)으로 그래프를 그리거나 S-curve 수학적 모델링을 통해 그래프를 그려 예측할 수 있다. 러시아의 Berdonosov 교수가 광효율 수치를 이용하여 수학적 모델링을 활용해 연구한 OLED S-곡선 그래프는 다음과 같다.

[그림 4-13]의 그래프는 2006년까지 발표된 기술개발 데이터로 만들었는데 그 후에 개발된 OLED 디스플레이 실제 광효율 증가율과 매우 유사하여 수학적 모델링을 통해 충분히 S-곡선 그래프를 작성할 수 있음을 보여주고 있다. 이 그래프에서 보듯이 기술적인 측면에서 OLED는 성숙기에 접어들었음을 알 수 있다.

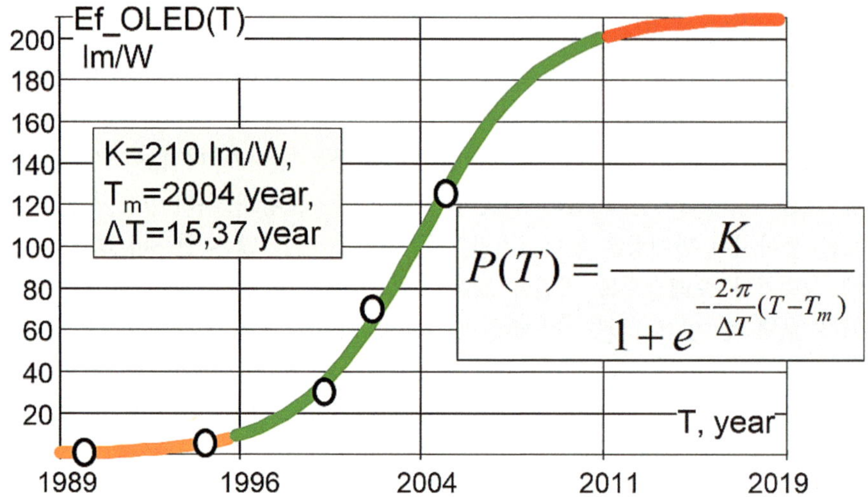

[그림 4-13] **수학적 모델링을 이용한 OLED S-곡선**

[이는 필요 기술이 거의 완성되었음을 뜻하고, 경제적 측면에서는 기업이 이윤을 최대로 얻을 수 있는 호황의 시기임을 의미한다. 하지만 OLED의 원리와 다른 새로운 개념의 디스플레이 기술개발 연구에 관심을 가지고 세상에 등장할 차세대 디스플레이 동향에 매우 민감하게 대응해야 하는 시기이다. 대응에 실패하면 OLED 디스플레이 기술은 쇠퇴의 단계로 갈 수도 있다는 것을 암시한다.

4.2.2 시스템의 성장 S-곡선 탄생기 단계 전략

시스템의 변화는 "탄생 - 성장 - 성숙 - 쇠퇴"의 S-곡선 라이프사이클을 가지고 설명할 수 있다. 어떤 제품의 미래전략을 세울 때 제품이 S-곡선 라이프사이클의 어느 부분에 있는가에 따라 다른 전략을 수립해야 한다. 성장기 초기에 있는 시스템은 기능 향상을 위해 과감한 투자가 필요하지만, 성장기 후반에 있는 제품은 성능 개선 보다는 가격을 줄이는 전략을 수립해야 한다. 그리고 새로운 원리로 구현될 수 있는 신제품 개발에 투자해야 한다. 따라서 제품 관련 특허나 핵심가치변수(MPV)를 분석하여 시스템이 S-곡선 라이프사이클 그래프 위에 어디에 있는지 찾아야 한다. 이제 단계별 어떤 전략을 가지고 시스템을 다루어야 하는지 알아보자.

① **탄생기**

기술 시스템의 탄생기는 다음과 같은 S-곡선의 라이프사이클 첫 단계에 해당한다.

탄생기는 인간의 만족되지 못한 욕구를 처음으로 발견한 사람이 그 욕구를 만족시키기 위한 제품을 개발(R&D)하는 시기이다. 새로운 개념의 원리를 발명해야 하고 그 원리를 구현할 수 있는 시제품이 만들어지기까지 힘겨운 연구개발이 진행되는 시기이다. 미래가 확실치 않기 때문에 투자자가 많지 않아 자금 부족이나 개발과정에서 발생하는 많은 난관으로 중도에 포기하는 사례가 발생한다. 개발자의 열정과 포기하지 않는 인내심이 아주 중요한 성공 요인이 되는 시기이다. 아직 시장에 존재하는 시스템이 아니므로 신제품을 구성할 전용 부품이 없어, 개발자는 기존에 있는 다른 시스템의 부품을 활용하여 핵심 기능을 구현하고 증명하는 것에 초점을 맞추어야 한다. 원하는 기능이 구현되는 것을 증명하는 것이 탄생기의 핵심이다(다양한 개발전략은 '시스템 발전 트렌드(시스템 발전법칙)'에서 자세히 다룰 예정이다). 소비자는 제품이 가지고 있는 기능을 사는 것이다. 따라서 개발자는 소비자가 기꺼이 돈을 낼 정도의 비용으로 기능을 구현시킬 수 있는 제품을 개발해야 한다는 것을 명심해야 한다.

탄생기에서 고려해야 할 또 하나의 관점은 제품개발의 출발은 정확한 시장의 니즈에서 출발해야 한다는 점이다. "시스템의 탄생, 성장, 그리고 쇠퇴"에서 어렵게 개발한 신제품이 성공하지 못하는 이유는 시장이 정말로 원하는 제품이 아니기 때문이다. 자신의 주머니에 있는 돈을 투자해 구입할 만큼 필요로 하는 시스템이 아니기 때문이다.

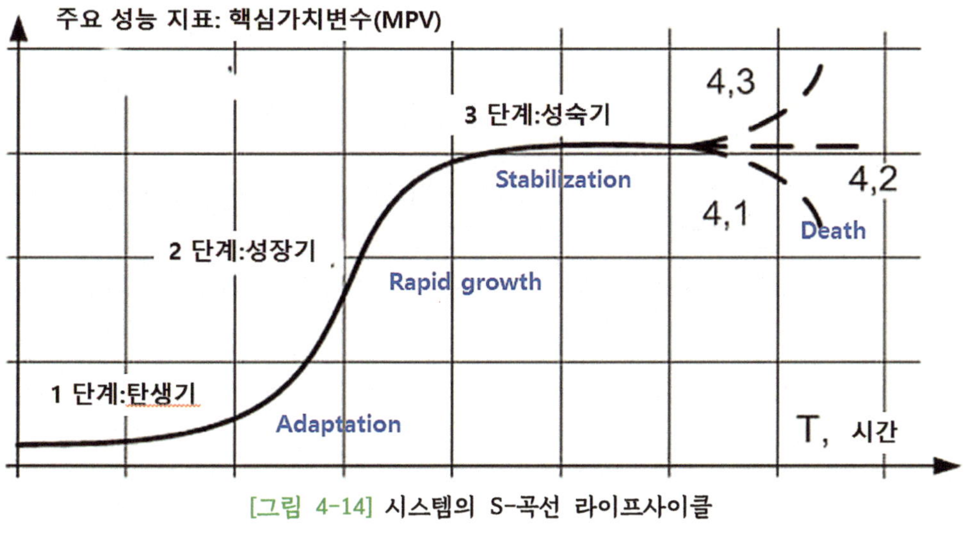

[그림 4-14] 시스템의 S-곡선 라이프사이클

개발자들은 당연히 시장이 원하는 제품을 개발한다고 생각하고 신제품을 개발한다. 하지만 개발자의 머리에서 막연히 나온 제품은 대부분 시장에서 큰 반응을 얻지 못한다. 철저히 시장의 소리(Voice of costumers)를 기반으로 니즈를 정의하고 제품을 기획해야 한다. 제품개발을 기획할 때 개발자는 많은 사람을 대상으로 시스템을 개발하고 싶어 한다. 하지만 모든 사람의 니즈를 만족시키는 제품을 개발한다는 것은 현대사회에서 불가능한 일이다. 목표 고객을 정확히 정하고 그들의 니즈를 만족시킬 챔피언 파라미터(타 시스템과 차별화된 목표 고객이 "와(Wow)"하고 환영할 대표적 핵심가치 변수)를 가지고 있어야 한다.

프랑스 고속철도 떼제베(TGV: Train à Grande Vitesse)는 저가 비행기로 심각한 재정난에 처했을 때 목표 고객을 정해서 그들의 니즈에 맞게 다양한 요금제를 만들면서 불황의 그늘에서 벗어나 성공적 교통수단으로 정착했다. 절대 정숙을 원하고 조용히 작업하면서 이동하길 원하는 고객을 위해서는 iDzen, 이야기를 나누거나 게임을 즐기면서 가는 고객을 위해서는 iDzap, 경제적으로 밤에 이동하길 원하거나 클럽 분위기로 즐기며 이동하기 원하는 고객을 위해서는 iDNIGHT 등으로 기차 칸을 다양하게 리모델링하고 가격을 변경하자 사람들이 몰려들기 시작했다. 일부러 친구들과 클럽 같은 분위기로 즐기려고 야간열차 iDNIGHT를 타는 젊은이도 많다. 이처럼 목표 고객의 정확한 니즈로 제품개발이 시작되어야 한다.

iDzen	iDzap	iDNiGHT
• 절대 정숙이 원칙 • 노트북을 이용하거나 휴식을 취하는 고객이 많음	• 이야기를 나누거나 게임을 즐길 수 있음	• 밤에만 운영 • 클럽 분위기 • 여행의 연장성 같은 분위기

[그림 4-15] TGV의 요금제

하지만 시장이나 목표 고객의 욕구를 정확히 파악하기는 쉽지 않다. 때로는 소비자들이 자신이 원하는 것을 자신도 정확히 설명하지 못한다. 시장에 전혀 존재하지 않는 새로운 제품일 때는 더욱 그러하다. 스티브잡스는 1998년 비즈니스위크와의 인터뷰에서 다음과 같이 말했다. "대부분 사람들은 제품을 보여주기 전까진 자신이 원하는 것이 무엇인지 모른다(A lot of times, people don't know what they want until you show it to them.)". 하지만 이 말이 시장이나 목표 고객의 니즈를 파악하지 말고 자신이 원하는 것을 개발하라는 말은 아니다. 표출되지 않고 숨겨져 있는 고객의 니즈를 파악하는 것이 어렵기 때문에 때로는 상상력과 시대의 흐름을 읽는 창의적 발상이 필요하다는 것이다.

탄생기의 기술 시스템은 완벽하게 완성된 시스템이 아니므로 '기능 대비 비용 (기능/비용)'관계를 고려하면서 제품을 개발해야 한다. 시스템만을 위한 개별 부품이 아직 시장에 없기 때문에 시제품을 경제적으로 만들기 어렵겠지만 대량생산의 단계에서 가격이 어느 정도 될 것인가를 예측하며 시스템을 구성해야 한다. '기능 및 비용' 요소를 최대화하는 것이 현대 시스템 개발에 있어서 중요한 또 하나의 요소가 된다. 원하는 기능이 있는 제품이라 하더라도 소비자가 부담된다면 성공할 수 없다. 예를 들면 한 회사의 구강청결제 '가그린'은 1997년 70억 원의 매출을 올려 당시 히트상품으로 선정되었다. 하지만 이 제품은 이미 1982년에 개발된 제품으로 출시한 해의 매출은 고작 3억 원에 불과했다. 당시 한국의 1인당 국민소득이 8천 불이어서 구매가 쉽지 않았다. '기능 및 비용' 지표는 신제품을 기획하고 개발할 때 고려해야 하는 중요한 파라미터이다.

제품개발이 완성된 후에는 '미래실패예측법(전환분석)'을 활용해서 미래에 발생할 수 있는 가능한 문제를 찾아 해결하는 단계가 필요하다. 탄생기 때 개발자는 원하는 기능을 구현하는 것에 모든 노력을 집중한다. 그리고 개발한 시스템에 만족해하며 미래 발생할 문제에 대한 분석 없이 빨리 제품을 시장에 내놓고 싶어 한다. 하지만 미래에 발생할 문제를 해결하지 않고 제품을 시장에 내놓았다가 문제가 발생하면 심각한 타격을 받게 된다. 대부분의 시스템은 유용한 기능을 수행하면서 동시에 유해한 기능을 동반한다는 것을 기억해야 한다. 제품이 시장에 나가서 사용되는 다양한 환경을 자세히 분석하고 시스템이 가지고 있는 부품들과 상호 작용을 고려해서 문제가 발생할 가능성이 있는지 예측해야 한다. 또한, 사람들의 다양한 행동 양식과 성별, 연령별 행동 패턴을 고려한 분석도 필요하다. 미래실패예측법을 효과적으로 활용하는 방법은 개발한 시스템을 가지고 어떻게 문제를 만들어 주위 시스템이나 사람들한테 해로운 결과를 만들까 하는 역발상적인 분석을 하는 것이다. 예를 들어 어떤 계획을 세웠다면 '어떻게 하면, 이 계획이 실현되지 않고 망하게 될까'하고 생각하면서 미래에 상황을 고려하면서 망하게 하는 방법을 찾는 것이다. 만약 망하게 하는 방법을 찾았다면 그 가능성을 제거할 수 있는 계획으로 수정 해야 한다. 이처럼 시스템을 개발한 후에는 반드시 미래에 발생할 가능성을 파악하고 그 가능성을 제거한 후 다음 단계로 나아가야 한다.

② 과도기 단계 (탄생기→성장기로 넘어가는 단계)

과도기 단계는 탄생기 단계의 일부분이다. 하지만 많은 전략이 필요한 단계라 구분해 설명하고자 한다. 과도기 단계의 핵심은 시제품을 시장에 내놓을 수 있는 제품으로 개발하는 것이다. 신제품을 위한 전용 부품이 없기 때문에 기존에 있는 부품을 적극적으로 활용하고 새로운 부품을 효율적으로 제작해야 한다. 또한, 시스템 조립을 위한 설비를 구축할 때 발생하는 많은 새로운 문제들을 해결해야 한다. 탄생기처럼 기능 구현을 위한 새로운 원리를 발명하기 위한 과학적 접근은 필요 없지만 많은 공학적 문제를 해결해야 하는 또 다른 힘든 기간이다. 다양한 공학적 문제해결 결과 특허의 수가 일시적으로 증가되고 특허의 수준도 높아지는 특이점이 발생하는 시기이다.

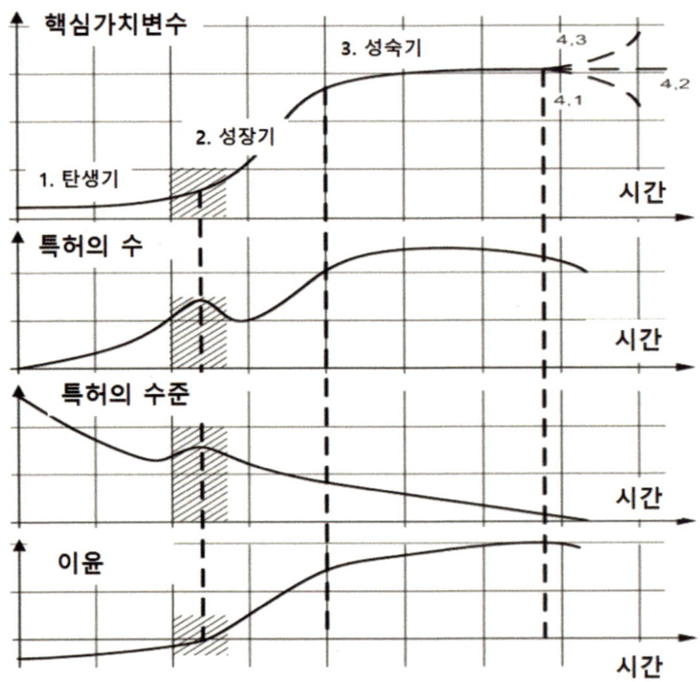

[그림 4-16] S-곡선과 특허 및 이윤과의 관계

또한, 과도기는 새로 개발한 시스템의 장점으로 시장으로 진입하려는 힘과 시스템이 가지고 있는 결점과 진입장벽(이전 세대 시스템의 반작용, 사회 구성원의 타성)의 힘이 충돌하는 시기이다. 예를 들면 자동차가 처음 만들어졌을 때 기존 마차 관련된 조합원의 반발로 쉽게 시장에 들어오기 어려웠다. 마차 조합원들은 그동안 구축해온 정치적 인맥과 영향력을 행사해 자동차 앞에 말 머리를 만들어서 말이 놀라지 않게 하였고 마부와 같이 사람이 종을 치면서 앞에 서서 걸어가며 말과 충돌하지 않도록 하는 법을 제정하여 자동차 사업을 방해했다. 또한, 마차에 익숙한 사람들이 기계로만 구성된 자동차에 대한 거부감으로 자동차 사업은 어려움을 겪어야 했다. 말은 음식을 주면 필요할 때 언제든지 움직여 주지만 초기 자동차는 요즘처럼 주유소가 구비되어 있지 않아 연료를 구입하기가 불편하였다. 고장이 나도 고칠 수 있는 전문가가 부족하여 자동차 사업은 힘겨운 시간을 보내야 했다. 현재에도 똑같은 일이 발생하고 있다. 새로운 제품이 탄생하면 세상이 바로 반겨주는 것이 아니라 기존 업체의 강력한 반발과 시장에서의 인지도 부족으로 많은 상품이 개발 후 사라져 간다.

과도기 단계에서 살아남은 제품은 높은 기술력을 가진 제품이 아니라 기존의 상위시스템(환경)에 가장 적합한 시스템이다. 예를 들면 자동차 개발사를 보면 초기 석유를 사용하는 내연기관 자동차와 전기 자동차가 비슷한 시기에 개발되었다. 기술력으로 보면 전기 자동차가 앞선다고 말할 수 있다. 하지만 석유를 연료로 하는 자동차가 시장의 선택을 받은 이유는 두 시스템 중에서 길거리에서 석유 연료를 구하기가 쉬웠기 때문이다. 당시 약국에서 치료용으로 기름을 판매했고 가정에서도 전등용이나 연료용으로 쉽게 구할 수 있었기 때문이었다. 새로운 시스템을 기존 인프라에 적합하게 만들어야 성공확률이 높아진다. 초기 인터넷 통신을 위해 만들어진 모뎀은 기존에 있는 전화선 인프라를 활용하여 사용했기 때문에 큰 성공을 거둘 수 있었다.

신규 기업이 새로운 시스템을 개발하면 판매망도 부족하고 시스템을 위한 인프라도 부족하므로 시장에서 성공하기가 쉽지 않다. 이때 생각해 봐야 하는 전략은 기존에 구축된 인프라를 활용하거나 주도적인 시스템과 결합을 시도하는 것이다.

전기 모터 자동차는 초기에 기존의 내연기관 자동차와 결합하여 인지도를 높여갔다. 하이브리드 자동차로 성공을 하면서 점차로 전기 충전 인프라를 구축해 독자적으로 생존할 수 있는 전기 자동차로 발전해 가고 있다.

비데는 일본의 TOTO, 독일의 Koher 등 유명 브랜드가 세계시장을 주도하고 있지만 높은 가격에(500~1,200 달러) 판매되고 있고 설치도 까다로워 미국 시장 대중화에는 한계를 가지고 있었다. 하지만 한국의 한 기업이 미국 시장에 진출하기 위해 대형 유통망을 가지고 있는 코스트코에 전략적으로 접근해서 진출 기반을 확보하였다. 미국 고객의 니즈에 맞고 누구나 설치할 수 있게 하면서 (DIY) 가격이 저렴한 특화된 제품을 만들어 2011년에 5년간 255,000대 독점 공급계약을 체결하였고 매년 성공적인 판매가 이루어지고 있다.

새로 탄생한 시스템은 눈에 보이는 단점과 시장의 인지도가 낮은 약점을 가지고 있지만, 확실히 차별화된 장점, 챔피언 핵심가치를 가지고 있어야 한다. 그리고 핵심 기능이 결정적 의미를 지니는 구체적 분야(목표 고객)를 타깃으로 시작하여 시장을 넓혀가는 전략을 짜야 한다. 과도기에 중요한 것은 경쟁자보다 앞서서 시장으로 나와야 한다는 것이다.

4.2.3 시스템의 성장 S-곡선 성장기 단계 전략

시스템의 기술개발 전략은 "탄생-성장-성숙-쇠퇴"의 S-곡선 라이프사이클을 가지고 각 단계에 맞게 수립해야 한다. 성장기 초기에 있는 시스템은 기능 향상을 위해 과감한 투자가 필요하지만, 성장기 후반에 있는 제품은 성능 개선 보다는 가격을 줄이는 전략을 수립해야 한다. 성장기는 시스템 발전의 측면에서 가장 다이내믹한 시기이고 다양한 전략이 필요하므로 초기 성장기 및 중기 성장기로 나누어 고찰해 보고자 한다.

① 초기 성장기

기술 시스템의 성장기는 다음과 같은 S-곡선 라이프사이클의 두 번째 단계에 해당한다.

상품의 가치를 시장에서 입증받고 이윤을 창출할 수 있는 제품으로 출시된 초기 성장기에 있는 제품은 투자자를 상대적으로 쉽게 찾을 수 있다. 아직 확실하게 검증된 것이 없고 실체화된 리얼 시스템이 존재하지 않아 많은 리스크를 가지고 연구하던 탄생기와는 다르게 개발과정이 끝나고 초기 제품을 만들어 시장에 내놓게 되면 그 가치를 아는 투자자들이 빠르게 얻을 수 있는 미래 이윤을 바라보고 투자를 하게 된다. 투자된 자금을 이용하여 시스템은 대량산의 단계로 진입하는 것이다. 시스템을 구성하는 전문 부품들이 아직 존재하지 않아 초기 성장기에는 부품 개발 및 제조를 위한 투자가 불가피하다. 초기 성장기의 핵심 전략은 투자를 통해 시스템이 가지고 있는 핵심 기능을 최대한 빨리 발전시켜 나가는 것이다.

S-곡선 라이프사이클에서 기능-비용에 관한 단계별 전략을 보면 [그림 4-18]과 같다.

[그림 4-18]에서 볼 수 있듯이 초기 성장기에서의 전략은 비용(C)이 들더라도 새로 개발된 시스템의 핵심 기능(F)이 빠르게 증가하도록 노력하는 것이다. 예를 들면 새로운 시스템 전용 부품을 만들기 위해 금형을 설계하고 제작하는 데 투자가 필요하다. 기능이 효과적으로 수행되고 효율이 높아지도록 제조기술 개발에 노력해야 시장에서

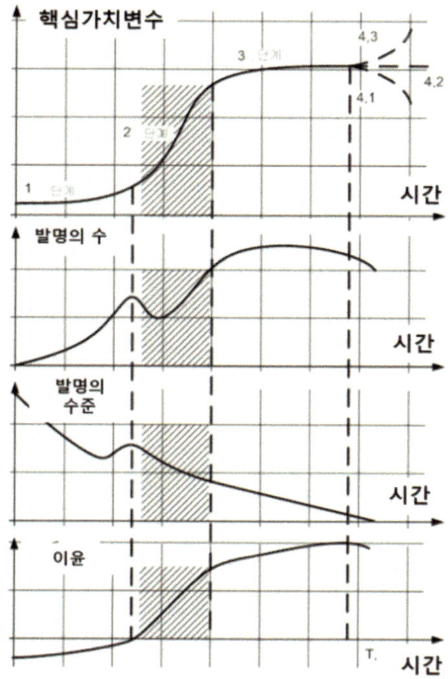

[그림 4-17] S-곡선 라이프사이클 및 관련 지표

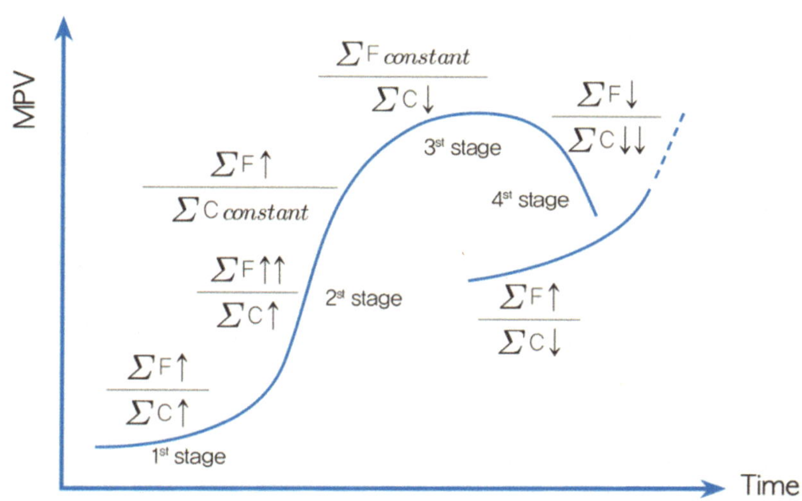

[그림 4-18] S-곡선 시스템 라이프 사이클 각 단계별 기능(Function)-비용(Cost) 전략

선택을 받으며 성장하게 된다. 이러한 성장기 초기에서의 투자는 필수적으로 요구되지만 향후 판매량 증가에 따른 대량생산으로 인한 규모의 경제 효과로 결국은 원가를 줄이는 데 기여하게 된다.

초기 성장기에는 시스템이 가지고 있는 차별화된 핵심가치변수(MPV)에 관심이 있는 고객(목표 고객)을 만족시키기 위해 다른 기능이 조금 부족하더라도 챔피언 기능을 구현하는 데 집중해야 한다. 예를 들면 비행기 발전에 크게 기여한 것은 1차 세계대전이었다. 비행기가 가지고 있는 핵심가치변수인 빠른 속도가 전쟁에서 매우 중요하게 요구되었다. 그래서 1차 세계대전에 참전한 독일, 영국, 프랑스, 이탈리아, 미국 등의 부대에서 비행기를 대규모로 구매하여 활발히 사용하게 되었다. 당시 비행기는 편리성이나 안전성에 문제점을 가지고 있었으나 챔피언 기능인 빠른 속도로 인해 군대(목표 고객)에서 많은 수요를 창출하여 성공적으로 발전하게 된 것이었다.

인터넷이 발전한 초기 역사를 보면 같은 패턴을 볼 수 있다. 인터넷의 시초는 1969년 미 국방성의 ARPA(Advanced Research Project Agency)라고 하는 군사 과학 기술 연구기관에서 연구원들이 실시간으로 정보 및 연구 결과를 공유하기 위해 만들어진 ARPANET이다. 연구원들 사이에 빠르게 결과를 공유하고 필요한 정보들을 실시간으로 연락하기 위해 만들어진 것이다. ARPANET의 핵심가치인 실시간 정보 교류 기능은 그러한 기능이 매우 요구되는 대학 및 연구소의 전문가들을 사이로 퍼져 나가기 시작했고 미국 전체의 연구기관을 연결하는 NSF(National Science Foundation) 네트워크 망으로 발전해 나가게 되었다. 초기 성장기에 성공을 거둔 ARPANET은 그 후 모든 사람이 사용하는 인터넷으로 발전하게 되었다.

적외선(IR) 카메라를 개발하는 벤처기업의 사례다. 적외선 카메라는 야시경 등 군사용으로 오래전부터 사용하고 있었지만 2010년 이후 민수시장으로 활발히 전환되고 있다. 가시광선보다 긴 1~1,000 μm 범위의 파장이 있는 적외선을 이용한 측정 및 분석 장비는 군사용 외에 의료, 항공, 자동차, 소방 등 다양한 산업군에서 활용될 수 있다. 적외선 카메라 개발에 있어서 핵심 기술인 IR 광학계, 디텍터, 비디오 엔진 기술을 확보했지만, 벤처기업이 처음부터 다양한 제품을 시장에 내놓아 성공하기 어렵기 때문에 목표 고객을 정하고 제품을 개발하였다. 고압선에서 누전이나 결함으로 열이 발생하여 단선이나 화재 발생을 사전에 감시하는 기업을 위한 온도 측정용 적외선 카메라를 개발하는 것이다. 의료용 온도 측정 적외선 카메라는 신체 온도인 36.5℃ 주위의 온도를 측정하면 되지만 고압선 측정은 온도 범위가 -10~250℃ 범위를 측정할 수 있어야 한다. 현재 목표 고객을 만족시킬만한 가격과 스펙을 만족하는 제품이 없는 상태라 이것을 챔피언 파라메터로 정하고 IR 광학계와 비디오 엔진을 개발하여 제품화하고 있다. 타 제품에 뒤처지는 특성과 단점을 가지고 있지만, 벤처기업은 목표 고객을 만족시키기에 충분한 핵심가치변수(MPV)에 집중하여 그 시장을 기반으로 사업을 시작하게 된 것이다. 일단 시장에 들어가 매출이 일어나고 자본이 쌓이면 시장을 다양한 분야로 늘려갈 수 있다.

② 중기 성장기

초기 성장기를 성공적으로 보낸 시스템은 목표 고객을 넘어 시장에서 많은 사람의 관심을 받기 시작한다. 핵심가치변수가 지속적으로 성장하도록 기술개발에 노력하는 것과 함께 시스템이 가지고 있는 기능을 활용할 수 있는 새로운 분야를 찾는 전략이 필요하다. 즉 핵심 기능(F)을 향상시키는 일에 모든 비용(C)을 투자하는 것보다도 새로운 분야로 기능을 다양화시키는 전략이다.

컴퓨터는 이름에서 말해주듯이 복잡한 계산을 빠르게 하려고 개발되었다. 연구 분야에 있는 전문가를 위해 만들어진 컴퓨터는 초기 시장에 나와 복잡한 계산이 요구되는 특수한 연구원들을 위해 사용되었다. 1943년 IBM 회장인 토마스 왓슨(Tomas Watson)은 당시 컴퓨터의 뛰어난 계산 기능만 생각해 "세계시장에 아마도 다섯 대의 컴퓨터는 있을 것이다"라고 예언했다. 하지만 컴퓨터가 가지고 있는 뛰어난 능력을 다양한 분야에 적용하기 시작하면서 컴퓨터는 이제 단순히 계산기가 아닌 문서 처리, 인터넷 정보 찾기, 기기 컨트롤, 개인 정보 보관 등 세상의 모든 분야에서 다양하게 활용되는 대성공을 거두게 되었다.

앞에서 언급한 ARPANET 시스템도 초기에는 실시간 정보교환이 중요한 연구원 사이에 사용되다가 일반적인 생활 정보 및 교류를 위해 보편화한 통신망인 인터넷 시스템으로 활용되고 있다. 비행기도 초기 성장기에는 전쟁을 위한 시스템으로 발전하였지만 빠른 이동 기능을 일반인들의 이동 수단으로 확장 발전하여 사용되고 있다. GPS 시스템은 군사적 위치 파악 기능으로 개발되어 부대에서 상용되었지만, 지금은 교통, 마케팅 등 다양한 분야로 응용 분야를 넓히고 있다.

시스템이 가지고 있는 기능을 다양한 분야로 적용하는 전략 외에 시스템의 가지고 있는 기능을 기반으로 다른 시스템의 기능을 흡수하여 기능의 수를 늘려가는 방향도 중기 성장기에 생각할 수 있는 중요 전략이다.

프린터는 초기에 단순히 컴퓨터에 있는 자료를 프린트하는 기능만 수행했지만, 시스템이 가지고 있는 부품들을 기반으로 큰 비용을 들이지 않고 복사기, 스캐너, 팩스의 기능을 흡수하여 복합기로 발전했다. 복합기는 각각의 기기를 따로 구입하는 것보다 경제적이고 간편하게 쓸 수 있어 소비자들로부터 많은 선택을 받고 있다. 과거에 밥솥과 보온기가 따로 개발되어 판매되었지만 현재는 밥솥이 보온기능을 흡수하여 널리 사용되고 있다. 스마트 폰도 MP3 플레이어, 카메라, 시계 등의 기능을 흡수하여 복합 기능으로 사용되고 있다.

중기 성장기에 생각해 봐야 하는 또 다른 전략은 시스템과 연관된 기능이 있는 다른 시스템과 결합을 시도하는 것이다. 시스템이 시장에서 받아들여지고 사용자가 늘어나면 시스템과 연관된 기능을 수행하는 다른 시스템과 결합하면서 발전을 하게 된다. 예를 들면 주유소는 차량과 연관된 기능을 수행하는 세차장이나 수리 센터를 결합하여 운영하면 효율적이다. 영화관은 영화 티켓을 판매하여 돈을 버는 것보다도 팝콘이나 음식을 판매하여 더 돈을 벌고 있다고 한다.

시스템이 중기 발전기를 지나 시장에 인지도가 생기면 그 시스템을 위한 새로운 제품이 탄생하는 현상이 발생한다. 예를 들면 자동차 판매가 늘어나면서 AS 센터가 큰 비즈니스 업종이 되었다. 또한, 차량에 관련된 다양한 편의 제품들이 등장하게 되었다. 세탁기 판매가 늘어나면서 세탁기에 관련된 세제, 유연제 등 관련 사업이 크게 번창하게 되었고, 핸드폰이 많이 팔리면서 핸드폰 관련된 각종 액세서리 산업이 신종 사업으로 등장하였다. 인터넷이 발전하면서 인터넷 전용 광케이블 산업이 발전하여 전국적인 망을 구축하게 되었다. 이처럼 시장에서 성공하는 제품은 다양한 관련 산업을 만들며 커다란 파급효과를 만들어 낸다.

S-curve 시스템 라이프사이클에서 2단계 발전기는 기능과 비용의 관점에서 매우 다양한 변화를 겪으면서 발전한다. 핵심 기능을 발전시켜야 하고 끊임없는 시장의 요구에 맞추어 새로운 기능을 첨가해야 한다. 또한, 적절한 비용을 맞추기 위한 힘겨운 싸움이 진행된다. 비용에 대한 기능을 높이려는 발전기 과정에서 분석해 보면 반복되는 많은 진화 패턴이 발견된다. 이러한 진화법칙은 시스템을 발전시키는 전략에 대하여 많은 것을 가르쳐 준다.

4.2.4 시스템의 성장 S-곡선 성숙기 단계 전략

시스템의 S-곡선 라이프사이클 세 번째 "성숙" 단계에서는 올바른 전략을 세워서 시스템을 발전시켜 나가는 것이 매우 중요하다. 발전기에서는 더 좋은 성능을 위한 기술개발이 중요하지만 성숙기에서는 단순 기술개발이 아니라 미래를 위한 다양한 선택을 전략적으로 해야 하는 중요한 시기이다. 기술적 입장에서뿐만 아니라 비즈니스적 입장에서도 중요한 의미가 있다.

■ "성숙기" 단계 지표

기술 시스템의 "성숙"기는 다음과 같은 S-곡선의 라이프사이클 세 번째 단계에 해당한다.

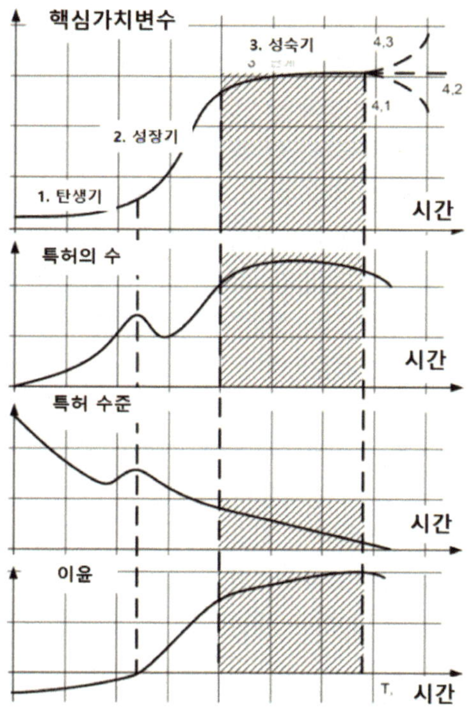

[그림 4-19] S-곡선 라이프사이클 및 관련 지표

성장기에서 빠르게 증가하던 특허의 수는 증가 추세를 멈추고 하강하기 시작하고 이윤 증가 폭도 멈추고 정체된다. 특허 출원의 수가 증가하지 않고 정체되다가 오히려 감소한다는 것은 시스템의 기능 개발에 필요한 연구가 완성되어 성장기에 빠르게 증가하던 시스템의 핵심가치변수(MPV)가 더 이상 증가하지 않고 정체된다는 의미이다. 아무리 투자하고 노력하며 시간이 가더라도 시스템의 핵심 기능이 더 이상 증가하지 않는 것은 몇 가지 한계가 존재하기 때문이다. 시스템이 탄생해서 성장하다가 핵심가치변수(MPV)가 증가하지 않고 정체되는 성숙기로 접어드는 원인을 살펴볼 필요가 있다.

■ "성숙기" 단계에 도달한 원인들

① 물리적 한계

기술 시스템이 진화하며 발전하다 성장이 멈추는 대표적 원인은 시스템의 작동 원리가 가지는 물리적 한계에 도달했기 때문이다. 광학현미경의 예를 들어 설명해 보자. 광학현미경은 사람이 눈으로 보이지 않는 작은 물질을 보기 위해 네델란드 드레벨(C. J. Drebell, 1572-1633)이 1590년에 발명한 것으로 전해진다. 보통 사람이 맨눈으로 볼 수 있는 가장 작은 물체는 대상 물체를 25 cm 앞에 두고 약 0.1 mm 정도이다. 그보다 더 작은 것을 보려면 돋보기 볼록렌즈로 확대해서 볼 수 있는데 약 10배, 즉 0.01 mm가 한계이다. 이보다 더 작은 물체를 보기 위해 발명된 것이 현미경이다. 대물렌즈와 접안렌즈로 구성된 현미경은 맨눈이나 돋보기로 볼 수 있는 것보다 훨씬 작은 물질을 물체를 관찰할 수 있다. 현미경이 발명된 이후 많은 과학자들이 더 작은 물질을 물체를 볼 수 있는(분해능이 좋은) 현미경을 개발하고자 노력하여 수십 배, 수백 배, 수천 배가 넘게 확대할 수 있는 기술을 개발하였다. 확대능력(또는 분해능)이라는 핵심가치변수(MPV)가 계속해서 성장한 것이다. 하지만 렌즈의 초점거리를 조절하고, 접안렌즈와 대물렌즈 개발을 통해 분해능을 높이려는 광학현미경 개발 노력은 대략 2천 배 배율에 도달한 이후 한계에 도달하고 만다. 광학현미경은 빛(가시광선)을 이용하여 관찰하는 도구인데 빛의 파장보다 작은 점 물체의 상을 만들면 에돌이 효과(회절 효과; diffraction effect) 때문에 에어리 원반(Airy disk)이 되어 더 이상 물체를 관찰할 수 없게 된다. 간단히 말하면 특정 길이의 파장이 있는 빛을 이용해 관찰하는 광학현미경은 빛의 파장보다 작은 물체를 관찰하는 것이 불가능하다. 즉 광학현미경의 물리적 한계에 도달하게 된 것이다. 더 작은 물체를 보기 위해서는 빛보다 작은 파장이 있는 전자를 이용한 전자 현미경이라는 새로운 시스템을 개발해 사용하게 되었다. 프로펠러 비행기는 아무리 개선을 해도 초음속을 돌파할 때 발생하는 소닉붐 장벽을 넘을 수 없으므로 아무리 노력을 해도 더 이상 핵심 기능인 속도를 높일 수 없다. 물리적 한계에 도달한 프로펠러 비행기는 성숙기를 맞게 되고 더 이상 발전하지 못하게 되었다. 이처럼 기술 시스템이 연구개발을 통해 핵심 기능이 증가하여 발전하지만, 기능을 구현하는 원리가 물리적 한계에 도달하면 시스템은 더 이상 발전하지 못하고 기술 지표가 정체되는 성숙기를 맞게 된다.

② 기술적 한계

시스템의 핵심가치변수가 한계에 도달하는 또 한 가지 이유는 시스템 제조 과정에서 발생하는 기술적 한계 때문이다.

음악을 듣기 위해 발명된 LP 판은 기계적으로 홈을 만들어 정보를 저장하는데 아무리 작게 기계적으로 홈을 파더라도 기술적 제조 한계에 도달할 수밖에 없다. 더 이상 같은 면적에 더 많은 홈을 만들 수 없어 저장 밀도를 증가시키는데 기술적 한계에 도달하게 된다.

천체 망원경을의 기능을 높이기 위해서는 거울의 직경을 더 크게 만들면 된다. 하지만 모든 면에서 같은 곡면을 갖는 큰 거울을 제조하는 것은 기술적으로 한계가 있다.

반도체 산업에서 마이크로 칩에 저장할 수 있는 데이터양이 18개월에 2배씩 증가한다는 유명한 무어의 법칙(Moore's law)이 있다. 1960년대 페어차일드의 연구원으로 근무하던 고든 무어가 반도체 제조공정 기술의 발전을 관찰하여 제안한 법칙으로 1970년대부터 2000년대 초까지 이 법칙이 잘 맞아 반도체 회사들이 이 법칙에 근거하여 기술개발 로드맵을 작성하여 활용하였다. 하지만 2010년 들어서면서 마이크로 칩의 발전이 정체되고 있고 무어 자신도 2015년 과학 기술 분야 잡지인 IEEE Spectrum(국제전기전자기술자협회 스펙트럼)과의 인터뷰에서 "무어의 법칙이 향후 10년 전후로 하여 사라지게 될 것 같다"라고 예측하였다. 이론적으로 단 한 개의 전자를 가지고 정보 저장장치를 만들 수 있는 "단 전자 트랜지스터(Single electron transistor)" 기술이 가능하여 무어의 법칙이 계속 진행되어야 하지만 반도체 공정기술이 40 nm 이하에 양산기술 적용이 어려운 기술적 한계를 맞고 있기 때문이다. 물론 현재 대표적 기업에서는 실험실에서 10 nm 공정기술을 개발하였다고 발표하고 있지만, 양산라인에 적용하는 데는 많은 기술적 어려움을 겪고 있는 것이 사실이다.

③ 인간적 한계

시스템의 성능을 더 증가시킬 수 있고 기술개발이 더 가능한 시스템이라도 때로는 인간이 가지고 있는 한계 때문에 더 이상 성능개발(핵심가치)을 하지 않고 정체되는 경우도 있다. 예를 들면 오디오 개발에서 중요지표는 다양한 소리를 재생시키는 능력이다. 다양한 소리는 물리적으로 서로 다른 파장(또는 주파수)의 진동을 의미한다. 피아노 중앙에 있는 도에 해당하는 "가온 다" 소리는 440 Hz의 진동이 있는 소리이고, 한 옥타브 위의 "도" 소리는 진동수가 2배 증가하여 880 Hz의 진동수를 갖는 소리이다. 피아노 건반을 두드릴 때마다 다른 진동수를 갖는 소리가 만들어진다. 이것이 다양한 소리이다. 좋은 오디오는 저음에서 고음의 진동수를 다 만들어 낼 수 있는 시스템이다. 하지만 인간의 귀로 들을 수 있는 진동수는 20~20,000 Hz의 소리이다. 따라서 기술적으로 더 다양한 진동수 소리를 재현시킬 수 있는 오디오를 개발할 수 있지만, 인간이 들을 수 없는 소리여서 개발이 무의미하다. 자동차의 속도는 기술적으로 시속 수백 킬로미터 달릴 수 있게 기술적으로 제조할 수 있지만, 인간이 컨트롤할 수 있는 능력을 벗어나기 때문에 일정한 속도 이상은 규제를 하고 있다.

④ 상위시스템 한계

기술 시스템은 자체로 더 발전할 수 있지만, 상위시스템과의 충돌로 시스템의 기능이 더 이상 발전하지 못하고 정체되는 문제도 발생한다. 예를 들면 버스 탑승 승객 수를 늘리기 위해 폭과 높이를 늘릴 수는 있지만, 기존 도로의 폭과 교량 높이 등 도로 환경적 제한 때문에 현재 크기에서 정체되어 있다. 탱크도 더 크고 무겁고 강력한 무기로 발전시킬 수 있지만, 기존 도로나 다리 등 인프라를 이용해야 해서 제한을 받고 있다. 전자레인지는 파워를 늘려 더 빨리 음식을 데울 수 있지만 그렇게 되면 음식에 들어있는 물이 폭발적으로 증발하며 음식의 형태를 변형시키기 때문에 파워를 더 이상 늘리지 않고 사용하고 있다. 현재 많은 가전제품들이 크기를 늘려 대용량으로 만들 수 있지만, 기존 집에 있는 부엌이나 베란다 사이즈에 맞지 않기 때문에 더 이상 커지지 않고 일정한 크기를 유지하고 있다. 시스템의 성능이나 크기를 기술적으로 더 확장시킬 수 있더라도 기존 시스템과 연동된 상위시스템 요소들과 미스매치가 되면 사용할 수 없다. 기술 성능을 높이는 것이 의미가 없어지기 때문에 더 이상 발전하지 않고 정체되는 것이다.

⑤ 사회적/윤리적 한계

기술발전을 관찰해보면 사회적 이슈로 인해 더 이상 발전을 하지 못하고 정체되거나 사라지는 경우가 발생한다. 화학무기 개발에서 있었던 예를 들어보자. 인간은 끊임없이 살상력이 더 강한 무기를 개발하려고 노력하고 있다. 그중 하나가 화학무기 개발이다. 하지만 살상 효과가 너무 방대하고 반인륜적이어서 1997년 4월 29일에 전 세계가 화학무기 개발 생산 비축 및 사용을 금지하는 "화학무기금지협약"을 발효하여 연구를 중단하였다. 나노기술과 바이오 기술의 발전으로 유전자를 조작한 농산물이나, 신체 장기에 관련된 다양한 가능성 있는 기술들이 등장하고 있지만, 윤리문제나 기타 사회적 공감대가 형성되지 못한 이유로 규제를 받고 연구가 중단되어 기술발전이 정체되는 경우가 발생한다. 인간복제 기술의 윤리적 문제를 지적한 2005년 마이클 베어 감독의 영화 '아일랜드'는 기술의 윤리적 문제를 적나라하게 보여주었다. 인간복제 기술은 기술적으로 개발이 가능하지만 윤리적인 문제를 가지고 있어 연구개발이 정체될 수밖에 없다. 앞으로 4차산업의 핵심이 될 AI, 로봇기술이 발전하면서 기술 자체보다 윤리적 문제나 사회적 인식이 매우 중요한 이슈가 될 것이다.

성숙기에 도달한 시스템은 특허 분석이나 핵심가치변수 분석을 하지 않더라고 시장에서 성숙기를 알려주는 지표들을 가지고 있다.

첫째, 오랫동안 발전하며 많이 팔려나간 성숙기 제품들은 그 제품을 위한 다양한 보조 제품군을 가지고 있다. 예를 들면 성숙기에 있는 세탁기는 다양한 세탁기용 세제 제품군을 가지고 있다. 자동차는 엔진오일, 워셔액, 방향제, 필터, 핸드폰 걸이 등 다양한 자동차 전문 제품군을 가지고 있다. 핸드폰은 각종 액세서리 제품군을 가지고 있다.

둘째, 상위시스템이 성숙기에 있는 시스템에 적합하도록 변화되어 있다. 예를 들면 냉장고를 위해 집을 설계할 때는 냉장고 크기에 맞게 공간을 만들고, 세탁기를 위한 베란다는 상하수도 시설을 갖추게 만든다. 컴퓨터 사용을 편리하게 사용하도록 책결상이 만들어지고 인터넷 라인이 책상 주위에 편하게 설치되도록 만들어진다. 도로나 많은 산업 인프라 시설들은 자동차에 맞추어 설계되고 제작. 됐다.

셋째, 성숙기 시스템은 다양한 종류로 시장에서 판매되고 있다. 자동차, 세탁기, 컴퓨터, 시계 등 성숙기에 있는 제품들은 시장에서 아주 다양한 제품으로 존재한다. 컴퓨터 마우스를 보더라도 셀 수 없을 만큼 다양한 제품들이 팔리고 있다. 이처럼 성숙기에 도달한 제품은 시장에 있는 형태를 보더라도 쉽게 인식할 수 있다.

기술 시스템이 성숙기가 되면 여기에 맞는 전략을 잘 세워야 한다. 이 단계에 들어온 시스템의 성능개발을 위해 R&D에 투자하는 것은 매우 어리석은 선택이다. 시장을 주도할 수 있는 전략이 성숙기에 필요하다.

4.2.5 성숙기 시스템의 미래 전략

시스템의 S-곡선 라이프사이클 세 번째 "성숙기" 단계는 기술적 입장에서뿐만 아니라 비즈니스적 입장에서도 중요한 의미가 있다. 성숙기에 있는 제품은 시장에서 확고한 위치를 차지하고 많은 이윤을 내는 시기이지만 경쟁이 치열한 시기이기도 하다. 기술개발 전략을 수립하는 입장에서 기존의 시스템을 개선하면서 미래를 위한 새로운 시스템을 동시에 개발해야 하는 전략적 중요성을 내포하고 있는 시기이다. "성숙기" 단계에 있는 시스템에 대한 미래전략을 어떻게 수립해야 하는지 관찰해 보자. 기술 시스템의 S-곡선의 라이프 사이클 단계별 기능/비용 전략 곡선을 그려보면 [그림 4-20]과 같다.

[그림 4-20]처럼 초기 성장기에서의 전략은 비용이 들더라도 새로 개발된 시스템의 핵심 기능이 빠르게 증가하도록 노력하는 것이다. 제품의 핵심 기능이 최대한 빠르게 성장하여 핵심 고객의 선택을 받고 수요층을 확대해 나가야 한다.

성장기 초기에는 핵심가치변수가 지속적으로 성장하도록 기술개발에 노력하여야 한다. 성장기 중반에는 핵심가치변수 개발에 모든 투자를 하기보다 새로운 기능을 부가하거나 시스템이 가지고 있는 기능을 활용할 수 있는 새로운 분야를 찾는 전략이 필요하다. 즉 핵심 기능(F)을 향상시키는 일에 모든 비용(C)을 투자하는 것보다도 시스템

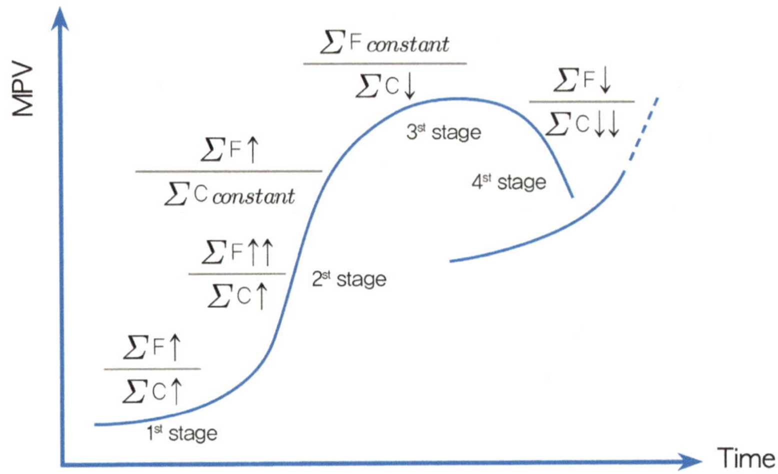

[그림 4-20] S-곡선 시스템 라이프 사이클 단계별 기능/비용 전략 곡선

이 가지고 있는 기능을 적용시킬 수 있는 새로운 분야로 기능을 다양화시키거나 시스템의 자원을 활용하여 추가적인 기능을 높이는 전략이다. 시스템이 성장하여 성숙기로 접어들면 큰 틀에서 발전된 기능을 유지하면서 비용을 줄이는 전략이 필요하다.

성숙기는 성장기 말기에 시작되는 단계로 물리적 한계, 기술적 한계, 인간적 한계, 상위시스템 한계 또는 사회/윤리적 한계로 인해 핵심 기능이 더 이상 발전하지 못하고 정체되는 단계이다. 성숙기에 들어선 시스템은 다음과 같이 중요한 전략적 접근이 필요하다.

성숙기에 있는 제품의 단기 전략은 정점에 있는 기능은 유지하면서 제조비용을 줄이는 전략이다. 비용을 줄이는 것은 모든 단계에서 중요한 요소지만 특히 성숙기 제품을 생산할 때는 핵심 전략이 되어야 한다. 따라서 성숙기 제품을 생산하는 제조회사들은 제조 원가를 줄이기 위해 값싼 원료를 개발하고 확보하는 데 노력해야 한다. 많은 회사들이 노동력이 싼 중국이나 베트남 등으로 생산라인을 옮기거나 스마트팩토리, 자동화 시스템을 도입하고 있다.

기술적인 측면에서 기능을 유지하면서 비용을 줄이는 전략적 도구는 트리즈에서 활용하는 트리밍(Trimming)기법이다. 트리밍이란 시스템을 구성하는 부품을 제거하는 것이다. 칫솔의 사례를 가지고 트리밍 방법을 설명해 보자. 한 회사가 칫솔을 만들어 케이스에 넣어 판매하고 있다고 가정해 보자. 치아 사이에 낀 이물질을 제거하는 칫솔의 기능은 이미 정점에 올라 있고 많은 경쟁사들이 생산하고 있다. 이 제품의 구성 성분을 기능적으로 분석해 보면 다음과 같다.

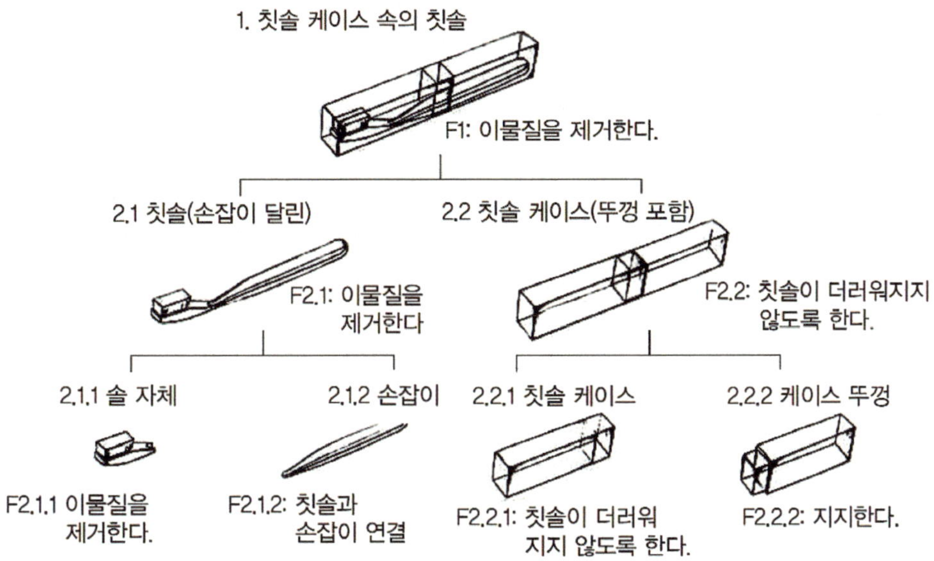

[그림 4-21] 칫솔의 계층별 시스템 구성도

시스템을 구성하고 있는 요소 중에서 가장 기능이 떨어지는 부품은 [그림 4-21]의 우측 하단에 있는 케이스 뚜껑이다. 케이스 뚜껑은 칫솔 케이스를 지지하기 위해 존재한다. 제품의 원가를 줄이기 위해 케이스 뚜껑을 제거(트리밍)할 수 있다. 하지만 그 요소가 가지고 있는 기능, 즉 칫솔 케이스를 지지하는 기능은 남아있어야 한다. [그림 4-22]와 같이 기능을 다른 요소에 전가하면 칫솔 케이스를 제거(트리밍)할 수 있다.

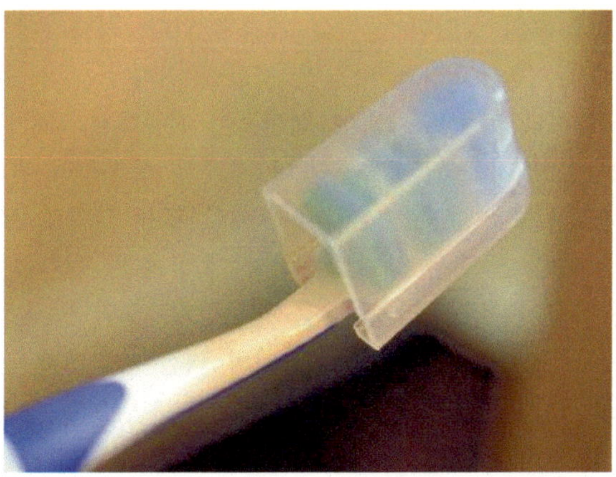

[그림 4-22(1)] 칫솔의 케이스를 트리밍한 사례(헤드 케이스)

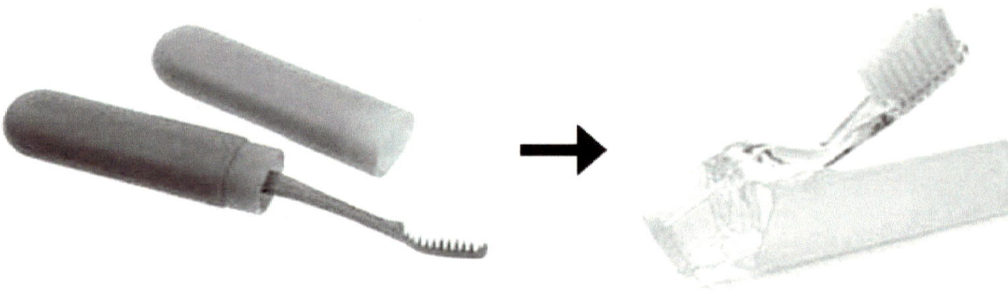

[그림 4-22(2)] 칫솔의 케이스를 트리밍한 사례(일체형 손잡이, 접이식 손잡이)

또는 칫솔 케이스를 트리밍 시킬 수 있다. 칫솔 케이스의 기능은 칫솔모를 보호하기 위해 외부 물질을 막는 것이다. 이 기능을 남아있는 다른 요소에 전가할 수 있으면 위의 그림과 같이 칫솔 케이스를 제거할 수 있다.

성숙기에는 기능 개발보다 가격을 줄이는 것이 중요 전략이 되어야 한다. 현재 유통되고 있는 시스템 중 오랫동안 발전해온 성숙기에 있는 제품들이 많다. 이 제품들이 첫 번째 고려해야 할 미래전략은 원료, 노동력 등 제조비용을 줄이고 제품의 부품을 기능별로 분석하고 트리밍의 3가지 방법을 사용하여 비용을 줄이는 것이다.

성숙기에 있는 기술 시스템의 핵심 기능은 여러 가지 한계에 부딪혀 더 이상 발전하지 못한다. 따라서 핵심 기능 개발보다 소비자가 원하는 니즈를 파악하여 추가/편리 기능을 개발하는 것이 제품을 차별화시키고 시장에서 우위를 점할 수 있는 전략이 될 수 있다. 전자레인지나 가스레인지를 생각해 보자. 음식물을 가열하는 핵심 기능은 이미 개발되어 어떤 제품이나 거의 동일한 성능을 가지고 있다. 성숙기에 있는 이 제품은 핵심 기능 개발보다 타이머 기능, 요리를 마치면 저절로 꺼지는 기능, 화재 예방 기능, 음성 서비스 기능 등 추가/편리 기능을 개발에 회사들이 집중해서 전략을 짜고 있다.

냉장고에서 홈바는 소비자들의 니즈를 찾아 추가한 성공적인 편리 기능이다. 최근 세탁기 문에 "에드 윈도우(보조 문)"를 설치하여 세탁 도중 추가로 세탁물을 쉽게 넣을 수 있게 편의 기능을 추가한 S 회사 세탁기는 시장에서 좋은 인기를 끌며 판매되고 있다. 자동차 산업에서는 차선이탈 경보장치, 졸음 경보장치, 오염 방지 기능, 자동 주행 기능 등 다양한 편리/추가 기능이 최근 자동차 업계의 핵심 기술개발 전략이다. 성숙기에 있는 제품을 제조하고 있는 회사들은 핵심 성능 외에 사람들이 필요로 하는 편리 기능, 서비스 기능을 잘 찾아 추가하는 전략을 가지고 제품을 개발해야 한다.

[그림 4-23] 다양한 디자인의 볼펜

성숙기에 있는 제품을 개선하는 전략 중 하나는 기능보다 디자인 개선에 노력하는 것이다. 같은 기능이면 인체공학적인 제품, 아름다운 제품이 경쟁력을 갖게 된다. 볼펜은 성숙기에 있는 대표적인 제품이다. 현재 볼펜 회사들이 노력하는 핵심적 전략 중 하나는 디자인 개발이다. 좀 더 인체공학적이고 아름다운 디자인을 개발하여 판매하고자 노력하고 있고, 시장에 있는 제품을 보면 [그림 4-23]처럼 얼마나 다양한 디자인이 존재하는지 알 수 있다.

가전제품들 대부분은 현재 성숙기에 있다. 따라서 전 세계 가전 회사들은 디자인 부서를 두고 디자인적으로 차별화된 제품을 개발하고자 노력하고 있다. 광고를 보더라도 성장기 제품은 기능을 강조하지만 성숙기 제품은 감성적, 디자인적 광고가 주를 이루고 있다.

시스템이 성숙기에 도달하면 시스템의 자원을 기반으로 관련 기능이 있는 제품을 결합하는 것을 전략적으로 생각해 볼 수 있다. 예를 들면 복사기는 성숙기가 되었을 때 스캐너 및 팩시밀리 시스템을 결합하여 복합기로 발전하였다. 과거 펜촉을 잉크에 묻혀 필기하던 시절이 있었다. 다양한 방법으로 잉크를 많이 묻혀 글씨를 오래 쓰려는 시도가 한계에 도달하자(성숙기) 펜과 잉크병을 결합한 만년필이 개발되었다. 성숙기에 있는 스마트폰은 현재 MP3 플레이어, 녹음기, 계산기, 시계 등 많은 시스템을 결합시키는 방향으로 발전하고 있다.

성숙기에 있는 제품(시스템)의 미래전략 중 한 가지 핵심적 전략은 차세대 제품을 개발하기 위한 R&D를 추진하는 것이다. 성숙기에 있는 기존 시스템은 기능 발전의 한계에 도달했기 때문에 더 이상 핵심 기능을 향상시킬 수 없다. 하지만 시장은 계속해서 더 뛰어난 기능을 원한다. 기존 제품의 기능 구현 원리를 뛰어넘는 새로운 원리(원천기술)로 작동하는 신제품을 개발하는가 못하는가가 회사의 미래를 결정하는 중요한 요소이다.

현미경 개발사를 사례로 설명해 보자. 철학자이며 자연과학자인 로저 베이컨(Roger Bacon, 1214~1294)이 발명한 돋보기로 물체를 확대해 볼 수 있는 것을 발견한 이후 과학자들은 더 뛰어난 확대 장비를 개발하기 위해 노력했다. 그 후 빛과 렌즈를 이용하여 작은 물체를 확대해서 보는 현미경이 발명되어 사용되었지만, 물리적 한계로 인해 약 2천 배 이상으로 확대해 볼 수는 없었다. 하지만 산업체나 연구원에서는 더 높은 확대 능력(분해능)을 갖춘 분석 도구를 원하였다. 이런 상황에서 성숙기에 도달한 현미경의 확대 능력을 높이기 위해 R&D에 투자를 한다면 잘못된 전략이다. 성숙기에 도달한 현미경 제조회사의 전략은 차세대 현미경을 개발하는 것이다. 차세대 현미경은 기존의 광학렌즈와 빛을 이용하는 것이 아니라 새로운 원리로 사물을 확대하는 장비이어야 한다. 현재 우리는 그것이 전자를 이용하여 물체를 관찰하는 전자 현미경이라는 것을 알고 있다. 새로운 원리로 만들어진 전자 현미경은 수백만 배를 확대할 수 있고, 확대 능력은 약 0.2 nm(나노미터)에 이른다.

기계적 방법으로 노래를 재생하던 LP 판은 광학적 원리로 노래를 재생하는 CD로 변경되었고 CD는 전자기 원리의 반도체 소자로 대체되면서 계속해서 단위 면적에 저장할 수 있는 정보량이란 핵심가치변수(MPV)가 증가되고 있다. 하나의 시스템이 성숙기에 도달하면 새로운 원리로 그 기능을 구현할 방법을 개발하는 차세대 제품개발 R&D 전략을 추진해야 한다. 차세대 제품개발에 실패하면 회사는 시장에서 도태되고 만다.

성숙기는 단기적, 중장기적으로 나누어 전략을 수립할 수 있다. 단기적으로는 비용을 줄이고 시장의 니즈를 파악하여 추가/편의 기능을 시스템에 넣고 서비스 기능을 강화해야 한다. 또한, 디자인 개발에도 노력해야 한다. 중장기적으로는 다른 시스템과의 결합을 시도해 보는 전략도 필요하다. 하지만 한계에 도달한 기존 시스템의 핵심 기능을 대체할 새로운 원리를 개발하여 차세대 제품을 개발하는 전략이 매우 중요하다.

4.2.6 쇠퇴기 시스템의 미래전략

시스템의 S-곡선 라이프사이클 마지막 단계 "쇠퇴기"는 시스템이 발전을 멈추고 오히려 퇴보하는 단계이다. 시스템은 "탄생기", "성장기", "성숙기" 단계를 거쳐 발전하다가 새로운 시스템에 자리를 내주고 사라지는 "쇠퇴기"를 맞게 된다. "쇠퇴기" 단계에 있는 시스템에 대한 미래전략을 어떻게 수립해야 하는지 관찰해 보자.

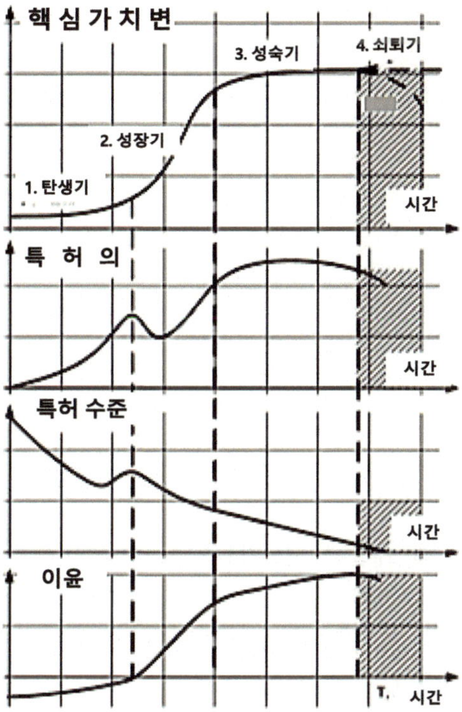

[그림 4-24] S-곡선 시스템 라이프 사이클 및 관련 지표

[그림 4-24]는 기술 시스템 S-곡선의 라이프사이클 "쇠퇴기"단계의 특성 곡선 그래프이다. 그림에서 보듯 "쇠퇴기" 단계에는 시스템의 핵심가치변수(핵심 기능)가 하강한다. 또한, 제품의 판매량이 떨어지면서 이윤이 감소하게 된다. "성숙기"에 이미 제품의 기능이 최대에 도달했고 더 이상 발전할 수 없는 한계에 도달했기 때문에 기술개발에 투자하지 않아 특허 등록 수가 감소하고 특허 수준도 매우 낮게 된다.

기술 시스템(제품)이 쇠퇴기로 진입하는 중요한 원인은 동일한 기능을 수행하지만, 효율이 훨씬 좋은 차세대 제품이 시장에 등장했기 때문이다. 기존 제품보다 성능이 뛰어난 새로운 제품의 등장은 이전 제품을 쇠퇴기로 몰아넣는다. 예를 들면 카메라 필름 생산으로 명성을 날리던 131년 역사를 가진 코닥이 디지털카메라 등장으로 필름이 쇠퇴기로 들어서면서 팔리지 않아 2012년 문을 닫게 된 사실이다. 코닥은 필름 기술을 최고의 수준에 올려 명성을 더 이어갈 수 있었지만 편리하고 효율이 좋은 디지털카메라의 등장으로 더 이상 생존하지 못하고 쇠퇴기를 거쳐 역사의 뒤안길로 사라지고 말았다. 새로운 시스템의 등장에 올바로 대응하지 못한 131년의 역사를 가진 기업 코닥은 결국 파산하고 말았다.

[그림 4-25] **건터자(상)와 전자계산기(하)**

편리하게 계산하기 위해 개발된 계산자는 1614년 스코틀랜드의 네이피어(J. Napier, 1550~1617)에 의해 최초로 발명되었다. 1620년에는 영국의 성직자이며 그레샴 대학의 천문학 교수였던 에드먼드 건터(E. Gunter, 1581~1625)가 대수 계산자로 발전시킨 "건터자"를 만들어 사용하였다. 1633년에 이르러 영국의 오트레드(W.Oughtred, 1574~1660)가 직선 자에 관해 발표하였는데, 이것이 과거 많은 과학자들이 사용한 계산자의 원형이 되었다. 그 이후에도 여러 과학자들에 의해 계산자는 계속해서 발전, 진화되어왔지만 전자계산기의 등장으로 쇠퇴하여 역사 속으로 사라지게 되었다.

시스템을 쇠퇴기로 들어서게 만드는 또 다른 이유는 관련된 제품이 시장에서 사라지면서 같이 쇠락하는 것이다. 노래를 듣는 장치로 전축이 개발되어 LP 판에 노래를 저장하여 판매하는 사업이 크게 번창하였다. 하지만 전축이 광(빛)을 이용해서 음악을 재생시키는 CD Player의 등장으로 시장에서 밀려나게 되자 LP 판도 쇠퇴기를 맞아 함께 사라지게 되었다. 이처럼 LP 판은 LP를 사용하는 전축의 몰락으로 함께 쇠퇴기로 진입한 것이다. 과거 비디오테이프 대여점이 크게 번성하였지만, 반도체 저장장치와 인터넷의 발전으로 비디오테이프 사업이 줄어들자 테이프 대여점이 쇠퇴하여 사라지게 된 것도 같은 맥락으로 볼 수 있다.

[그림 4-25]는 기술 시스템 S-곡선 라이프사이클 단계별 기능/비용 전략 곡선 그래프이다. 시스템 S-곡선 라이프사이클에서 마지막 4번째 단계에 해당하는 쇠퇴기에서 첫 번째 전략은 기능을 단순화시켜 꼭 필요한 기능만 남기면서 비용을 최대한으로 줄이는 것이다. 단순한 기능을 가지고도 경쟁력이 있는 분야 또는 대상을 찾아 저렴한 가격으로 생존할 수 있도록 하는 것이다.

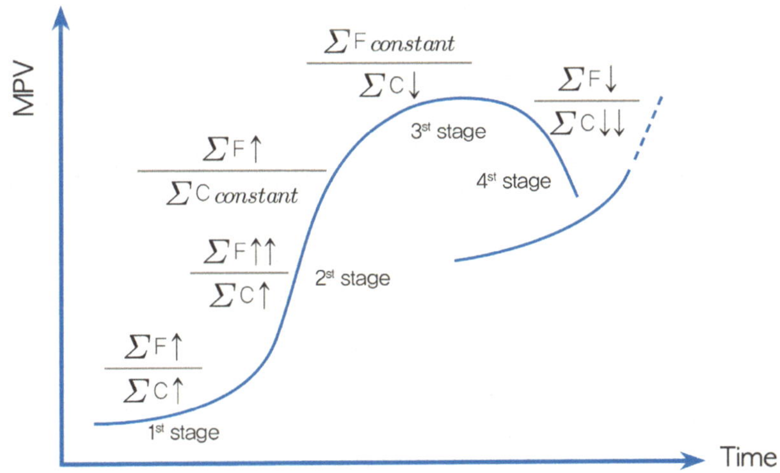

[그림 4-25] S-곡선 시스템 라이프 사이클 단계별 기능/비용 전략

핸드폰 발전에서 피처폰(Feature phone)을 대표적인 사례로 볼 수 있다. 무선통화 기능만을 시작으로 발전한 핸드폰은 점차 다양한 기능 및 정보를 저장하는 개인 단말기 수준으로 발전하였다. 하지만 핸드폰에 인터넷 기능을 결합한 스마트폰이 등장하면서 기존 핸드폰은 쇠퇴기를 맞으며 점차 사라지게 되었다. 하지만 단순한 기능만을 남기고 저렴한 가격으로 만든 피처폰은 비싸고 복잡한 기능이 필요 없는 노인이나 특수 계층의 사람들에게 지금까지도 꾸준히 팔리며 생명을 유지하고 있다. 전자계산기가 등장한 이후 사칙연산 기능 외에 복잡한 계산을 할 수 있는 컴퓨터 수준의 계산기로 발전하였다. 하지만 단순한 사칙연산만을 필요로 하는 고객을 위해 값싸고 단순한 계산기는 여전히 시장에서 잘 팔리고 있다. 쇠퇴기에 있는 시스템은 단기적으로 비용을 줄이기 위한 과감한 트리밍(Deep trimming) 전략으로 틈새시장을 공략해야 한다.

두 번째 전략은 쇠퇴기를 거쳐 사라지는 시스템의 기능을 적용시킬 새로운 영역을 찾아 생존을 연장하거나 부활(Reincarnation)하는 방법을 찾는 것이다. 활은 과거 사냥을 하거나 전쟁의 무기로 개발되어 오랫동안 사용되었다. 하지만 기술개발로 뛰어난 새로운 무기들이 등장한 이래 활이 가지고 있던 본연의 기능을 수행하는 도구로 사용할 가치가 없어지고 쇠퇴기로 들어서서 사라질 운명에 처하게 되었다. 하지만 활은 취미나 스포츠 영역으로 기능을 바꾸어 지금까지 생존하는 시스템이 되고 있다. 방패는 중세시대 전쟁에서 사용되다 사라진 장비였지만 현대사회에서 경찰의 보호 장비로 사용되고 있다. 돛단배는 운송수단에서 취미나 스포츠 영역으로 재탄생되어 사용되고 있다. 자전거는 첨단 운송수단이 발전한 가운데서도 앞서 설명한 두 가지 전략으로 생존하는 시스템이 되었다. 첫 번째 전략인 기능을 단순화시키고 비용을 줄여 짧은 거리를 이동하는 틈새시장 고객들을 위한 운송수단으로 생존하고 있다. 또한, 두 번째 전략인 새로운 영역으로 적용시켜 발전하고 있다. 단순 이동 수단이 아니라 스포츠나 취미 영역으로 발전하여 고가의 스포츠 사이클, 산악용 자전거 등 다양한 자전거가 개발되고 여전히 발전하고 있다. 쇠퇴하는 시스템을 부활시킬 새로운 영역은 주로 스포츠, 취미 생활, 오락, 장식 그리고 장난감 영역 등이 될 수 있다. 과거 전쟁에 사용되던 물건들이 스포츠에서 포환던지기, 원반던지기, 창던지기, 펜싱, 양궁으로 부활하여 사용되고 있다. 오래전 중세시대에 사용한 물건들이 복고풍의 장식으로 탄생하여 사용되는 것도 두 번째 전략의 좋은 예가 될 수 있다.

쇠퇴기 시스템의 세 번째 전략은 차세대 제품을 빨리 출시하는 것이다. 차세대 제품 개발은 이미 성장기 후반 또는 성숙기부터 R&D를 시작하여 성숙기 말이 되면 개발이 완성되어 시제품이 만들어져야 한다. 그리고 쇠퇴기가 시작되면 차세대 제품 생산이 시작되어 시장으로 나와야 한다. 쇠퇴기에 들어간 제품만을 가지고 있고, 차세대 제품을 생산하지 못한 기업은 제품과 함께 쇠퇴기로 들어가 사라지게 된다. 어떤 기능이 있는 제품을 독점적으로 만들어 판매하는 회사라면 자신 스스로 신제품 출시 시기를 정해 시장을 선도해 나갈 수 있지만, 경쟁사들이 많은 제품은 누가 먼저 신제품을 출시해서 시장을 선도하느냐가 중요한 이슈가 된다. 경쟁사가 신제품을 출시하면 내 제품은 쇠퇴기로 들어선 것이다. 그때 차세대 제품을 생산하지 못하면 회사는 큰 어려움에 부닥치게 된다. 특히 현대사회에서는 제품의 라이프사이클 주기가 점점 줄어들고 있어서 기업은 주기에 맞는 전략을 잘 짜서 대응하는 것이 매우 중요하다.

지금까지 S-곡선 시스템 라이프 사이클 개념 및 전략에 대해 논의했다. 단계별 특징 및 전략을 도표로 정리해보면 다음과 같다.

[표 4-1] S-곡선 시스템 라이프 사이클의 각 단계별 특징 및 전략

단계	특징	전략
탄생기	· 아직 시장에 나오지 않고 R&D 단계 · 특허 수준은 높지만 숫자는 적음 · 이윤보다 투자가 더 많음	· 시장의 니즈(Needs)를 기반으로 제품을 기획하고 기능이 구현되는 원리를 개발하고 설계 · 현재 존재하는 부품을 최대한 활용한 시스템으로 개발 · 새로운 시스템 탄생을 막는 Bottle neck을 파악하고 극복

과도기	· Proto-type 제품을 개발하여 기능이 실현될 수 있음 증명 · 개발된 신제품이 시장에 출시됨 · 핵심가지변수(MPV)가 빠르게 증가되기 시작 · 시장에 진입하려는 힘과, 밀어내려는 힘이 공존	· 최대한 빨리 시스템을 시장에 출시 · 선택한 분야 시장에서 환영 받을 챔피언 파라미터 개발 · 챔피언 파라미터가 중요한 분야부터 시장 공략 · 시장을 리드하고 있는 시스템과 전략적으로 결합하여 시장 진출 고려
성장기	· 제품이 대량생산 단계로 넘어감 · MPV가 빠르게 성장함 · 제품이 다양화됨 · 응용분야가 다양화 됨 · 제품을 위한 다양한 보조 제품들이 시장에 등장 · 특허 숫자는 증가하나 수준은 서서히 낮아짐	· 초기에는 비용(C)이 들더라도 새로 개발된 시스템의 핵심 기능(F)이 빠르게 증가하도록 노력 · 시스템이 가지고 있는 기능을 활용할 수 있는 새로운 분야를 찾는 전략이 필요 · 중후기에는 핵심 기능(F)을 향상시키는 일에 모든 비용(C)을 투자하는 것 보다도 새로운 분야로 기능을 다양화 시키는 전략 필요.
성숙기	· 시스템의 핵심가치변수(MPV)가 더 이상 증가되지 않고 정체(물리적 한계, 기술적 한계, 인간적 한계, 상위시스템 한계, 사회/윤리적 한계) · 시스템을 위한 제품들이 다양하게 시장에 존재 · 상위시스템이 시스템에 맞추어 변형되어 조화를 이룸 · 핵심기능보다 추가적 기능들이 개발됨	· 기능을 유지하면서 비용을 줄이는 전략이 필요 · 트리밍(Trimming) 전략 활용 · 서비스 및 디자인을 향상 시키는데 노력 · 다른 시스템과 결합된 융합시스템 개발 · 차세대 제품을 개발하기 위한 R&D 추진
쇠퇴기	· 핵심가치변수(MPV)가 하락되기 시작 · 기존 시스템의 효율을 능가하는 차세대 제품이 시장에 출시됨	· 단기적으로 비용을 줄이기 위한 과감한 트리밍(Deep trimming)전략으로 틈새 시장을 공략 · 시스템의 기능을 적용시킬 새로운 영역을 찾아 생존을 연장하거나 부활(Reincarnation)하는 방법을 찾음 · 차세대 제품을 빠른 시간 안에 출시

4.3 기술진화 패턴

4.3.1 기술 시스템 진화 트렌드(Trend of Technology System Evolution)

기술 시스템은 정적으로 멈춰있는 시스템이 아니다. 사회의 변화와 욕구, 치열한 생존 경쟁적인 시장에서 살아남기 위해 계속해서 변화된다. 오랜 역사 속에 끊임없이 변화해온 자동차의 예를 들어보자. 현재의 자동차와 같은 모습을 갖춘 차가 만들어진 것은 1765년 제임스 와트(1736~1819)가 증기기관을 발명하면서부터이다. 1769년 니콜라스 조셉 퀴뇨(1725~1804)는 최초의 증기 자동차를 발명했다. 프랑스의 공병 대위였던 그는 대포를 끌고 다닐 목적으로 바퀴가 3개인 증기 자동차 2대를 만들었다. 당시 무거운 증기 엔진을 실은 자동차는 겨우 5 ㎞/h로 달렸고, 15분마다 보일러의 물을 보충해 줘야 했다. 작동이 쉽지 않았고, 브레이크도 없어 파리 교외에서 사고를 내기도 했다. 이 자동차는 교통사고를 낸 첫 자동차로 기록돼 있다.

사람이 타고 다닐 수 있는 승용차를 처음으로 만든 것은 영국의 젊은 광산 기술자 리차드 트레비딕(1771~1833)이었다. 1801년 트레비딕은 커다란 바퀴가 3개인 자동차를 만들어 8명의 사람을 태우고 런던 시내를 13 ㎞/h로 달렸다.

1885년 독일의 칼 벤츠(1844~1929)는 바퀴 3개로 움직이는 휘발유 자동차를 발명해서 이듬해 특허까지 내고, 대중에게 '벤츠 페이턴트 모터카'를 판매하기 시작했다. 벤츠의 자동차는 250 kg의 무게에도 16 ㎞/h의 속도로 달렸다. 초기에는 자동차가 소수의 부유층만이 소유할 수 있었지만, 일반인들에게 보급이 시작된 것은 미국의 기술자이며 사업가인 헨리 포드(1863~1947)의 역할이 컸다.

[그림 4-26] **최초의 자동차**

그는 대중적인 인기를 끈 모델 T를 만들어 자동차 생산을 시작했고, 1913년에는 컨베이어 벨트로 조립식 자동차 라인을 활용한 대량생산 방법을 고안했다. 모델 T는 20마력의 4기통 엔진을 탑재했고 톱니 바퀴식 2단 변속기가 장착되어 편리하며 운전하기 쉬웠고, 가격이 당시 엔니지어의 4달 치 월급 정도에 불과하여 많은 사람이 구입하는 대중적 자동차가 되었다.

1924년에는 제너럴 모터스(General Motors, GM)가 '쉐보레(Chevrolet)'라는 자동차를 출시하며 새로운 전기를 맞게 되었다. 쉐보레는 전자 시동 장치가 부착되었고 무거운 톱니바퀴 2단 기어 대신 부드러운 3단 기어가 장착되었고 모델T의 단점을 보완하여 대중의 인기를 독차지하였다.

우리나라 최초의 국산 자동차는 1955년 조립된 시발 자동차였다. 미군 지프를 보고 외국 자동차 부품을 구입해서 조립한 자동차였다. 산업적으로 만든 최초의 자동차는 1975년 생산된 현대의 '포니'였고, 1985년에는 수출 전략 차로 엑셀이 개발되어 수출에 크게 기여하고 발전하여, 현재 우리나라는 세계 제5위 자동차 생산국으로 성장하였다.

[그림 4-27] 헨리 포드와 모델 T의 모습(1921년)

자동차가 발명된 이래 많은 나라에서 다양한 자동차를 만들어 왔으며 지금도 매년 더 빠르고, 더 경제적이며 더 아름다운 신모델이 출시되고 있다. 수천 종류의 차 모델이 공기 역학적 요구조건, 새로운 재료 개발, 다양한 신기능 추가, 소비자의 구미, 설계자의 예술적 감각 등에 따라 탄생하고 변화되고 사라지고 재탄생되는 역동적인 변화를 겪으며 진화해 왔다. 수천, 수만의 엔지니어들이 지금도 자동차 산업에 종사하며 신기술을 개발하고 발명하며 자동차의 발전을 이끌고 있다. 여기서 한 가지 질문을 던져보자. 이러한 변화는 어떤 진화의 트렌드를 가지고 있는가? 아니면 뛰어난 엔니지어의 능력에 따라 특정한 방향 없이 기술진화가 이루어지는가? 이 질문의 답은 기술개발 방향성을 예측하거나 미래전략을 세울 때 매우 중요한 의미가 있다. 만약 기술진화가 몇몇 천재 과학자나 엔지니어의 능력에 따라 방향성 없이 무질서하게 진행된다면 기술 시스템의 역사로부터 중요한 실마리를 얻을 수 없다. 하지만 만약 기술 시스템이 수많은 과학자나 엔지니어의 수고를 통해 긴 시간 동안에 진화되어 왔어도 그 안에 발전해 가는 공통적인 트렌드가 있다면 그것을 통해 미래를 예측하고 미래기술개발 전략으로 매우 유익하게 활용할 수 있게 된다.

트리즈 이론을 만든 알트슐러는 많은 기술 시스템을 분석한 결과 다음과 같은 결론에 도달하였다. “기술 시스템은 객관적 법칙에 따라 발전한다. 이 법칙들은 인식 가능하며 활용할 수 있다.” 이 사실은 매우 중요한 의미를 가지며 기술 시스템 진화 트렌드(기술 시스템 진화법칙)라는 새로운 학문을 탄생시켰다. 기술 시스템 진화 트렌드가 가지는 의미에 대하여 생각해 보자.

① 기술 시스템은 객관적 법칙에 따라 발전한다.

일반적으로 사람들은 기술 시스템의 탄생과 발전은 발명가나 몇몇 과학자들에 의해 탄생하고 발전한다고 생각한다. 예를 들면 미국의 과학자 알렉산더 그레이엄 벨(Alexander Graham Bell, 1847~1922)의 전화기 발명으로 세상에 전화기가 탄생해서 발전했고, 비행기는 용감한 미국의 젊은 형제 윌버 라이트(Wilbur Wright)와 오빌 라이트(Orville Wright) 덕분에 세상에 탄생해서 오늘날의 멋진 비행기로 발전했다고 생각한다. 하지만 기술 시스템 발전 역사를 공부해보면 모든 발명은 몇몇 발명가에 의해 이루어진 것이 사실이지만 그들이 아니어도 발명될 수밖에 없는 배경을 가지고 있다.

전화기 발명에 관한 역사를 살펴보면 이런 사실을 알 수 있다. 벨이 전화기를 발명하기 전에 독일의 요한 필립 라이스(Johann Philipp Reis, 1834~1874)가 먼저 전화기 발명에 성공했었다. 그는 소리를 전류로 바꾸는 장치와 반대로 전류의 변화를 소리로 바꾸는 장치를 만들었다. 즉, 바이올린 위의 바늘에 전선을 감아 만든 전자석을 붙이고 전류가 들어오면 그 세기에 따라 전자석이 진동하여 바늘이 바이올린에 소리를 전달하도록 한 것이다. 그는 동네의 아이들을 한방에 모아 놓고 자신은 옆방에서 송화기에 대고 바이올린을 켜는 실험을 했다. 그랬더니 아이들이 모인 방의 수화기에서도 놀랍게도 바이올린소리가 흘러나온 것이다. 그의 실험은 이렇듯 성공을 거두었으나 발명품으로 인정받지는 못했다. 그의 전화기는 라이스의 죽음과 함께 사장되고 말았다. 그로부터 2년이 지났을 무렵 일라이셔 그레이(Elisha Gray, 1835~1901)와 알렉산더 그레이엄 벨이라는 두 명의 전화기 발명가가 나타났다. 1847년 영국 스코틀랜드의 에든버러에서 태어난 벨은 음성학자인 조부와 부친으로부터 많은 영향을 받으며 성장했다. 1871년 미국으로 이주한 후, 벨은 보스턴대학에서 음성생리학을 가르쳤고 동시에 전기통신에 흥미가 있어 전화기 실험을 시작했다. 그러던 어느 날 우연히 벨은 눈앞의 진동판이 소리를 내며 진동하는 것을 보았다. 벨은 이 일로 인해 전동 판과 전자석의 연결에 따라 소리를 전류로 바꾸어 전할 수 있다는 생각을 하게 되었다. 그리고 몇 번이고 개량을 거듭하여 마침내 전화기를 만드는 데 성공했다. 벨은 곧 워싱턴의 특허청에 전화기의 특허를 출원했다. 1876년 2월 15일 오후 1시의 일이었다.

그런데 우연하게도 또 다른 발명가 일라이셔 그레이 역시 벨이 특허를 등록한 그 날 자신이 발명한 전화기 특허를 출원하러 특허청에 왔었다. 하지만 벨의 특허 출원이 그레이보다 한 시간쯤 빨랐다는 특허청 접수 계의 증언에 따라 3일 후 벨에게 특허가 돌아갔다. 그레이는 가난한 농민의 아들로 태어나 고학으로 전기를 공부하여 어렵게 전화기를 발명했지만 어쩔 도리가 없었다.

비행기 발명역사를 살펴봐도 비행기 발명이 한 사람에 의해 이루어지지 않은 사실을 알 수 있다. 역사상 최초의 유인 비행은 1783년 프랑스에서 이루어졌으며, 당시에 사용된 비행기구는 몽골피에 형제(Montgolfier brothers)가 제작한 열기구였다. 이어 1852년에는 프랑스의 지파르(Henri Giffard)가 증기기관으로 작동하는 기구를 통해 역사상 최초의

[그림 4-28] 알렉산더 그레이엄 벨의 전화기(1876)

동력비행에 성공했다. 지파르의 경우처럼 엔진을 활용한 기구는 비행선으로 불리는데, 비행선의 대중화에 크게 기여한 사람으로는 독일의 체펠린(Ferdinand von Zeppelin)을 들 수 있다. 체펠린은 1901년에 바람을 거슬러 이동하는 최초의 비행선을 선보였고, 그것은 사람의 여행은 물론 폭탄의 수송에도 사용되었다.

이에 앞선 1890년에 프랑스의 아델(Clément Ader)은 증기기관으로 작동하는 비행기계인 에올(Éole)로 하늘을 날았는데, 이에 대해서는 일시적 도약에 불과했다는 평가가 지배적이다. 지파르와 체펠린의 비행이 공기보다 '가벼운' 장치를 활용했다면, 아델의 비행은 공기보다 '무거운' 동력비행에 해당하는 것이었다. 아델은 1897년에 보다 성능이 개선된 아비온(Avion)을 개발하기도 했으며, 지금도 프랑스 사람들은 라이트 형제 대신에 아델을 '비행기의 아버지'로 받들고 있다. 독일의 릴리엔탈은 1894년에 글라이더(Glider)를 활용한 비행에 성공했는데, 그것은 공기보다 무거운 '무동력' 비행으로 평가할 수 있다.

1903년에 있었던 라이트 형제의 비행도 아델의 비행과 마찬가지로 공기보다 무거운 동력비행이었다. 다만 아델은 증기기관을, 라이트 형제는 가솔린기관을 사용했다는 점에 차이가 있다. 이보다 더욱 중요한 사실은 라이트 형제의 경우에는 비행사가 지속적으로 비행을 조정할 수 있었다는 점에서 찾을 수 있다. 라이트 형제의 비행은 유인 비행, 동력비행, 공기보다 무거운 비행체, 지속적 비행 조정 등과 같이 오늘날의 비행과 다를 바 없는 동등한 성격을 띠고 있었다.

우리나라도 비행기에 대한 기록이 있다. 16세기에 정평구가 발명한 비거(飛車)가 그것이다. 정평구는 1592년 임진왜란 때 진주에서 비거를 사용해 외부와 연락을 하는 한편, 고립된 성에 갇혀 있던 성주를 30리 밖으로 탈출시켰다고 한다. 그러나 비거의 형태와 구조에 대해서는 자세한 기록이 없다. 또한, 중국 진나라의 장화(張華)가 쓴 박물지(博物志)에도 비거가 나오는 것으로 보아 비거의 역사는 매우 오래되었다고 볼 수 있다.

앞에서 두 가지 사례를 살펴본 대로 기술 시스템은 한두 명의 발명가 스스로 고안하고 발명해서 세상에 존재한 것이 아니다. 그 시대 인간의 니즈와 인류가 쌓아온 과학기술의 발전으로 누군가에 의해 발명될 수밖에 없는 운명으로 탄생하는 것이다. 즉 전화기와 비행기는 인간의 니즈와 당시 기술개발로 인해 탄생할 수밖에 없었고 발명가나 과학자들의 노력으로 시간이 조금 빨라지거나 늦어질 수는 있었지만 결국 탄생할 운명이었던 것이다. 그리고 발명된 이후 수 많은 과학자들의 기여로 인해 점진적 또는 혁신적으로 발전해 나가고 있다. 기술 시스템은 사람에 의해 발명되고 발전하지만, 그 과정은 객관적 법칙에 따라 진행된다.

② 기술 시스템 진화 트렌드는 인식 가능하며 활용할 수 있다.

알트슐러는 기술 시스템의 탄생과 발전에 관해 수만 건의 특허와 발전과정을 분석해 보고 그 안에 어떤 법칙(트렌드)가 있음을 발견하였다. 기술 시스템의 진화가 불규칙한 게 아니라 어떤 법칙을 따른다는 것이다. 이는 기술 시스템 미래 발전 전략을 수립할 때 매우 중요한 의미가 있다. 우리는 뉴톤턴 운동 법칙을 알고 있기 때문에 관심 대상의 물체가 움직일 때 위치와 시간을 알면 운동 법칙에 따라 계산을 하여 그 미래의 위치를 파악할 수 있다. 이처럼 기술 시스템을 다룰 때 변화하는 법칙을 파악하고 활용하면 기술 시스템의 미래의 상태를 예측할 수 있게 된다. 미래 시스템을 시행착오 적으로 개발하지 않고 효과적인 전략을 가지고 발전 방향을 수립할 수 있는 것이다.

자연의 법칙과 다르게 기술 시스템 진화법칙은 유연해서 환경의 영향을 받아 일시적으로 그 법칙을 위반할 수 있다. 따라서 기술 시스템 '진화법칙'이란 용어 대신 '진화 트렌드'라는 용어를 사용할 것이다. 정치적 문제, 사회적 이슈, 경제적인 압박 등 비기술적인 요인으로 기술 시스템이 진화의 트렌드에서 일시적으로 벗어날 수 있다. 하지만 진화 트렌드에서의 이탈은 항상 귀중한 시간 및 자원을 낭비하는 결과를 초래한다.

앞으로 우리는 기술 시스템 진화 트렌드를 자세히 살펴볼 예정이다. 진화 트렌드는 기술 시스템이 발전해온 진화의 단계들을 상세히 관찰할 수 있도록 도와주며, 차세대 시스템의 발전 방향을 예측하게 도와줄 것이다. 기술 시스템 진화 트렌드는 미래를 향해 나아가는 우리에게 나침반과 같이 우리가 가야 할 방향을 찾도록 도와줄 것이다.

4.3.2 기술 시스템 진화 트렌드 1 – "시스템 완전성 법칙"

인간이 만든 기술 시스템은 객관적 진화법칙에 따라 발전한다는 사실은 매우 중요한 의미를 내포하고 있다. 기술 시스템 발전(진화)과정을 설명할 수 있는 객관적 트렌드를 알고 있으면 이를 기반으로 미래전략을 체계적으로 수립할 수 있다. 기술 시스템 발전을 연구하며 찾아낸 반복된 패턴 중에는 큰 틀에서 나침반과 같이 방향을 설명해주는 진화 트렌드(Evolution trends)가 있고, 각 진화 트렌드 안에 구체적 방향을 제시해주는 지도와 같은 역할을 하는 진화 라인(Evolution lines)이 있다. 앞으로 기술 시스템 진화 트렌드를 중심으로 한 가지씩 이해해 보고자 한다.

기술 시스템은 많은 부품으로 구성되어 있지만 큰 틀에서 다음과 같은 4가지 핵심 구성요소로 분석해 볼 수 있다.

① **작동기관** : 기술 시스템의 기능을 작동 대상에게 수행하는 기술 시스템 핵심 구성요소. 우리가 원하는 결과를 얻기 위해 작동 대상(작동 대상은 주로 기술 시스템 외부에 있다)의 상태를 바꾸기 위해 직접기능을 수행하는 부품을 작동기관이라고 한다. 예를 들면 선풍기에서 작동기관은 작동 대상인 공기를 움직여 바람을 만드는 날개이다.

② **동력기관** : 작동기관이 기능을 수행하기 위해 필요한 동력을 만들어 내는 기술 시스템 구성요소. 작동기관이 움직여 기능을 수행하기 위해서는 동력(에너지)이 필요하다. 이 에너지를 만들어 내는 것이 동력기관이다. 동력기관이 주로 하는 일은 외부에서 공급해 주는 에너지를 작동기관이 원하는 에너지 형태로 변형시켜주는 일이다. 따라서 동력기관은 에너지 전환장치라고 말할 수 있다. 선풍기에서 동력기관은 전기 모터이고, 모터가 하는 일은 외부에서 공급해 주는 전기에너지를 시스템이 기능을 수행하는 데 필요한 기계적 회전 에너지로 바꾸어 주는 일이다.

③ **전달기관** : 동력기관에서 만들어진 동력을 작동기관에 전달해 주는 시스템 구성요소. 선풍기의 경우 모터에서부터 날개까지 동력을 전달해 주는 각종 트랜스미션 부품들이 이에 해당된다. 자동차 엔진에서 바퀴까지 연결된 트랜스미션도 자동차의 전달기관에 해당된다.

④ **제어기관** : 기술 시스템이 인간이 원하는 형태로 기능을 수행하도록 컨트롤하는 시스템 구성요소. 기술 시스템의 수행하는 기능을 인간이 컨트롤하기 위해 필요한 기관이다. 제어기관은 작동기관, 동력기관 또는 전달기관의 기술적 특성을 변화시켜 인간이 원하는 형태로 기능을 수행할 수 있도록 컨트롤한다. 선풍기에 바람의 세기를 조절하거나 회전하게 하는 버튼들 또는 타이머 등을 예를 들 수 있다.

기술 시스템 핵심 구성요소 외에 **시스템과 연관된 주위에 있는 중요 요소**는 다음과 같이 정의할 수 있다.

① **에너지원** : 시스템의 동력기관에 공급되는 에너지. 현대사회에서 에너지원으로 주로 사용되는 것은 석유(또는 가스) 및 전기에너지이다. 따라서 동력기관은 주로 석유나 전기에너지를 받아서 기계적 에너지로 전환시키는 내연기관이나 전기 모터이다. 선풍기에서 에너지원은 전기 에너지이다.

② **작동 대상** : 시스템 작동기관이 기능 구현을 위해 작용(Action)하는 대상물. 예를 들면 선풍기에서 작동기관은 선풍기 날개이고 작동 대상은 공기이다. 선풍기의 날개는 공기를 움직여 바람을 만드는 기능을 수행한다. 필기도구의 작동 대상은 종이이다.

③ **제어 주체** : 기술 시스템 제어기관을 이용해 기능을 제어하는 주체. 기술 시스템을 제어하는 제어 주체는 주로 사람이다. 사람이 제어기관을 이용해 기술 시스템을 제어하고 필요한 기능을 얻어낸다.

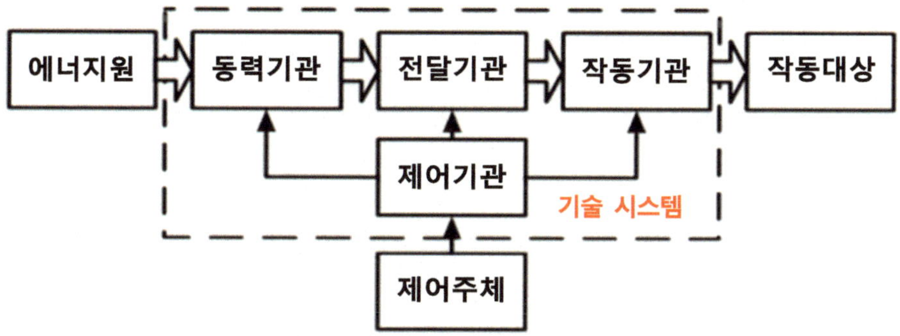

[그림 4-29] **기술 시스템 구성요소**

기술 시스템은 작동기관, 동력기관, 전달기관 그리고 제어기관으로 나눌 수 있고 주위에 있는 에너지원, 작동 대상, 제어 주체와 상호 작용을 하면서 기능을 수행한다. 이것을 도식화하면 [그림 4-29]와 같다. 외부 에너지원에서 시스템의 동력기관에 에너지를 공급해 주면 동력기관이 시스템에 필요한 형태의 동력으로 전환해서 전달기관을 통해 작동기관에 전달해 준다. 작동기관은 전달받은 동력을 이용하여 외부의 작동 대상에게 필요한 작용(action)을 가하여 우리가 필요한 기능을 수행한다. 기능을 조절하기 위해 제어 주체인 인간은 제어기관을 통해 시스템을 제어(control)하게 된다. 이것이 시스템을 개념적으로 구분하는 방법이다.

기술 시스템은 4가지 구성요소를 갖춘 완전한 시스템으로 발전해 간다.

기술 시스템 발전사를 살펴보면 기술 시스템은 기능을 직접 수행하는 작동기관이 최초로 만들어진 후 전달기관 동력기관 제어기관이 구성되어 완전한 시스템으로 발전해 나가는 것을 알 수 있다. 예를 들어 선풍기 역사를 생각해 보자. 선풍기가 발명되기 전에 사람들은 부채를 고안해 사용하였다. 세계에서 가장 오래된 부채는 이집트 투탕카멘왕의 피라미드에서 발견된 기원전 1,330년대 사용했던 타조의 깃털로 만든 부채라고 한다. 사람들은 시원한 바람을 만들기 위해 새의 깃털이나 식물의 잎사귀를 이용해 부채를 만들어 사용하였다. 처음에 등장한 "부채" 시스템은 작동기관만 가지고 있었다. 나머지 동력기관이나 전달기관 등은 사람이 그 역할을 담당하였다. 기술이 발전하면서 무거운 추(동력기관)와 도르래를 이용하여 추가 떨어지면서 연결된 끈(전달기관)이 부채를 움직이는 원시적인 자동 부채로 발전했고, 그 후에는 태엽을 감아 날개를 회전시키는 형태의 시스템으로 발전하다가 오늘날과 같은 전기 선풍기가 탄생하였다. 선풍기는 외부 에너지원으로부터 전기를 공급받아 동력기관에 해당하는 모터가 전기에너지를 기계적 운동에너지로 바꾸어 전달기관인 회전축을 통해 작동기관인 날개에 동력을 공급해 준다. 작동기관인 날개는 작동 대상인 공기를 움직여 우리가 원하는 바람을 만드는 기능을 수행하고, 사람은 제어기관인 세기 버튼을 눌러 바람의 세기를 조절하여 사용한다. 이를 시스템 구성도로 그려보면 [그림 4-30]과 같다.

기술 시스템은 사람이 원하는 기능을 수행하기 위해 탄생한다. 작동기관이 기능을 수행하는 핵심기관이지만 기능 수행을 위해 동력이 필요하다. 큰 힘을 들이지 않고 기능을 수행할 수 있으면 사람이 작동기관 만을 가지고 사용하지만 쉽고 편하게 기능을 수행하기 위해 기술 시스템은 동력기관, 전달기관, 제어기관이 결합되어 완전한 시스템으로 발전해 나가게 된다. 환언하면, 많은 기계 장비(기술 시스템)는 초기에는 인간이 참여하여 주요 기관의 일부를 대신하지만 발전하면서 인간의 역할은 점차 제거되고 그들이 수행하는 기능이 시스템에 위임되어 완전한 시스템으로 발전해 나간다.

최초의 자동차 와이퍼는 1903년에 발명되었다. 최초에 등장한 와이퍼는 수동으로 사람이 움직여 작동하였다. 제2차 세계대전 직후에 군용 윌리스(Wilys) 지프는 운전사나 승객이 작동시키는 수동 와이퍼를 사용했었다고 한다. 하지만 그 후에는 차 엔진에 연결된 진공 펌프를 이용하여 구동하다가 전기 모터를 통해 구동하는 시스템으로 발전하였고, 다양한 속도로 조절 가능한 편리한 와이퍼가 되었다. 즉 작동기관으로 탄생한 와이퍼는 동력기관, 전달기관, 제어기관으로 구성된 완전한 시스템으로 발전하였다.

칫솔의 출발은 나뭇가지로 만든 작동기관만 가지고 있는 이쑤시개 형태의 원시적 칫솔이었다. 좀 더 발전한 시스템은 나무(전달기관)에 강모(작동기관)를 달아 손으로 잡고 사용하는 칫솔이 되었다. 다양한 형태로 작동기관이 발전해 나가다가 1956년 스위스 스퀴브사가 최초로 전기 모터가 달린 전기 칫솔, 브록소덴트(Broxodent)를 발명하였다. 사람이 동력기관의 역할을 할 수 있지만 좀 더 효율적인 기능 수행을 위해 4가지 요소가 모두 결합한 완전해진 전동 칫솔로 발전하였다.

인간은 힘이 드는 일을 스스로 수행하길 원치 않는다. 따라서 어떤 필요한 기능을 수행할 때 많은 힘이 요구된다면 동력기관을 만들어 작동기관에 결합시키고 제어기관을 통해 쉽게 제어할 수 있는 완전한 시스템이 되도록 만들어 사용한다. 완전한 구성요소를 갖춘 시스템은 인간의 개입이 최소로 되는 자동 시스템으로 발전한다.

기술 시스템이 작동기관, 동력기관, 전달기관, 제어기관으로 구성된 완전한 시스템으로 발전한 후에는 인간의 개입을 최소한으로 하면서 기능이 수행되도록 진화해 나간다. 초기에는 사람이 직접 제어기관을 통해 기술 시스템을 제어하지만, 기술이 발전하면서 인간의 참여 없이(또는 최소한의 참여로) 마이크로프로세서나 프로그램을 통해 기능이 스스로 수행될 수 있도록 발전해 간다. 예를 들어 사진을 찍은 카메라 렌즈에 대하여 생각해 보자. 렌즈의 기능은 빛(사진 영상)을 센서로 전달하는 기능을 수행하고

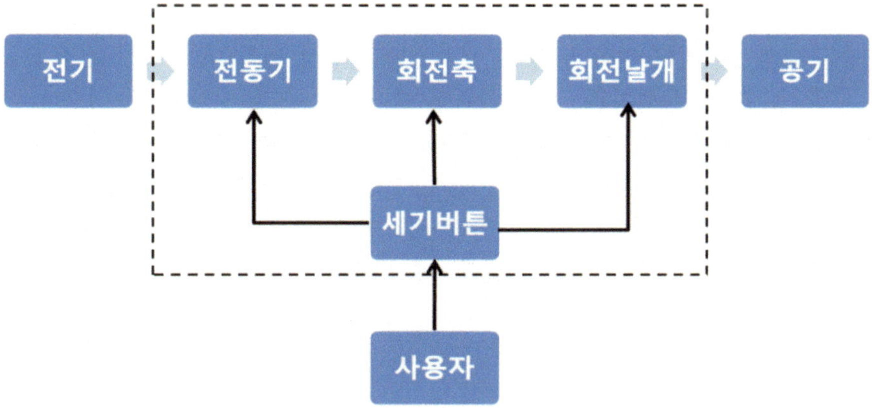

[그림 4-30] 선풍기 시스템 구성도

있다. 과거에는 사람이 초점이 잘 잡히도록 수동으로 렌즈를 돌려가면서 사진을 촬영하였지만, 현재는 모터와 마이크로프로세서에 의해 스스로 초점을 잡아 사진을 찍는다. 사람이 다가서면 스스로 열고 닫히는 자동문, 자동차 번호판을 인식하고 스스로 알아서 올라가는 차단기, 손을 가까이 가져가면 스스로 물이 나오는 수도꼭지 등 시스템은 점차 자동 시스템으로 발전하고 있다. 현대 산업 생산라인은 대부분 자동화 시스템으로 이미 바뀌어 노동자의 최소한 참여로 기술 시스템이 스스로 생산을 하고 있다. 요즘 가장 각광 받는 연구 분야 중 하나는 자동차 자율주행 기술개발이다. 가장 제어하기가 어렵고 까다로운 시스템 중 하나인 자동차가 곧 스스로 알아서 목적지로 데려다 주는 무인 자동차로 발전할 것이다.

기술 시스템의 최종 발전 단계는 우리가 원하는 기능을 스스로 알아서 수행하는 완전한 시스템이다. 최근 화두가 되고 있는 4차산업의 중요 분야 중 하나는 인공지능(AI)이다. 인공지능은 기술 시스템의 제어기관에 결합하여 인간이 판단하고 결정하여 기술 시스템을 컨트롤 하던 역할을 대신 수행하는 중요한 역할을 하게 될 것이다. 이것이 기술 시스템이 발전의 설명하는 첫 번째 기술 진화(발전) 트렌드 "기술 시스템 완전성의 법칙"이다.

4.3.3 기술 시스템 진화 트렌드 2 – “에너지 전도성 법칙”

기술 시스템 첫 번째 진화 트렌드는 “시스템 완전성 법칙”이다. 시스템은 4개의 핵심기관 - ‘작동기관’, ‘동력기관’, ‘전달기관’, ‘제어기관’-으로 구분할 수 있으며 이 4개의 기관이 모두 갖추어지는 방향으로 발전한다. 그리고 4개의 핵심기관이 완성되면 인간의 참여를 최소화하면서 인간이 원하는 기능을 ‘스스로’ 수행하는 스마트한 시스템으로 진화되어 나간다. 이런 진화의 방향과 함께 시스템의 각 기관 사이에 에너지가 효율적으로 전달되어 기능이 수행될 필요가 있다. 에너지 전달과정이 효율적으로 발전한다는 것이 두 번째 기술 시스템 진화 트렌드, “에너지 전도성 법칙”이다.

시스템은 에너지 전도가 잘 이루어지도록 발전한다.

기술 시스템의 핵심 구성요소는 [그림 4-31]과 같이 에너지가 전달되어 가면서 필요한 기능이 수행되는 시스템으로 이해할 수 있다.

외부 에너지원에서 시스템의 동력기관에 에너지를 공급해 주면 동력기관이 시스템에 필요한 형태의 동력으로 전환해서 전달기관을 통해 작동기관에 전달해 준다. 작동기관은 전달받은 동력을 이용하여 외부의 작동 대상에게 필요한 작용(Action)을 가하여 우리가 필요한 기능을 수행한다. 시스템이 제대로 작동하려면 에너지가 동력기관에서 작동기관으로 잘 흘러가야 한다. 에너지 전도성 법칙이란 에너지가 효율적으로 잘 흘러가는 방향으로 시스템이 발전한다는 법칙이다.

기술 시스템은 에너지 전달 경로를 최소화하는 방향으로 발전한다.

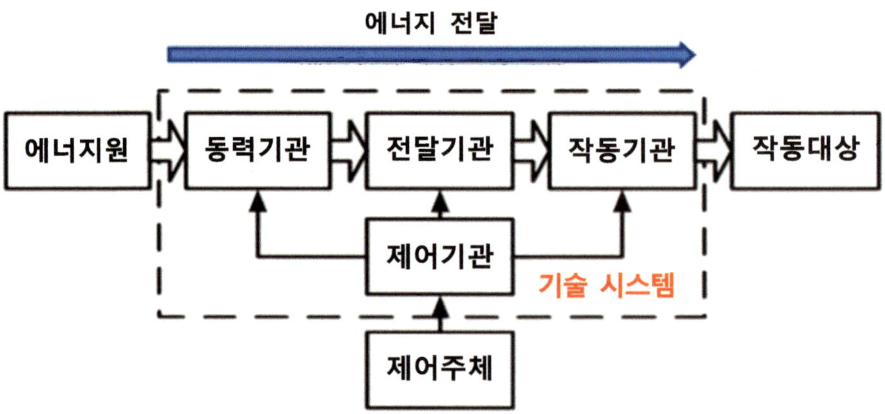

[그림 4-31] 기술 시스템의 효율은 각 기관 사이의 에너지 전달 효율로 결정된다

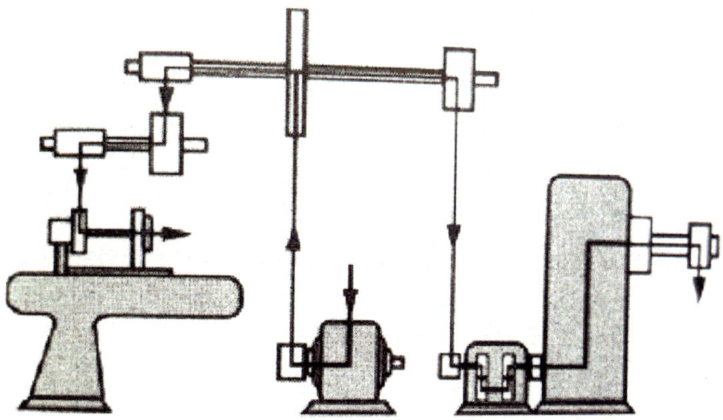

[그림 4-32] **중앙모터에 연결된 긴 축을 이용해 많은 구동장치들이 연결되어 구동됨**

기술 시스템에서 에너지 전도성이 증가하고 효율적이 되려면 동력기관에서 작동기관까지 에너지 전달과정이 짧아져야 한다. 전달 경로가 짧을수록 전달과정에서 에너지 소모를 줄이고 작동기관에 효율적으로 전달할 수 있다.

20세기 초 기계 가공 공장은 큰 내연 엔진 또는 전기 모터가 공장 전체에 걸쳐있는 긴 전달장치를 통하여 여러 대의 구동장치가 연결되어 운영되었다 [그림 4-32]. 수많은 벨트가 천장에 매달린 긴 전달 축에 연결되어 기계 동력을 개별 공작기계에 전달하였다. 일반적으로 내연 엔진은 용량이 커서 한 번에 여러 구동장치를 움직일 수 있었으나 작은 구동장치 하나를 움직일 때도 큰 엔진을 작동시켜야 해서 효율이 낮았다. 또한, 전달기관이 길어 중간에 손실되는 에너지양이 컸다.

1900년대 중반이 되면서 에너지 효율을 위해 중앙모터가 아닌 개별 모터를 각 공작기계에 설치하여 운영하였다. 그러면 에너지 전달과정이 훨씬 간결해져서 에너지 손실이 줄어들게 된다. 개별 모터의 위치도 처음에는 동작 기계에서 거리가 좀 떨어진 곳에 있었으나([그림 4.33]의 (좌)) 시간이 지남에 따라 기계의 작동기관이 가까운 곳에 모터를 위치시켜 효율이 좋높고 안정된 구동이 이루어지게 되었다([그림 4.33]의 (우)). 이처럼 현대의 구동장치는 동력기관인 모터(또는 내연기관)와 작동기관이 바로 연결되어 에너지 전달 경로가 아주 짧거나 직접 연결하여 사용하고 있다.

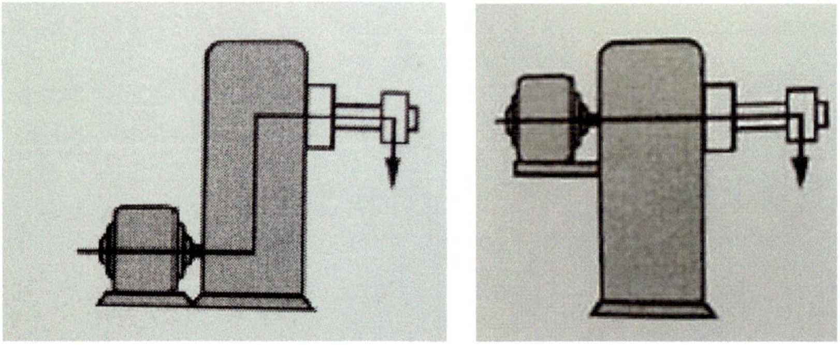

[그림 4-33] 초기의 개별모터(좌)와 현대의 개별모터(우)

에너지 전달 경로를 줄이는 방향은 동력기관 자체의 발전을 이끌기도 한다. 과거 여객 열차 대부분은 디젤 기관차를 사용했다. 디젤 기관차에서는 석유에너지가 연소되어 열에너지로 바뀌고, 열에너지가 피스톤을 움직여 기차를 움직일 기계적 에너지로 변환을 시킨다. 필요한 동력을 얻기 위해 화학에너지가 열에너지로, 그리고 열에너지가 기계적 에너지로 두 번에 걸쳐 에너지 변환이 일어나게 되어 변환 과정에서 많은 에너지 손실을 초래한다. 하지만 현대에는 전기 기관차로 대부분 바뀌어 전기에너지에서 바로 기계적 에너지로 한 번의 변화로 동력을 만들어 내어 에너지 전도성을 높이고 있다.

자동차도 내연기관 엔진에서 에너지 변환 효율이 높은 전기 모터로 바뀌어 가고 있다. 기술 시스템 진화 법칙상 당연한 변화이고 이러한 추세로 곧 자동차 산업이 전기 모터 시대로 바뀔 것이다. 내연기관 엔진이 전기 모터로 바뀔 뿐만 아니라 모터와 작동기관인 바퀴 사이의 거리도 짧아지게 되어 미래에는 모터가 자동차 바퀴에 붙어 동력을 효율적으로 전달해 줄 것으로 예상한다.

[그림 4-34] 자동차의 엔진이 전기 모터로 전환되고 있고 모터가 바퀴에 직접 부착된 모습

두 번째 진화 트렌드는 기술 시스템의 효율에 관련된 발전법칙이다.

시스템의 효율이 증가하기 위해서는 동력기관은 최소한의 에너지 변환을 통해 필요한 형태의 동력을 얻을 수 있도록 진화해 나간다. 그리고 동력기관에서 작동기관까지 연결되는 전달기관은 최소화되어 에너지 손실이 적은 고효율의 시스템으로 발전해 나간다.

4.3.4 기술 시스템 진화 트렌드 3 – "리듬 조화 법칙"

기술 시스템 세 번째 진화 트렌드는 "리듬 조화법칙"이다. 시스템은 4개의 핵심기관 - '작동기관', '동력기관', '전달기관', '제어기관'-으로 구분할 수 있으며 이 4개의 기관이 모두 갖추어지는 방향으로 발전한다. 그리고 인간의 참여를 최소화 하면서 인간이 원하는 기능을 '스스로' 수행하는 스마트한 시스템으로 진화되어 나간다. 이런 진화의 방향과 함께 시스템의 각 기관 사이에 리듬과 조화가 잘 맞아야 시스템의 성능이 개선된다. 기술 시스템이 최적의 성능을 갖기 위해서는 시스템 내부 구성요소들의 작용이 서로 돕고, 서로 조화를 이루어야 한다. 또한, 시스템과 상호 작용을 하는 외부 요소들과 조화로운 상호 작용을 해야 기능이 올바로 수행될 수 있다. "리듬 조화법칙"은 시스템을 개선하고 발전시켜 나갈 때 반드시 고려해야 할 중요한 기술진화 트렌드이다.

기술 시스템 구성요소 간 또는 시스템 구성요소와 주위의 요소간에 모양,형태,색 등이 리듬 조화가 맞아야 기술 시스템이 효율적으로 기능을 수행할 수 있다. 볼트 및 너트의 나사는 현재 '유니파이(unified screw thread)' 및 '휘트워드(whitworth screw thread)' 두 가지 형태를 사용한다. 유니파이 나사는 나사산 사이의 각도가 60도이고, 휘트워드의 각도는 55도이다.

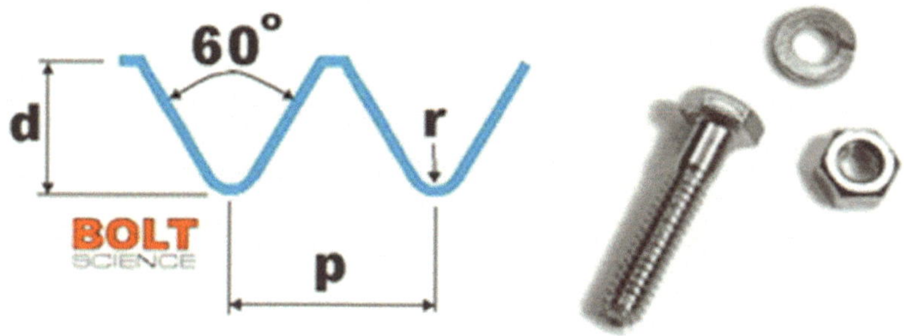

[그림 4-35] 볼트, 너트의 나사산 각도

볼트와 너트는 서로 나사산의 각도가 맞아야 사용할 수 있다. 이처럼 시스템의 내부 및 외부 부품들 사이에 모양과 색 등이 조화를 이루어야 한다. 가장 생명력 있는 시스템은 이처럼 조화롭게 진화되어 간다. 생명체 중 카멜레온은 주위 환경에 따라 색을 바꾸어 자신을 보호한다.

이와 유사하게 사람들도 자외선이 강한 환경에 편리하도록 색깔이 변하는 안경을 개발하여 사용하고 있다.

책장을 만들려면 단순히 칸막이를 만드는 것으로 끝낼 것이 아니라 현재 출판되는 책들의 사이즈를 염두에 두고 다양한 사이즈의 책을 넣을 수 있도록 조화가 되게 높이나 칸 넓이를 조절해 만들어야 좋은 책장이 된다. 자동차의 핸들을 보면 좋은 자동차일수록 핸들이 사람의 손에 잘 잡히도록 손과 조화가 되게 디자인되어 만들어진다. 아이폰이 성공한 이유는 많이 있겠지만 그중에 하나는 아이폰이 우리 손과 잘 조화되게 만들어 그립 감이 좋고 손으로 작동하기에 편리했기 때문이다.

마우스 발전사를 보면 초기에는 기능에만 초점을 맞추어 사각 박스에 스위치를 달아 사용하였다. 하지만 발전해 가면서 우리 손에 맞추어 편리하게 사용할 수 있는 모양으로 진화되어왔음을 알 수 있다. 인체공학적인 조화를 맞추는 것은 현대 제품개발에 중요한 트렌드이다.

[그림 4-36] **카멜레온은 변색을 통해 생존력을 높인다**

[그림 4-37] 마우스의 변천사

기술 시스템 구성요소 간 재료 측면에서 조화가 맞아야 한다.

앞에서 예를 든 볼트와 너트인 경우 두 부품에 사용되는 재료를 다르게 사용한다면 강도가 약한 쪽의 부품이 마모되어 고정할 수 있는 능력이 떨어질 것이다. 표준 환원전위가 크게 다른 두 금속을 결합시켜 건물 구조 재료로 같이 사용하면 전극전위가 낮은 금속에서 쉽게 부식이 일어나 심각한 위험을 초래할 수 있다. 부식으로 인한 재료의 파손을 막기 위해서는 서로 비슷한 표준 환원전위를 가지고 있는 동질적 재료를 사용해야 한다.

때로는 서로 다른 특성이 있는 재료를 선택하여 사용하기도 한다. 반도체 재료에서 P-형 반도체와 N-형 반도체를 결합시켜 만든 P-N 다이오드는 정류기로 사용하고 세 개의 반도체 재료를 붙여 사용하는 트랜지스터는 현대 정보통신 사회를 만든 전자제품의 핵심 소재가 되었다.

재료의 조화를 다룰 때 기계적 특성, 전기적 특성, 자기적 특성, 광학적 특성, 열적 특성, 부식 적 특성 총 6개의 측면에서 재료의 특성을 고려해야 한다. 재료를 택할 때 우리에게 필요한 기능을 수행하기 위해 주로 기계적, 전기적, 자기적, 광학적 특성을 고려해서 선택하게 된다. 하지만 열적 특성과 부식 적 특성 또한 고려해서 재료를 선택하여야 제품을 오래 쓸 수 있게 만들 수 있다. 우리나라에서 초기에 만든 자동차를 외국에 수출했을 때 날씨가 더운 중동이나 추운 지방에 수출한 제품에서 부품이 고장 나는 경우가 많았다고 한다. 이는 부품 간 서로 다른 재료의 열팽창이 달라서 온도 차이로 누출/틈(Leak)이나 마모가 발생하여 문제를 일으켰다. 어떤 제품을 만들 때 재료 간 열팽창 계수가 유사한 재료를 사용해야 하고 다양한 온도 변화에서 테스트한 후 대량생산을 해야 한다.

시스템을 구성하는 요소들 사이에 자연 진동수나 동적 특성이 유사해야 시스템의 효율이 증대된다. 동기화의 원리가 위반되면 기술 시스템 구성 부분들이 서로 방해할 수 있고 성능이 떨어지게 된다. 이 원리를 쉽게 이해하려면 두 사람이 그네를 타는 모습을 그려보면 된다. 두 사람이 각각 서로 다른 진동수로 힘을 주어 그네를 타면 그네가 잘 움직이지 않고 힘만 들게 된다. 하지만 두 사람이 큰 힘을 주지 않더라도 같은 주기로 힘을 번갈아 주면 그네가 쉽게 움직여 그네를 재미있게 즐길 수 있다. 이처럼 시스템 부품 간에 다양한 의미에서 리듬이 맞아야 효율이 증가된다.

소형의 금속 구(Ball)를 제작할 때 금속의 크기에 따른 고유 진동수를 이용하여 생산한다. 용융 금속을 진동하는 다이스 구멍으로 고속으로 방출한다. 진동수는 원하는 구의 직경 함수로 설정된다. 진동이 제트류에 정상파를 만들고 정확하게 동일한 조각으로 떨어져 나간 후, 용융 금속은 표면장력의 영향으로 구 모양이 된다. 이 방법은 10 μm에서 1 mm 범위의 직경인 구를 초당 백만 개까지 생산할 수 있다.

조선업에서 파도의 진동수를 이용하여 물의 저항을 줄이는 기술을 활용하고 있다. 배가 물 위를 지나갈 때 선체와 물이 부딪히면서 큰 저항과 함께 파도가 발생한다. 이런 저항을 줄이고 연료 소비를 줄이기 위해서는 물이 배에 부딪혀서 발생하는 파도를 제거해야 한다. 파도의 파장(진동수)과 같은 크기지만 위상차가 180도인 파도를 만드는 구조물을 배 밑면에 장착하면 파도가 없어지게 되어 배가 효율적으로 잘 나가게 된다.

배의 파도와 같은 개념의 리듬 조화를 활용하여 소음을 제거하는 기술이 특허로 등록되어있다. 소음이란 우리가 듣기 싫어하는 일정한 파장을 갖는 공기의 진동이다. 이 소음의 파장을 180도 위상 변경시키면 원래 소리의 파장과 결합하여 서로 상쇄가 되어 소음이 사라지게 된다. 리듬 조화를 이용하여 우리가 원하는 목적을 달성한 사례라고 할 수 있다.

[그림 4-38] 배가 물위를 지나갈 때 파도를 없애는 원리

여러 개의 개별 부품으로 만들어진 제품인 경우 각각의 부품의 수명(Lifetime)이 서로 다르면 비경제적이 한 부품만을 개선하여 수명을 많이 증가시켜봐야 다른 부품들이 그때까지 견디지 못해 개선한 효과가 없고 경제적으로 오히려 손실을 초래할 수 있다. 부품들의 사용 기간 간에도 조화가 있어야 한다.

기술 시스템이 발전하는 과정에서 부품 간에 다양한 측면에서 리듬 조화가 이루어질 뿐만 아니라 시스템의 연결 방식이 0차원-점(Point), 1차원-선(Line), 2차원-면(Surface), 3차원-공간(Volume)으로 진화해 나간다. 예를 들어 물고기를 잡는 도구의 발전사를 살펴보면 과거 하나의 바늘로 물고기를 잡던 낚시(0차원, Point)에서 여러 개의 바늘을 연결한(1차원, Line) 방식으로 발전했고, 평면적 그물을(2차원, Surface) 이용한 방법에서 투망 모양(3차원, Volume)의 도구로 진화한 것을 볼 수 있다.

컴퓨터가 초기 등장해서는 독립적으로 사용하였다(0차원, Point). 그러다가 컴퓨터가 프린터나 전화와 연결되어 사용되기 시작하였고(1차원, Line) 그 후에는 세상의 모든 컴퓨터와 인터넷을 통해 연결되었다(2차원, Surface). 그리고 더 나아가서 이제는 컴퓨터가 모든 것과 연결되는 3차원적 연결시대를 맞고 있다.

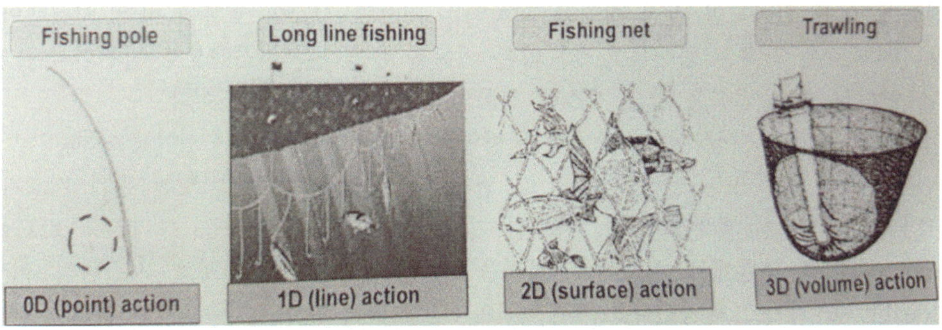

[그림 4-39] 물고기를 잡는 도구의 진화

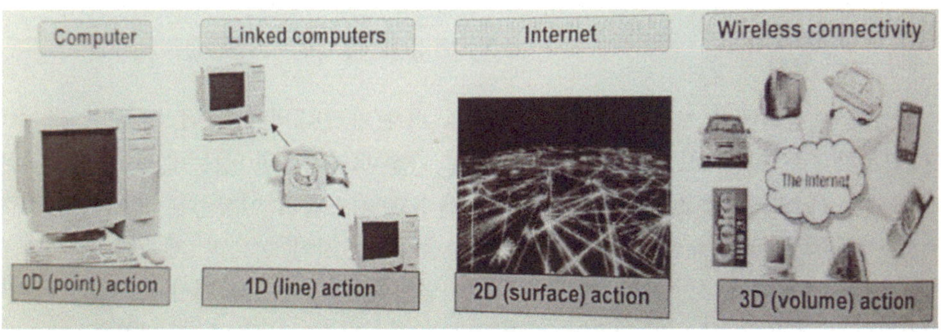

[그림 4-40] 컴퓨터의 진화

현대는 인터넷 시대에서 사물들이 서로 연결되는 사물인터넷(IoT) 시대로 접어들고 있다. 모든 사물이 인터넷으로 모든 사물과 연결되는 초연결사회로 진화하고 있다. 우리 가정에 쓰고 있는 냉장고를 보더라도 과거에는 독립적으로 음식을 보관하는 기능만을 수행했지만, 지금은 보관된 음식물을 인식하여 정보를 화면에 보여주고, 스마트 폰과 연동되어 제어할 수 있는 IoT 냉장고로 발전해 나가고 있다. 초연결사회로 가고 있는 지금 제품을 개발하는 사람들은 모든 사물과 어떻게 하고 어떻게 조화시켜나갈 것인가 고민해야 한다.

4.3.5 기술 시스템 진화 트렌드 4 – "이상성 증가 법칙"

앞에서 다룬 3개의 법칙(기술 시스템 완전성 법칙, 에너지 전도성 법칙, 리듬 조화법칙)은 기술 시스템이 필요한 기능을 수행하면서 생존해 나가는 가장 기본적인 진화 트렌드이다. 기술 시스템 생존 법칙이라고 말할 수 있다. 생존 법칙을 통해 세상에 나온 시스템은 "이상성"이 증가하는 방향으로 진화한다. 이상성 증가 법칙은 기술 시스템 진화에 대한 전반적인 발전 방향을 제시하는 것으로 시간의 흐름에 따라 시스템의 비용 및 해로운 작용은 줄어들고, 더 많은 기능을 수행하는 시스템으로 발전한다는 것이다. 이상성 증가 법칙은 기술 시스템 진화의 가장 중요한 트렌드이다.

기술 시스템은 "이상성"이 증가하는 방향으로 발전한다.

시스템의 성장 또는 발전을 논할 때 먼저 시스템을 평가할 수 있는 평가 지표가 필요하다. 창의적 문제해결 방법, 시스템 개발 및 효율을 연구하는 트리즈나 VE(Value Engineering) 분야에서 시스템의 특성을 평가하는 정성적 지표로 시스템의 이상성(Ideality)을 가지고 설명한다.

$$\text{이상성}(Ideality) = \frac{\sum \text{유익한 기능}}{\sum(\text{비용} + \text{해로운 작용})}$$

이상성의 정의에서 보듯이 시스템 수준은 비용(가격)대비 기능이 얼마나 잘 수행되고 있는가, 즉 일반적으로 사람들이 말하는 가성비(가격대비 성능비)로 설명할 수 있다. 또한, 시스템의 해로운 작용(기능)이 적을수록 시스템의 이상성은 증가된다. 개발자로서 이해해야 할 중요한 점은 인간은 제품을 사는 것이 아니라 제품이 가지고 있는 기능을 사는 것이고 시스템은 기능으로 평가받는 것이라는 관점이다. 그리고 시스템이 발전한다는 것은 이상성의 지표가 증가한다는 것이다. 이상성 증가 법칙은 기술 시스템의 시대적 발전에 대한 제1 벡터 방향을 설정하기 때문에 진화법칙 중에서 핵심이다. 다른 진화법칙들은 이상성 증가를 목표로 한, 차세대 시스템의 개발을 위한 구체적 기법들로 간주될 수 있다.

시스템의 무게, 부피, 유해한 현상이 감소하는 방향으로 발전한다.

시스템의 이상성이 증가하는 기본적인 방향은 같은 기능을 수행하는 데 소비되는 비용이 줄어드는 것이다. 즉 시스템의 무게, 부피, 에너지 사용량 등 유해한 요소가 감소된다는 것이다. 최초의 무선 전화기는 자동차에 장착되었으며 그 무게도 40 Kg 이상 되었다. 사람이 가지고 다닐 수 있는 최초의 무선 전화기는 무게가 3 kg이나 되었고 배터리가 충전되면 45분간 통화를 할 수 있었다. 하지만 시간의 흐름에 따라 기술이 발전하며 핸드폰은 점점 작아지고 통화시간은 길어져 현재에는 무게가 200 g 미만에 한 번 충전으로 90시간 대기, 20시간 이상 통화할 수 있도록 발전했다.

무게가 줄고 에너지 효율이 증가하는 과정에서 한 가지 언급해야 하는 사항은 시스템의 일부 구성요소(동력기관, 전달기관, 컨트롤 기관)가 축소되지만, 작동기관은 작아지지 않고 필요에 따라 더 커진다는 것이다. 그리고 축소된 기관들이 작동기관으로 모인다는 것이다. 핸드폰인 경우 시스템 구성요소들의 무게와 부피가 줄어들지만, 작동기관인 화면은 작아지지 않고 필요에 따라서 더 커지고 있고 다른 기관들이 화면으로 모이고 있다. 예를 들면 과거 존재하던 터치 버튼들이 사라지고 작동기관인 화면으로 기능을 이전해 화면이 우리가 필요한 기능을 수행하는 작동기관이면서 동시에 입력기관 역할을 한다. TV를 보더라도 과거에 큰 부피와 무게를 차지하던 브라운관, 전원장치, 스피커 등이 사라지거나 축소되어 작동기관인 화면으로 모여들어 현대 TV는 마치 화면만 있는 것 같은 모습이 되었다.

[그림 4-41] **휴대전화의 진화**

시스템의 부품 수나 원가를 줄일 때 잘 활용할 수 있는 도구는 트리밍 방법이다. 시스템을 구성하는 요소를 분석하여 트리밍의 3가지 법칙에 따라 기능을 다른 부품에 전가하고 부품 수를 줄여서 시스템의 이상성을 높일 수 있다. 특히 부품의 수가 많은 현대의 복잡한 시스템은 트리밍 방법을 통해 부품을 줄일 가능성이 많다.

시스템의 이상성이 증가되는 또 다른 방법은 시스템이 수행하는 유익한 기능의 수가 증가되는 것이다. 시스템은 어떤 특정한 기능을 수행하기 위해 탄생하지만 시스템의 자원을 활용하여 수행할 수 있는 다른 기능을 추가로 수행하는 다기능 시스템으로 발전한다. 핸드폰은 단순 통화의 기능을 넘어, 전자시계, MP3, 카메라, 계산기 등 수 많은 기능을 수행하는 멀티 기능의 스마트 폰으로 발전했다. 오늘날 복사기는 스캐너, 팩스, 프린터 등 다기능을 수행하는 복합기가 되었다. 이처럼 시스템의 자원을 활용하여 다른 기능을 수행할 수 있는 것이 무엇인지 검토하고 그 기능을 추가하면 기존에 있는 자원을 활용하기 때문에 두 개의 시스템을 따로 가지고 있는 것보다 훨씬 경제적이다.

도시 구석구석에 자리 잡은 편의점은 사람들이 많이 몰려있는 지역에 위치한다는 좋은 지정학적 자원이 있어서 간단한 생필품을 팔 뿐만 아니라 현금출납기를 통한 간단한 은행 기능, 싱글족이나 젊은이들을 위한 식당, 택배 기능 등을 수행하고 있다. 냉장고는 단순한 냉동, 냉장 기능에서 발전하여 들어있는 음식의 종류와 저장된 음식의 남아있는 유효기간을 화면에 보여주는 다기능의 스마트한 냉장고로 발전하고 있다.

자동차는 단순한 이동 기능을 가지고 탄생했지만 어답티브크루즈(Adoptive cruise) 기능, 앞에 보행자가 갑자기 나타나면 자동으로 멈추는 안전 기능 등 다양한 기능이 추가되다가 곧 인간의 간섭 없이 스스로 목적지에 데려다주는 무인 자동차로 발전하고 있다. 이처럼 시스템들은 인간이 원하는 기능을 늘려가면서 발전해 나간다.

세상에 탄생한 시스템은 멈춰있지 않고 발전하기 시작한다. 가장 중요한 진화의 방향은 이상성이 증가한다는 것이다. 따라서 어떤 시스템을 개선할 때 이상성 증가 법칙을 적용하기 위해 다음과 같은 몇 가지 측면을 고려해 볼 수 있다.

- 시스템의 기능이 무엇인가
- 시스템에서 트리밍 할 수 있는 부품은 무엇이 있는가
- 시스템의 유해한 작용(기능)은 무엇인가
- 시스템에 추가하면 좋은 기능은 무엇인가

이런 질문들을 생각하면 시스템을 개선하면 간단하게 시스템의 이상성을 증가시킬 수 있는 아이디어를 찾아볼 수 있을 것이다.

4.3.6 기술 시스템 진화 트렌드 5 – "동적 특성 증가 법칙"

기술 시스템은 인간이 원하는 기능을 수행하기 위해 탄생한다. 초기 시스템은 원하는 기능을 수행하는 것에 초점을 맞추어 개발되어 시스템 구성요소들은 서로 단단하게 고정되어 있다. 이러한 초기 시스템은 개선되면서 환경에 적용되고 효율성을 높이기 위해 동적 특성이 증가하면서 진화하게 된다. 많은 기술 시스템에서 동적 특성 증가 법칙의 보편적 경향을 찾아볼 수 있다.

시스템은 시간, 공간에 따라 최적화된 형태로 변화되는 동적 시스템으로 발전한다.

동적 특성 증가 법칙의 핵심 개념은 시스템이 시간, 공간 변화에 따라 기능이 효율적으로 수행되는 형태로 변화되도록 발전한다는 것이다. 예를 들면 초기의 비행기는 이착륙을 위한 고정된 바퀴를 가지고 있었다. 하지만 이착륙 장치는 비행 중 공기 저항을 만들어 비행 효율을 떨어뜨리는 문제를 가지고 있었다. 기술이 발전하면서 비행기 하부에 있는 바퀴는 이착륙 시에는 나와 있지만, 비행 시에는 접어서 비행기 안으로 들어가는 다이내믹한 시스템으로 발전하였다. 고정된 형태로 만들었던 책상은 책을 읽을 때나 필기를 할 때 적절한 각도로 움직이게 해서 사람들이 좀 더 편하게 사용할 수 있도록 발전해 나가고 있다. 안경은 실내에서는 투명해야 하지만 자외선이 강한 햇빛 아래서는 눈을 보호하기 위해 환경에 맞게 검은 선글라스로 변화되도록 발전되었다.

시스템이 시간과 공간의 변화에 따라 인간에게 최적화된 형태로 변화된다는 동적 특성 증가 법칙은 다음과 같이 물질, 장, 제어 시스템으로 나누어 체계적으로 분석해 보면 유용하게 활용할 수 있다.

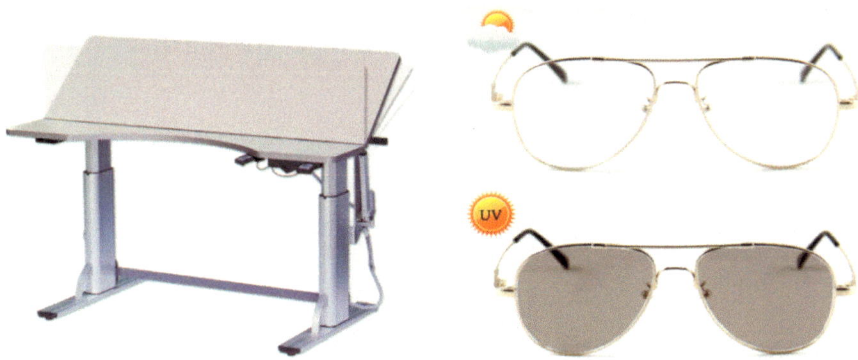

[그림 4-42] 책상과 안경의 기능변화

① **물질(부품)** : MonolithicàOne-jointàMulti-joint(flexible) system

기술 시스템은 변화하는 환경 및 조건에 적응할 수 있는 유연한 구조로 진화한다. 그러기 위해서는 시스템을 구성하는 물질이 단순한 구조에서 변화하는 구조로 진화하게 된다. 예를 들면 일상생활에서 많이 사용하는 빨대 변화를 살펴보면, 초기 직선의 모양으로 만들어졌다가 중간에 조인트를 넣어 휘어지는 빨대가 등장하면서 음료수를 마시는데 훨씬 편해졌다. 길이를 측정하는 "자(Graduated ruler)"는 직선의 단단한 나무였지만 1단, 2단, 다단으로 접히는 접이식 자로 발전했다가 유연한 줄자로 발전했다.

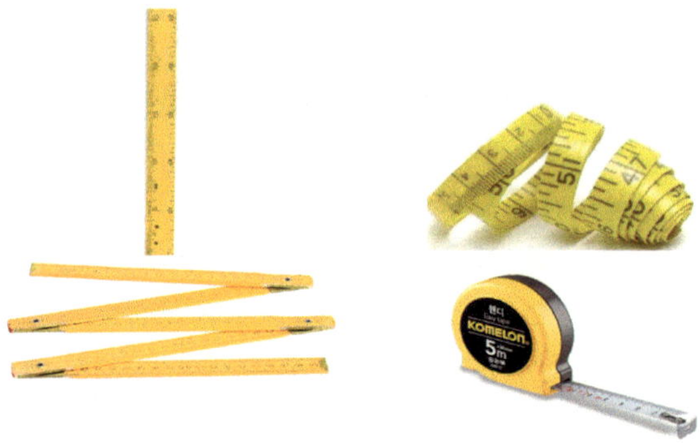

[그림 4-43] **줄자의 기능 변화**

물질(부품)의 동적 특성이 증가되면서 시스템이 환경에 따라 변화되며 효율적으로 사용할 수 있게 된다. 초기 차들의 앞 유리는 평면 유리였다. 그 유리를 청소하는 와이퍼는 금속에 고무를 씌운 직선 모양을 하고 있었다. 하지만 자동차 앞 유리가 3차원적 곡선 모양으로 바뀌자 와이퍼도 Multi-joint를 가진 모양으로 변화되다가 유리의 모양에 따라 다양하게 변형될 수 있는 유연한 형태의 와이퍼로 변화되었다.

[그림 4-44] **자동차 와이퍼의 종류**

② **장(Field) : Constant variable structured field**

시스템에 사용되는 장은 고정된 형태의 장에서 변화하는 장으로 단순히 변화하는 장에서 다양한 형태로 구조화된 장으로 발전한다.

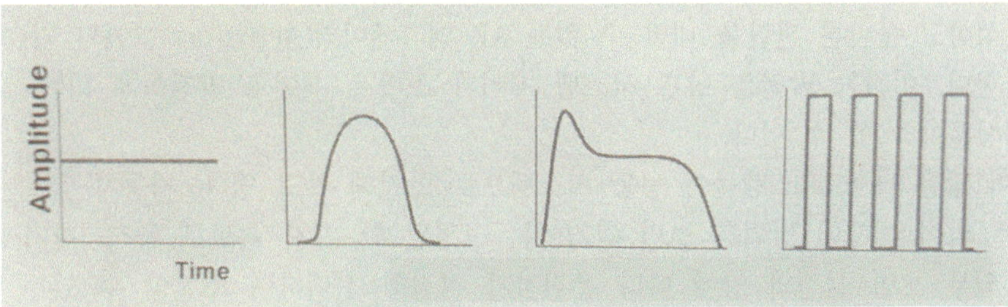

Constant Variable Structured fields

[그림 4-45]

진공청소기에 사용되는 진공 장은 항상 일정한 압력의 진공을 사용하는 것보다 시간에 따라 압력이 변화될 때 다양한 크기의 먼지를 효율적으로 흡수할 수 있다. 더욱 발전된 방법은 변화되는 정도를 펄스화 하거나 이물질의 형태에 따라 변화되는 정도를 구조화시키는 것이다. 전자레인지도 이와 유사하다. 가해주는 전자기파를 일정하게 하는 것보다도 변화시키는 것이 효율적이다. 예를 들면 냉동된 음식을 넣으면 초기에는 해동시키기에 좋은 전자기파의 파형을 이용하고 이후에는 가열에 좋은 파동을 이용하는 것이다. 이처럼 시스템에 사용되는 장을 다이내믹 하게 변화시키는 것이 시스템이 진화하는 방향이다.

③ **제어(Control) : 고정 제어, 수동 제어, 능동(스마트) 제어 시스템**

최초의 자동차는 엔진에서 구동 바퀴로 전달하는 동력전달 부분에 고정된 변속기가 있었다. 속도를 조절하려면 단순히 엔진 속도 변경에 의존할 수밖에 없는 매우 비효율적인 제어 방법을 가지고 있었다. 그 후 기어 변속을 통한 수동 변속기가 발명되어 엔진 수명과 연료 효율을 현격히 증가시키는 발전을 가져 왔다. 2~3단 변속기에서 6~10단 변속기까지 출현하면서 자동차의 속도 및 성능은 발전하였다. 변속기는 더 발전하여 최적의 속도에 최적의 기어를 자동으로 바꿔주는 자동기어가 출현해서 더욱 편하고 효율적인 자동차 운전이 가능하게 되었다. 여기서 머물지 않고 자동차 제어 시스템은 능동(스마트) 제어 시스템으로 발전하고 있다. 능동(스마트) 제어란 시스템이 환경의 변화를 인지하고 운전자의 개입 없이 스스로 판단하여 최적화된 방법으로 제어하는 능동제어시스템(ACS ; Adopted control system)을 의미한다. 현재 앞차와의 거리를 인식해서 알아서 일정 거리를 두고 기어를 변속하는 시스템, 차선을 스스로 유지해 나가는 시스템 등이 차량에 탑재되어 사용되고 있고 곧 사람의 개입 없이 스스로 목적지까지 데려다주는 스마트 카(Car)의 출현을 앞두고 있다.

능동(스마트) 제어 시스템 구현을 위해서는 환경의 변화를 인지하는 각종 센서, 정보를 분석하고 올바른 판단을 내릴 수 있는 AI, 엑츄에이터(Actuator) 분야의 기술이 발전해야 한다. 이러한 발전은 향후 시스템 제어가 스마트 제어로 발전하게 되는 4차 산업의 핵심분야라 할 수 있다.

이미 많은 제어 시스템들이 능동 시스템으로 발전해 가고 있다. 자동차 앞 유리를 청소하는 와이퍼 제어 방법을 보면 과거에는 고정된 한 가지 속도로 움직이다가 비의 양이나 외부 오염 물질의 양에 따라 운전자가 적절히 선택하여 조절할 수 있는 몇 단계 수동 장치로 발전하였다. 하지만 요즘은 각종 센서가 유리창에 부착되어 비의 양에 따라 와이퍼가 스스로 알맞은 속도록 움직이면서 운전자가 앞을 잘 볼 수 있는 능동 제어 시스템을 장착하고 있다. 최근 태양광 패널 지지대 구조물을 보면 이런 변화를 볼 수 있다. 초기 태양광 패널은 가장 빛을 잘 받을 수 있는 방향으로 고정되어 설치되었다. 하지만 아침, 점심, 저녁 또는 봄, 여름, 가을, 겨울에 따라 태양의 위치가 변화되어 고정된 패널에서는 많은 전기를 생산할 수 없다. 따라서 시간에 따라서 태양광 패널의 각도를 바꿀 수 있는 수동 제어 시스템, 이를 프로그래밍 화하여 일정 시간에 따라 변화시키는 자동 프로그래밍 시스템으로 발전하였다. 이보다 더 진화된 시스템은 센서를 통해 태양의 움직임을 감지하고 태양의 위치에 따라 태양광 패널의 각도를 스스로 바꾸어주는 능동형 스마트 컨트롤 시스템을 개발하여 활용하고 있다.

기술 시스템은 변화하는 환경 조건에 따라 가장 효율적으로 기능을 수행할 수 있도록 발전해 나간다. 이런 과정에서 물질, 장 그리고 제어 시스템들의 동적 특성이 증가되어 발전하게 된다는 것은 중요한 기술 시스템 진화 법칙이고, 미래기술 개발 전략을 수립할 때 방향을 제시해주는 좋은 척도가 된다. 실무적으로 현재 시스템을 발전시키는 한 가지 방법은 시스템의 상태를 분석해서 물질, 장, 그리고 제어 시스템의 동적 특성을 증가시키는 것이다.

4.3.7 기술 시스템 진화 트렌드 6 – "물질-장 상호 작용 증가의 법칙"

기술 시스템은 기능을 효율적으로 수행하도록 발전해 나간다. 앞에서 설명한 기술 시스템 완전성 법칙, 에너지 전도성 법칙, 리듬 조화법칙, 이상성 증가법칙, 동적 특성 증가법칙에 이어 물질-장 상호 작용 증가의 법칙은 시스템이 진화해 나가는 패턴을 잘 설명해준다. 물질-장 상호 작용 증가의 법칙이 무엇이고 이것을 활용하여 시스템을 발전시켜 나갈 수 있는 전략에 대해서 알아보기로 한다.

시스템의 작동원리는 MATCEM 순서로 발전해 나간다.

창의적 문제해결 이론(TRIZ)에는 물질과 물질 사이에 작용하는 상호 작용 관계를 7개의 장(Field)을 가지고 설명한다. 기계 장(Mechanical field), 소리 장(Acoustical field), 열 장(Thermal field), 화학 장(Chemical field), 전기 장(Electrical field), 자기 장(Magnetic field), 전자기 장(Electro-magnetic field)이 그것으로 영어단어 앞글자로 만든 MATCEM 용어로 장을 설명한다.

MATCEM의 구체적인 장들의 종류는 다음과 같이 정리해 볼 수 있다.

[표 4-2] MATCEM과 종류

장(Field)	종 류
Mechanical (기계장)	중력, 충돌, 마찰(력), 접촉(Direct contact)
	진동, 공명, 충격, 파동
	가스/유체 역학(Gas/Fluid dynamics), 바람(풍력), 압축(Compression), 진공
	기계적 작용(가공, 드릴링 등)
	변형, 혼합, (기계적 작용을 위한)첨가물, 폭발
Acoustical (소리장)	음성(소리: 20-15,000 hz), 초음파, 초저주파(불가청음), 캐비테이션(Cavitation)
Thermal (열장)	가열, 냉각, 단열, 열팽창
	상(Phase/state) 변화, 발열반응, 흡열반응
	열, 열복사, 대류(Convection)
Chemical (화학장)	화학반응, 반응물질, 화학물질, 화합물
	촉매, 억제재, 지시약
	용해, 결정화, 중합화(Polymerization)
	냄새, 맛, 색변화, 산도(pH)
Electrical (전기장)	정전하, 전도체, 부도체
	전기장, 전류
	초전도성, 전기분해, 압전연상(효과)
	이온화, 방전, 스파크
Magnetic (자기장)	자기장, 자성물질, 자기유도(Induction)
ElectroMagnetic (전자기장)	전자기파(X-ray, Microwaves, etc.)
	광학, 시력, 색/투명도 변환(투명, 반투명), 영상

① 시스템은 이러한 MATCEM 장들을 이용하여 작동시킨다.

예를 들면 어떤 물질을 자르는 시스템은 기계적 장을 이용해서 만들 수 있고 초음파 같은 소리장이나, 열, 불산(HF) 같은 화학물질을 이용할 수 있고, 전기장을 이용한 전기톱, 레이저 같은 전자기파를 이용하여 다양하게 만들 수 있다. 기술 시스템이 발전함에 따라 일반적으로 MATCEM 순서의 장을 이용해 진화한다. 통신 시스템을 보면 초기 불을 내어 연기를 피워 먼 거리로 신호를 전달하는 방법을 사용하다가 기계적인 방법을 이용하여 정보를 전달했다. 기술이 발전하면서 전선을 통해 전기적 신호를 이용한 방법으로 전화를 개발하여 사용하였고, 현대에는 가장 진화된 전자기파를 이용한 무선 통신 시스템으로 정보를 전달하고 있다. 시스템이 가지고 있는 기능을 모두 MATCEM 방법을 활용하여 구현할 수 있는 것은 아니지만 대체로 기술 시스템은 기능을 구현하는 방법을 기계장, 소리장, 열장, 화학장, 전기장, 자기장, 전자기장의 순서대로 발전해 나간다.

② 단순 물질-장은 복합 물질-장으로 발전한다

시스템이 성능을 높이기 위해 하나의 장으로 구현되는 시스템에서 2개 또는 3개의 장을 가진 복합 물질-장 시스템으로 발전해 나간다. 예를 들면 세탁기는 기계적으로 옷에 충격을 가해 불순물을 제거하는 방법 외에 화학물질인 세제를 첨가하거나 물의 온도를 높여 빨래 성능을 높인다. 최근에는 초음파를 추가해서 세탁 속도를 높이는 기술도 사용하고 있다. 알루미늄은 높은 열전도율을 가지고 있어 용접하려는 부위에 열을 가하면 열이 쉽게 전체로 퍼져 나가 기존의 용접기로 용접하기가 쉽지 않다. 알루미늄 용접하거나 두꺼운 스테인리스 금속을 효율적으로 용접하기 위해 용접 부위에 발열 반응을 하는 용재(Flux)를 첨가하면 용재가 순간적으로 발열 반응을 하여 용접 부위의 온도를 급속히 높여 금속의 용접효율을 높일 수 있다. 단순히 열을 가하는 방법에다 화학장을 가해 효율을 높이는 방법이다. 이러한 기술은 저자에 의해 특허로 등록되어 활용되고 있다(특허번호 제10-0860556호).

땅콩 잼을 만들 때 분쇄한 땅콩 가루에 식용 기름을 넣어 반죽하는 공정이 들어간다. 이 과정에서 기름을 많이 넣으면 반죽하는 과정은 쉬우나 땅콩 잼의 원가가 올라가고 제품의 품질도 좋아지지 않는다. 최소한의 기름을 넣고 반죽을 해야 하는데 기계에 큰 부하가 걸리고 시간도 많이 소비된다. 이러한 장비의 효율을 높이는 방법은 잼 반죽 장치를 회전시키는 단순한 기계장 방법에 진동장을 결합시키는 것이다[그림 4-46]. 이처럼 단순한 기계 시스템에 진동을 추가로 적용하면 효율이 많이 증가하는 시스템들이 많이 있다.

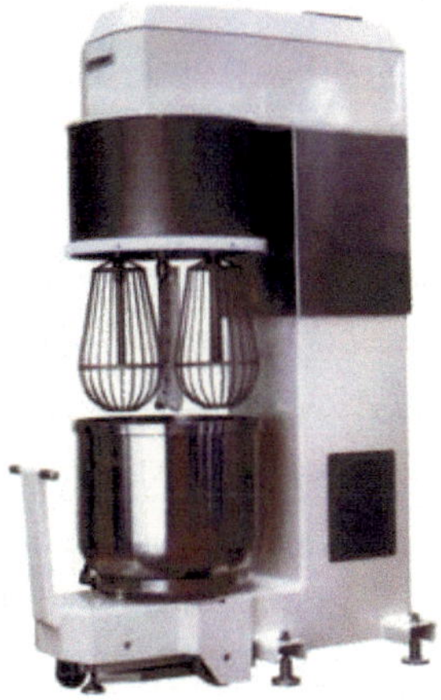

[그림 4-46] **땅콩 반죽기의 모습**

유리는 다이아몬드 커터로 유리 표면에 스크래치를 내고 힘을 주어 자르는 전통적이고 기계적인 방법이 있었다. 하지만 초음파를 이용하거나 화학물질을 이용해 녹여 자르는 방법 등이 개발되어 활용하고 있고 최근에는 전자기장인 레이저를 이용한 기술이 특허로 등록되어있고 산업용 레이저 유리 절단기가 사용되고 있다. 스마트 폰이나 가전제품에 강화유리가 많이 사용되고 있는데 강화유리는 단순히 다이아몬드 커터로 절단하기 어렵다. 유리에 열을 가하고 다이아몬드 칼로 스크래치를 내는 복합 물질-장 장비나 레이저 커터 장비를 사용해야 강화유리를 효율적으로 자를 수 있다.

기술 시스템을 개선하거나 발전시키는 전략적 방법은 물질-장 상호 작용을 증가시키는 것이다. 현재 시스템의 기능을 구현하는 방법이 무엇인지 판단하고 효율이 높은 새로운 장을 이용할 수 있는지 판단해야 한다. 기계장, 소리장, 열장, 화학장, 전기장, 자기장, 전자기장 순서를 하나하나 생각해 보면서 발전된 신기술을 고안해 내는 것이다. 그리고 한 가지 단순한 물질-장을 사용하는 것보다 2~3가지의 장을 동시에 적용해서 기능을 구현하는 복합 물질-장으로 시스템을 개선하면 성능이 훨씬 좋아지게 된다.

4.3.8 기술 시스템 진화 트렌드 7 – "하위시스템 불균일 진화법칙"

기술 시스템은 사람들의 요구에 부응하기 위해 탄생한 후 더 좋은 기능을 수행하기 위해 끊임없이 발전해 나간다. 하지만 모든 요소가 같은 속도로 발전해 나가는 것이 아니라 요구가 많은 일부 요소부터 발전을 해나가기 시작한다. 이런 과정에서 시스템을 구성하는 부품 간에 갈등이 발생하고 그것을 해결해야 하는 과정이 필요하다. 시스템이 복잡할수록 그 시스템을 구성하고 있는 하위시스템 불균일 진화가 많아지고 모순해결을 통한 창의적 문제해결의 필요성이 증대된다.

① 시스템은 일부 요소 발전을 통해 발생한 갈등을 해결하며 성장한다.

시스템은 2개 이상의 많은 부품(요소)으로 구성되어 있다. 시스템을 개선해 나갈 때 전체 부품을 조화롭게 개선해 나가기보다 빠르게 증가하는 일부 요소에 대한 요구조건을 만족시키기 위해 노력한다. 그 결과 시스템 요소 간 갈등이 발생하게 된다.

자전거 발전의 역사를 살펴보면서 하위시스템 불균일 진화법칙에 대해 알아보기로 한다. 자전거를 발명한 사람에 대한 의견은 분분하다. 혹자는 1446년에 레오나르도 다빈치가 그린 그림 "Codex Atlanticus"에 자전거 유사한 그림이 있어 그가 발명했다고 주장을 한다. 하지만 많은 역사가들은 1700년대 루이 14세 시대에 프랑스에서 나무로 된 두 바퀴를 연결하여 굴러가는 자전거가 만들어졌다고 보고 있다.

초기 자전거가 발전하여 손잡이 막대가 부착되었으나 타는 사람이 자신의 발로 지면을 차면서 이동하다 보니 속도도 늦고 불편하여 발로 지면을 차지 않고 움직일 방법을 찾는 요구가 증가하였다. 1840년 페달을 앞바퀴에 장착하는 기술이 개발되어 자전거를 타는 것이 훨씬 편리해지고 속도도 증가하게 되었다. 그런데 속도가 증가되자 빠른 속도로 가다가 멈추지 못해 사고가 나기 시작하였다. 잘 달리는 것도 중요하지만 잘 멈추게 하는 장치가 필요해서 브레이크 시스템이 자전거에 개발되어 장착하게 되었다. 페달과 브레이크 장치가 달린 자전거는 많은 사람들로부터 환영을 받았고 더 빨리 달릴 수 있는 자전거 개발에 대한 요구를 받게 되었다. 더 빨리 달릴 수 있는 자전거를 만들기 위해 페달이 있는 앞바퀴를 크게 만들기 시작했다. 앞바퀴가 커지자 속도를 늘릴 수는 있었는데 문제는 정지할 때나 장애물을 만났을 때 넘어져 다치는 사례들이 자주 발생하게 되었다.

[그림 4-47] 레오나르도 다빈치의 그림 Codex Atlanticus

[그림 4-48] **초기 자전거의 형태와 문제점**

이런 문제를 해결하기 위해 1884년 체인 전동장치가 개발되었다. 체인 구동을 뒷바퀴로 연결하여 바퀴의 크기를 늘리지 않고 기어비로 자전거 속도를 늘릴 수 있었다. 기어비를 이용하여 자전거 속도가 늘어나게 되자 편리하기는 했지만 가속한 후에 회전하는 페달과 함께 계속해서 발을 움직여야 하는 불편함이 발생하였다. 이런 불편함을 개선하기 위해 1897년 오버런(자유 회전) 클러치가 발명되어 원하는 속도에 도달한 후에 페달을 움직이지 않고 그대로 둘 수 있게 되었다. 이처럼 기술 시스템 부품들이 동시에 조화롭게 발전을 한 것이 아니라 일부가 발전하면 다른 문제가 발생하고, 그것을 개선하면 또 다른 문제가 발생하여 개선하는 방식으로 발전한다. 이것을 하위시스템 불균질 진화법칙이라고 한다.

컴퓨터 시스템은 컴퓨터와 주변기기로 구성되어 있다. 1960년대 컴퓨터 처리 능력이 매우 낮아 타이핑 장비를 발전시킨 검은 먹지에 도트를 찍는 텔레타이프 형태의 프린터는 충분히 만족스러운 기기였다. 하지만 컴퓨터의 처리 능력은 매우 빠르게 증가되었지만 주변 기기들은 컴퓨터 처리 속도를 따라가지 못해 많은 병목현상을 초래하였다. 예를 들면 구리선을 이용한 인터넷은 더 이상 컴퓨터가 만들어 낸 많은 정보를 전달할 수 없었다. 컴퓨터 주변 기기들은 컴퓨터의 빠른 정보처리 속도에 맞추기 위해 개발되어 구리선은 광케이블로 대체되었고 프린터 또한 광학을 이용한 레이저 프린터로 발전되었다.

② 시스템 발전은 모순을 해결하며 진행된다.

시스템 구성요소들은 발전하면서 다른 요소들과 갈등을 겪을 때도 있고 하나의 부품이 서로 다른 특성을 요구받을 때도 있다. 자동차 역사를 살펴보면 이러한 갈등(불균일)을 해결하면서 발전한 사실을 발견할 수 있다. 기술 개발을 통해 속도가 빠른 자동차를 만들었지만, 브레이크 시스템이 제대로 작동 못 해 문제가 발생했다. 빠른 자동차는 더 강한 브레이크 시스템이 필요하다. 속력을 증가시키면 연비가 나빠져서 갈등의 요소가 된다. 사이드 미러(Mirror)는 커야 뒤에서 오는 차를 잘 식별할 수 있지만, 주차 공간에 넣기 위해서는 작아야 한다. 차체를 강하게 만들면 튼튼한 차가 되어 좋은데 충돌 시 충격을 흡수하지 못하고 운전자나 탑승자에게 그대로 충격을 전달해 문제를 발생시킨다.

이렇게 한 가지 특성을 좋아지게 만들면 다른 특성이 나빠지는 불 균일적 현상이 발생하는 것을 트리즈에서는 모순이라고 정의한다. 기술 시스템을 발전시켜 나가는 과정에서 구성요소들이 불균질하게 발전하면서 발생하는 모순적 상황은 피할 수 없다. 따라서 모순을 잘 해결하는 능력을 갖추는 것은 시스템을 발전시켜 나가는 연구자들이 갖추어야 할 중요한 기술이다. 시스템을 개선하여 한 가지 특성이 좋아지지만 다른 특성이 나빠지게 되면 일반적으로 두 가지 특성 중 한 가지를 선택하거나 서로 충돌하는 두 가지 특성을 적절하게 타협한 최적화 값을 택한다. 하지만 트리즈를 연구한 학자들은 두 가지 특성을 모두 만족시키는 창의적 문제해결 방법을 찾아내게 되었다. 많은 특허 분석을 통해 기술적 모순을 가지고 있는 문제를 해결하는 40가지 발명원리를 발견하여 시스템의 갈등을 해결하는 방법으로 활용한다. 기술 시스템의 불균일 발전으로 발생하는 갈등 문제를 창의적으로 해결할 수 있는 40가지 발명원리를 간단히 소개하면 다음과 같다.

1 분할 : Segmentation

a) 물체를 독립적인 여러 부분으로 나눈다.
b) 물체를 나눌 수 있게 만든다.
c) 물체의 분할 정도를 높인다.
사례: 군대 식판, 블라인드 커튼, 커터 칼

2 추출 : Taking out, Extraction

a) 물체에서 방해가 되는 부분이나 특성을 추출한다. 또는 물체에서 필요한 부분이나 특성만을 추출한다.
b) 물체를 동일한 부분으로 나누는 앞의 원리와는 달리 추출은 물체를 다른 부분으로 나눌 것을 제안한다.
사례: 군 비행장 근처에서 비행기와 새들의 충돌은 심각한 문제임. 몹시 놀란 새들의 울음소리나 새를 잡아먹는 매나 독수리 소리를 녹음해서 재생시킴. 필요한 부분만 추출해서 사용
2010 밴쿠버 동계올림픽 종합순위 5위 - 스피드 스케이팅 모태범, 이상화, 이승훈 금메달

스피드 스케이팅 김관규 감독은 체력이 앞선 서양 선수를 극복하기 위해 곡선 주로에서 속도를 높이는 방법인 쇼트트랙 기술을 접목해 훈련(필요한 부분을 추출해서 활용).

③ 국부적 성질 : Local quality

a) 물체나 외부환경(외부모양)의 구조를 동질적인 것에서 이질적인 것으로 바꾼다.
b) 대상 물체의 각 부분이 다양한 기능을 보유(수행)하게 한다.
c) 대상 물체의 각 부분이 가장 좋은 조건에서 작동하도록 배치한다.

사례: 고품질의 강철로 만든 쇠줄의 가격을 낮추기 위해서 표면층만 강철로 만들고 쇠줄의 나머지 부분은 비싸지 않은 철을 이용해 만든다.

탄광 작업 중 분진을 줄이기 위해서 굴착기와 적재기의 작업 장소에 원추형의 물안개를 분사한다. 물 입자가 미세할수록 분진억제 효과는 커지지만 물 입자들이 형성하는 안개가 시야를 가려서 작업을 방해한다. 해결책: 미세한 물 입자를 원추형으로 분사하고 그 주변에는 거친 물 입자를 분사한다.

④ 비대칭 : Asymmetry

a) 대상 물체를 대칭 형태에서 비대칭 형태로 바꾼다.
b) 대상 물체가 비대칭이면 비대칭의 정도를 더 높인다.

사례: 자동차 타이어는 빗물 배출이 잘되도록 바닥 홈이 비대칭적으로 설계되어 있다.

⑤ 통합 : Merging

a) 단일 작업 혹은 복합 작업을 위해 물체를 통합한다.
b) 단일 작업 혹은 복합 작업을 시간적으로 통합한다.

사례: 부피가 큰 화물을 트럭으로 운반하기 위해 화물을 싣고 내리는 장소에 크레인이 있어야 한다. 만약 사고 후 자동차를 견인하는 것과 같이 화물을 싣는 장소를 미리 알 수 없다면 적재하는 장소로 트럭과 크레인을 불러야 한다. 따라서 크레인의 운반 성을 높이기 위해 트럭과 크레인을 결합한 레커가 만들어졌다.

⑥ 다기능 : Multi-Function

대상 물체가 다수의 기능을 수행하게 하여 다른 물체의 필요성을 없앤다.

사례: 에칭(Etching)을 하려면 부품을 Cleaning 해야 한다. 따라서 Cleaning과 에칭(Etching)을 동시에 수행할 수 있는 약품을 개발하면 작업 시간을 줄일 수 있다. 스마트 폰 등 시스템은 다기능을 수행하도록 진화한다.

7 포개기: Nesting

a) 하나의 물체가 다른 물체의 안에 위치한다.

b) 하나의 물체가 다른 물체의 내부를 통과한다.

사례: 마트의 카트는 손님이 많은 상품을 구입하기 편하게 커야 하지만 넓은 보관 장소가 필요하다. 포개기 원리를 사용한 카트는 보관 시 공간의 효율을 높인다.

8 평형추 : Ant-weight

a) 대상 물체의 무게를 양력을 가진 다른 물체와 결합해 상쇄시킨다.

b) 대상 물체의 무게를 환경과의 상호 작용(공기나 유체역학을 활용)을 이용해 상쇄한다.

사례: 무거운 화물을 운반하는 컨베이어 벨트의 지지대는 자주 고장이 난다. 이 벨트를 액체가 담긴 통 위에 놓은 부유물 위에 설치하면 이런 고장을 방지할 수 있다.

9 사전 반대 조치 : Preliminary anti-action

a) 대상 물체에 생겨서는 안 되거나 필요하지 않은 작동 압력에 저항하는 압력을 사전에 만들어 준다.

b) 시스템의 모순된 요구조건을 만족시키기 위해 사전에 반대되는 기능을 넣는다.

사례: 강철 스프링은 반제품 단계에서 사전에 늘리고, 비틀고, 다시 늘린 다음에 구불거리게 만들면 훨씬 단단해진다.

10 사전 조치 : Preliminary action

a) 요구되는 작동을 미리 수행한다(완전히 혹은 부분적으로).

b) 필요한 기능의 일부를 미리 실행하여 소요되는 시간 손실 없이 작동할 수 있게 한다.

사례: 스티커에 미리 풀을 발라 놓으면 붙이는 작업의 시간을 단축할 수 있다.

미국은 폭발물의 제조사마다 상이한 큐리 온도를 갖는 강자성 소재의 라벨을 사용하게 하여 폭발이 발생했을 때 제조사를 쉽게 확인할 수 있도록 제도화 하였다.

11 사전 예방 조치 : Beforehand compensation

안정성이 높지 않을 때 사고가 발생할 수 있는 요건에 대해 미리 대비 조치를 한다.

사례: 자동차 사고에 대비하여 사람을 보호하기 위한 에어백을 설치한다.

12 등위성 (높이 맞추기): Equipotentiality

작업 조건을 변경해서 대상 물체를 들어 올리거나 내리는 일이 발생하지 않도록 한다.

사례: 고속도로의 안전성을 높이기 위해 가능하면 도로에 상하 굴곡이 없도록 만든다.

13 반대로 하기 : Do it in reverse

a) 요구되는 행위 대신 그 반대의 행위를 한다.

b) 물체나 외부환경에서 움직이는 부분을 고정시키거나 고정된 부분을 움직이게 한다.

사례: 동물에게 소인을 찍을 때 뜨거운 것을 사용하는 대신 액체 질소로 냉각된 도구를 이용하여 차갑게 하는 방법이 있다. 이것은 동물들에게 거의 고통이 없다.

14 곡선화 : Curvature

a) 직선을 곡선으로, 평평한 물체를 곡선형 물체로, 큐브나 육면체를 구형으로 전환한다.

b) 롤러, 공, 나선형을 이용한다.

c) 직선 운동에서 회전 운동으로 전환한다. 원심력을 이용한다.

사례: 자동차 수리 작업의 편의성을 위해서 직선 컨베이어 대신 회전형 컨베이어가 개발되었다.

15 역동성 : Dynamics

a) 물체나 외부환경의 특징이 작업의 각 단계에 최적화되도록 변경한다.

b) 각각 이동할 수 있도록 물체를 분할한다.

c) 만약 물체가 움직이지 않는 것이라면 이것을 움직일 수 있는 것으로 만든다.

사례: 비행기 날개는 이착륙 시에는 넓고 비행 시에는 좁아져 공기 저항으로 인한 연료 소비를 감소시킨다.

16 부족 또는 과잉 : Partial or excessive actions

만약 필요한 효과를 정확히 달성하기 어렵다면 조금 낮게 혹은 조금 높게 달성하도록 한다. 이 경우 과제는 확실하게 단순화되어야 한다.

사례: 플라스마 금속 절단은 처음에는 과잉 출력으로 아크를 발생시키고 그다음에 약화시킨다.

원통에 얇게 페인트칠을 할 때 과잉의 페인트를 바르고 여분을 원심력으로 제거한다.

17 차원 바꾸기 : Dimension change

a) 물체의 1차원 선 운동을 2차원 면 운동으로 바꾸어 문제를 해결한다. 또한, 물체의 2차원 면 운동을 3차원 입체 운동으로 바꾸어 해결한다.
b) 단층 배열 대신 다층 배열을 이용한다.
c) 물체를 경사지게 하거나 옆으로 비스듬히 놓는다.
d) 해당 면의 반대쪽을 이용한다.
e) 옆면이나 기존 면의 반대쪽에서 발생한 광선을 이용한다.

사례: 형광등이 차지하는 자리를 줄이기 위해서 형광등을 직선에서 나선으로 변경한다.

18 진동 : Mechanical vibration

a) 물체에 진동을 도입한다.
b) 만약 진동 운동이 이미 이루어지고 있다면 그 진폭을 확대한다(초음파 수준까지).
c) 공명 주파수를 이용한다.
d) 기계적 진동 대신 피에조 진동(압전 진동)을 이용한다.
e) 초음파 진동을 전자기장과 함께 사용한다.

사례: 액체를 운반하는 진동 펌프가 액체에 초음파로 진동을 일으키면 분자 간의 결합과 접촉 표면에 대한 마찰을 약하게 하여 펌프의 속도가 증가한다.

19 주기적 작용 : Periodic action

a) 연속적 작용에서 주기적 작용(파동)으로 변경한다.
b) 만약 작용이 이미 주기적으로 이루어지고 있다면 주기를 변경한다.
c) 파동 사이의 휴지 기간을 이용한다.

사례: 전기 필터의 청소를 위해서 필터 전극에 주기적인 고압을 가해주면 먼지층은 자체 무게에 의해 필터에서 떨어진다.

20 유용한 작용의 지속 : Continuity of useful action

a) 작업을 연속적으로 진행한다(물체의 모든 부분이 완전한 부하로 작업 시간 내내 작동한다).
b) 사용되지 않는 작동이나 중간 작동을 제거한다.

사례: 그림을 인쇄하는 프린트에서 프린트 헤드의 순방향 움직임과 역방향 움직임 때 쉬지 않고 인쇄가 된다.

21 고속 처리 : Hurrying

과정이나 과정의 일부 단계(예를 들면, 해롭거나 위험한)를 빠른 속도로 진행한다.

사례: 씨감자를 겨울 동안 보관하기 위해서 표면에 붙은 박테리아를 제거해야 하나 농약을 사용하면 환경에 좋지 않다. 불로 태우면 인체에 무해하게 씨감자를 보존할 수 있지만, 감자가 익을 수 있어 문제가 발생한다. 따라서 불을 강하게 하고 빠른 속도로 움직이면 박테리아는 죽이고 감자는 보호할 수 있다.

22 해로운 것을 유익한 것으로 바꿈 : Convert harmful to useful

a) 긍정적인 효과를 얻기 위해 해로운 요인들(환경의 해로운 작용을 포함하여)을 이용한다.

b) 유해한 요소를 다른 유해 요소의 결합을 통해 제거한다.

c) 유해 요소를 강화시켜 더 이상 유해하지 않도록 만든다.

사례: 여름에 아스팔트는 거의 용융점까지 가열된다. 기술자들은 아스팔트를 냉각하기 위해 도로 밑에 관을 깔아 물을 순환시키는 아이디어를 내었다. 얻어진 뜨거운 물은 필요한 곳에 사용하였다. 겨울에는 이 관에 바이오 가스를 넣어 아스팔트의 얼음을 녹이는 수단으로 사용한다.

23 피드백 : Feedback

a) 피드백을 도입한다.

b) 만약 이미 피드백이 되고 있다면 그것에 변화를 준다.

사례: 압연을 할 때 금속판의 두께를 감지하는 센서가 있어 판의 두께에 따라 방사 강도를 변화시켜 금속판의 가열 정도를 조절한다.

24 중간 매개물 : Intermediary

a) 작용을 전달해 주는 중간 물체를 사용한다.

b) 쉽게 제거할 수 있는 다른 물체를 물체에 임시로 연결한다(물체에 (쉽게 분해가 되는) 다른 물체를 임시로 결합한다).

사례: 구리와 알루미늄과 같이 이종 금속을 용접할 때 그 자체로도 용접이 잘 되면서 구리와 알루미늄과도 용접이 잘 되는 중간 부재를 사용한다.

25 셀프서비스 : Self-service

a) 물체가 스스로 보조와 수리 작업을 수행한다.

b) 폐기물(에너지, 물질)을 활용한다.

사례: 섬유판 제조 시 폐수는 정수 작업을 거쳐 다시 사용되며 찌꺼기는 섬유 펄프로 사용한다.

26 복제 : Copy

a) 어렵고 복잡하고 비싸고 불편하고 부서지기 쉬운 물체 대신 단순하고 저렴한 복제물을 사용한다.

b) 물체나 시스템을 광학적 복제물(모형)로 대체한다. 이때 크기 변화를 활용한다(복제물의 확대 혹은 축소).

사례: 위험한 공사장에서 안전요원 대신에 사람 모형을 활용한다.

27 일회용품 (비싸고 긴 수명 대신 값싼 일회용품): Cheap short-living objects

값비싼 물체를 가격이 저렴한 물체로 대체한다. 이때 몇 가지 성질을 포기한다(예를 들면 긴 수명).

사례: 일회용 주사기, 일회용 식기, 일회용 온도기 등.

28 기계 시스템의 대체: Mechanics substitution/Another Sense

a) 기계적 구조를 광학적, 음향적 혹은 후각적 구조로 대체한다.

b) 물체와의 상호 작용을 위해 전기장, 자기장, 전자기장을 활용한다.

c) 고정된 장에서 움직이는 장으로, 시간적으로 고착된 것에서 변하는 것으로, 구조가 없는 것에서 일정의 구조를 갖춘 것으로 전환한다.

d) 강자성 입자와 결합한 장을 이용한다.

사례: 기계적 방법으로 나무를 자르는 대신 레이저를 이용한다. 이처럼 기술 시스템은 기계장을 이용하는 방법에서 소리장, 전기장, 자기장, 전자기장을 이용하는 방식으로 발전한다.

29 기체-액체 구조물 이용: Pneumatics and hydraulics

물체의 고체 부분 대신에 가스와 액체, 공기로 채운 것, 물로 채운 것, 에어쿠션, 유체역학, 하이드로 제트를 이용한다.

사례: 운동화 발뒤꿈치 바닥 재료를 에어쿠션을 사용하여 충격을 흡수하게 만든다.

30 유연한 얇은 막: Flexible shell and thin film

a) 평범한 구조물 대신에 유연한 막과 박막을 사용한다.

b) 물체를 유연한 막과 박막을 이용해 외부환경으로부터 격리시킨다.

사례: 마트에서 파는 삼각 김밥은 김과 밥 사이에 얇은 비닐로 수분 이동을 차단하여 김이 오랫동안 바삭바삭하게 보관될 수 있다.

31 다공성 물질 : Porous materials

a) 물체를 다공성으로 만들거나 추가 다공성 요소(삽입물, 코팅 등)를 이용한다.

b) 물체가 이미 다공성일 경우 구멍에 어떤 물질로 채운다.

사례: 숯과 같은 다공성 물질을 사용하면 냄새 분자를 많이 흡착시킬 수 있어서 효과가 좋다.

32 색상 변경 : Colour changes

a) 물체의 색깔이나 외부환경의 색상을 변화시킨다.

b) 물체의 투명도나 외부환경의 투명도를 변화시킨다.

c) 관찰하기 어려운 물체나 공정을 관찰하기 위해 유색 첨가제를 사용한다.

d) 첨가제를 이미 사용하고 있다면 발광 물질을 이용한다.

사례: 온도에 따라 색상이 변하는 물질을 통해 온도 변화를 쉽게 알 수 있다. 특정 성분과 반응하여 색상이 변하는 물질을 활용하여 질병을 쉽게 진단하는 방법이 활용되고 있다. 자동차 운전사는 백미러를 통해 들어오는 다른 자동차의 헤드라이트 때문에 눈이 안 보일 수 있다. 그때문에 필요할 경우 운전자가 보내는 전기 신호가 작동하면 유리가 투명하지 않게 변하도록 만들었다.

33 동질성 : Homogeneity

대상 물체와 상호 관계를 맺고 있는 물체들을 같은 재료로 만든다(혹은 대상 물체와 특성이 유사한 재료).

사례: 주조로 제품을 만들 때 수축되는 부분을 보상하기 위해 주형을 제품과 같은 재료로 만든다.

34 폐기 및 재생 : Discarding and recovering

a) 물체의 어느 부분이 자신의 기능을 완료했거나 더 이상 필요가 없을 때 작업 과정에서 폐기하거나(용해, 증발 등) 다른 형태로 변화시킨다.

b) 소모된 부분을 작업 과정에서 재생시킨다.

사례: 우주로 로켓을 발사할 때 센서 장비들에 영향을 주지 않기 위해 폼 플라스틱 안에 장착되어 있다. 이것은 완충제 역할을 마친 후 우주에서 증발한다.
부품 내부의 블라스팅(Blasting) 작업에 모래 대신 드라이아이스 입자를 사용한다. 드라이아이스는 작업이 완료된 후 증발해서 기계를 더럽히지 않는다.

35 물리-화학 특성 변화(속성 변경): Parameter changes

a) 물질의 상태를 변화시킨다(고체-액체-기체의 변화뿐만 아니라 의사 상태(Pseudo-state)도 포함).
b) 농도 혹은 밀도를 바꾼다.
c) 탄성 정도를 바꾼다.
d) 온도를 바꾼다.
사례: 작은 통에 부탄가스를 많이 저장하기 위해서 가스를 액화시켜 주입한다.

36 상전이 : Phase transition

상전이 시에 발생하는 현상을 이용한다. 예를 들면 부피 변화, 열 발생, 열 흡수 등을 이용한다.
사례: 냉장고에서 온도를 내리는 방법으로 프레온 가스를 액화시켰다가 증발시킨다. 상변화 시 주위의 열을 빼앗아 가기 때문에 냉장고 안의 온도를 내리게 된다.

37 열팽창: Thermal expansion

a) 재료의 열팽창(혹은 수축)을 이용한다.
b) 다양한 열팽창 계수를 가진 재료들을 이용한다.
사례: 열팽창 계수가 다른 두 가지 재료를 부착한 바이메탈을 가열하면 구부러진다. 이것은 특정 온도에 이르면 자동으로 꺼지는 커피포트같이 전원을 자동으로 끊는 데에 이용된다.

38 강 산화제 : Strong oxidants

a) 일반 공기를 농축 공기로 바꾼다.
b) 농축 공기를 산소로 바꾼다.
c) 이온 방사를 이용해 공기나 산소와 상호 작용한다.
d) 오존(이온화)화된 산소를 오존으로 바꾼다.
사례: 곡물 소독제로 오존을 사용한다.
계란의 표면에 보호막을 만들기 위해 파라핀 용액에 넣은 다음 오존으로 처리한다. 그러면 오랫동안 보존할 수 있다.

㊴ 불활성 환경: Inert atmosphere

a) 일반적 환경을 불활성으로 대체한다.

b) 진공에서 공정을 진행한다.

사례: 백열전구의 필라멘트를 보호하기 위해 진공을 만들고 유리로 산소를 차단한다. 과자를 오래 보관하기 위해 포장지 안에 질소를 넣는다.

㊵ 복합재료 : Composite materials

동질 재료를 복합재료로 바꾼다.

사례: 강철 케이블은 무거운 무게와 부식성이 있어 심해 작업에 적합하지 않다. 폴리에스터와 케블라를 혼합한 복합재료로 만든 케이블은 강도가 높고 부식에 강하며 가볍다.

하위시스템 불균질 진화 법칙은 시스템이 발전하며 자주 발생하는 현상이다. 어떤 특성을 개선하고 나면 시스템 구성요소의 불 균일적 발전으로 다른 특성도 개선해야 하는 문제가 발생하거나, 다른 특성이 나빠지는(기술적 모순) 문제가 발생하기도 한다. 따라서 한 가지 특성을 개선할 때 연구자들은 그 특성을 과장해서 심화시킨 상황을 가정해 보고 그것으로 말미암아 향후에 발생할 수 있는 문제가 무엇인지 생각해 보아야 한다. 미래에 발생할 수 있는 문제를 미리 파악해서 시스템의 요소들이 균일하게 발전할 수 있도록 개선해야 한다.

4.3.9 기술 시스템 진화 트렌드 8 – "하위시스템 불균일 진화법칙"(2)

기술 시스템이 발전하는 과정에서 발생하는 골치 아픈 문제는 시스템 요소가 불균형하게 발전하기 때문에 그들 사이에 갈등이 발생한다는 것이다. 이러한 갈등을 트리즈에서는 모순이라고 부르고 모순을 해결하는 방법을 연구하여 창의적으로 아이디어를 만들어 내는 방법을 찾아냈다.

① 모순 – 하나의 특성을 개선하면 다른 특성이 나빠지는 경우

자동차에 있어서 중요한 특성 파라미터 중 하나로 가속 성능 즉 제로-백(0~100 km/h)이라는 것이 있다. 멈춘 상태에서 100 km/h의 속도에 도달하는 시간을 제로-백이라 한다. 보통 일반적인 차량은 제로-백이 10초 내외이다. 사람들이 가속 성능이 높은 자동차를 선호하기 때문에 자동차 회사는 제로-백을 줄이기 위해 다양한 노력을 기울이고 있다. 다양한 방법이 있지만, 그중 한 가지 방법은 엔진 배기량을 늘리는 것이다. 그런데 가속 성능(제로-백) 높이기 위해 엔진의 배기량을 늘리면 연비가 나빠지게 된다. 반대로 연비를 개선하기 위해 엔진의 배기량을 줄이면 제로-백이 커져서 가속 성능이 떨어지게 된다. 이러한 상황을 트리즈에서는 기술적 모순(Technical contradiction)이라 한다.

다시 말하면 시스템에서 하나의 특성을 개선하면 다른 특성이 나빠지는 상황이 발생하는 것이다(연비와 가속 능력이라는 두 가지 특성 파라미터가 충돌되어 한 가지를 개선하면 다른 특성이 나빠지는 경우).

기술 시스템에서의 문제뿐만 아니라 일상생활 속에서도 이런 모순적 상황에 부닥칠 때가 있다. 한국사회의 갈등 중 하나는 고부간의 갈등이다. 고부간의 갈등을 빚고 있는 가정의 남편은 심한 모순적 상황에 괴로워한다. 어머니 편을 들고 어머니를 기쁘게 해드리기 위해 노력하면 아내가 기분 나빠하고 아내 편을 들면 어머니께서 섭섭해하신다. 일상생활을 하며 부딪치는 복잡한 문제도 이처럼 하나의 특성을 좋게 만들 때 다른 특성이 나빠지는 기술적 모순의 문제들이 존재한다. 돈을 투자할 때 일반적으로 두 가지의 상품이 존재한다. 큰 위험이 있지만, 고수익을 가져다줄 상품(상품 A)과 안정적이지만 낮은 수익을 보장해 주는 상품(상품 B)이 그것이다. 내가 가지고 있는 돈을 상품 A에 투자하면 많은 돈을 벌 가능성이 있지만, 손실을 볼 위험이 있다. 하지만 상품 B에 투자한다면 위험은 없지만, 수익이 낮다. 이런 경우의 기술적 모순은 다음과 같이 묘사할 수 있다: 상품 A에 투자하면 고수익을 기대할 수 있지만 위험이 크고, 상품 B에 투자하면 위험이 작지만, 저수익을 얻는다. 기술적 모순은 우리가 A를 개선하고자 어느 방법(수단)을 선택하면 A라는 특성은 좋아지지만, B라는 다른 특성이 나빠지는 갈등적 상황으로 이해할 수 있다. 즉, 기술적 모순은 우리가 원하는 두 가지 특성이 서로 상충되어 어떤 선택을 해야 할지를 고민하게 만드는 문제이다. 이러한 기술적 모순을 가지고 있는 문제를 만나면 일반적으로 우리는 다음과 같은 선택을 하게 된다. 첫째, 한 가지 특성을 선택한다(다른 한 가지 특성은 포기). 둘째, 적당한 타협안을 선택한다. 즉 두 가지 특성을 적당히 만족시킬 수 있는 절충 값을 선택한다. 때로는 이러한 타협안 도출 방법을 최적화(Optimization)라고 부르기도 한다. 최적화란 설계변수를 합리적으로 결정하여 전체의 효율·성능·경제성 등을 최적화하는 것으로 정의할 수 있다. 즉 관심 대상 특성들이 선택된 평가 기준 하에서 최선의 균형을 갖도록 설계변수의 값을 결정하는 방법을 말한다. 최적화를 위한 다양한 방법론이 개발되어 있지만, 결과적으로 최적화란 효율이 가장 높은 타협안을 찾는 것을 의미한다. 트리즈에서는 모순을 해결하기 위해 타협안을 찾는 것 보다 두 가지 특성을 모두 만족시킬 수 있는 새로운 혁신적 방법을 발견하였다. 뛰어난 특허 분석을 통해 모순적 상황에서 두 가지 특성을 모두 개선할 수 있는 창의적 아이디어 도출 원리인 40가지 발명원리를 발견한 것이다.

② 40가지 발명원리 - 두 가지 특성을 모두 얻을 수 있는 창의적 문제해결 방법

앞의 자동차의 가속력과 연비와의 갈등 문제는 40가지 발명원리 중 1번 원리인 "분할(전체를 하나로 만들지 말고 나누어라)", 15번 원리 "역동성(상황에 맞게 변화되는 시스템으로 만들어라)"을 활용해 엔진을 6기통이나 8기통으로 만들어 가속 성능이 필요할 때는 전체 실린더를 작동시켜 가속 성능을 만들어 내고, 정속 주행을 할 때는 3~4개의 실린더에 연료를 분사시키지 않게 하여 실제로 3~4기통 엔진으로 운영하면 가속성과 연비를 모두 얻을 수 있다(실제로 일본 Honda사가 이런 개념으로 효율과 연비가 뛰어난 VCM(Variable Cylinder Management) 엔진을 개발해 특허를 냈다).

돛단배 시절 선원들의 주된 임무는 선장의 지시에 따라 돛의 방향을 바람에 맞게 움직이는 일이었다. 돛이 흰색으로 되어 있다 보니 선원들이 돛 앞에서 잘 보이기 위해 색깔이 진한 검은색 옷을 입고 작업을 하였다. 그런데 초기 배들이 안전하지 못해 선원들이 작업하다가 자주 바닷물에 빠지곤 했는데 검은색 옷을 입고 빠지면 잘 보이지 않아 구조하기 힘든 상황이 되었다. 이 문제를 해결하기 위해, 즉 돛 앞에서도 잘 보이고 바닷물 속에서도 잘 보이기 위해 40가지 발명원리 중 1번-"분할"을 이용하여 색깔을 검은색과 흰색으로 나누었다.

이처럼 40가지 발명원리는 기술 시스템을 발전시켜 나갈 때 발생하는 모순을 창의적으로 해결하는 뛰어난 전략이다. 우리가 다루는 시스템을 개선할 때 모순적 상황이 발생하면 다음의 40가지 발명원리를 잘 이용하여 문제를 창의적으로 해결해 보자.

[그림 4-49] 물에 빠진 선원을 잘 인식하기 위해 분할 원리를 적용된 사례

4.3.10 기술 시스템 진화 트렌드 9 - "미시수준으로 진화법칙"

모든 기술 시스템은 물질로 구성되어 있다.

시스템을 구성하는 물질들을 더 작은 미세 수준의 부품으로 바꾸면 기능이 더 효과적으로 구현되는 시스템으로 발전시킬 수 있다. 물질을 세부적으로 나눌 뿐만 아니라 고체에서 액체로, 액체에서 기체로 세분화시키면 다양하고 효율적인 컨트롤이 가능해져서 더 좋은 시스템으로 발전시킬 수 있다. 기술진화 법칙에서 중요한 위치를 차지하고 있는 "미시수준으로 진화법칙"에 대하여 알아보기로 한다.

기술 시스템은 단일계(Mono-system)에서 이중계(Bi-system)를 거쳐 다중계(Poly-system)로 진화한다. 기술 시스템 개발에 있어서 단순히 한 개의 부품을 크게 만드는 것보다도 이중(Bi), 삼중(Tri) 다중(Poly) 시스템으로 세분화하는 것이 기능을 효율적으로 수행하는 발전된 시스템이 된다. 비행기 발전과정에서 프로펠러 진화에 관한 예를 들어보자. 날개가 한 개로 된 프로펠러는 구조가 단순한 반면 큰 추진력을 전달할 수 없다. 그래서 경량 무인 비행기 외에는 사용되지 않는다. 이보다 발전된 이중(Bi)으로 된 프로펠러는 두 날개의 균형을 이룬다. 한 개의 날개보다 큰 동력을 전달할 수 있어 경비행기에 사용된다. 더 발전한 프로펠러는 3개 이상의 날개를 가진 다중(Poly) 날개 시스템이다. 복수의 날개로 구성된 프로펠러를 가진 비행기는 무거운 화물 운송이나 유인 비행기 등에 사용된다.

연필의 발전 역사를 살펴보아도 단일계, 이중계, 다중계 진화 과정을 살펴볼 수 있다. 초기 연필은 심지가 한 개인 단색 연필이었다. 발전된 2색 연필은 사용자가 편리하게 2종류의 색을 선택해서 사용할 수 있다. 다색 샤프펜슬에는 연필뿐 아니라 다색의 심지가 들어있어 복수의 색을 이용할 수 있다. 빨강, 녹색, 파란색을 가진 3색 카트리지의 잉크를 섞으면 색을 연속적으로 변화시킬 수 있다.

볼트나 너트를 조이는 데 사용되는 스패너와 돛단배의 발전사를 보아도 단일계, 이중계, 다중계의 진화 과정을 볼 수 있다.

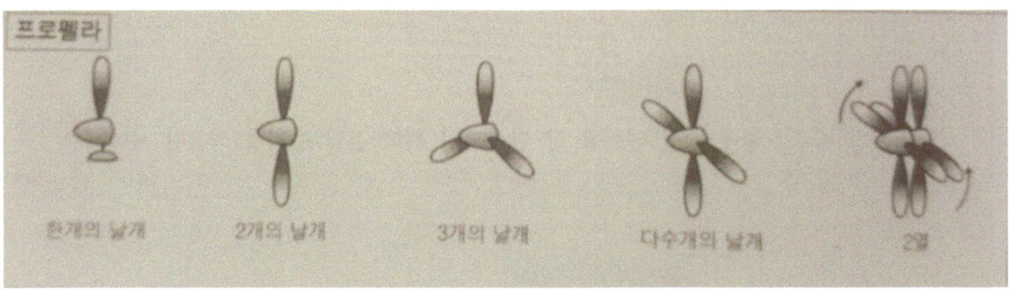

[그림 4-50] **프로펠러의 종류**

[그림 4-51] 스패너의 진화 과정

[그림 4-52] 돛단배의 진화과정

총의 개발사를 보더라도 유사한 발전과정을 볼 수 있다. 초기에 하나의 총알을 넣어 사용하는 시스템에서 두 개, 세 개의 총알을 넣어 사용할 수 있는 총이 개발되어 사용되었다.

시스템 구성물질이 세분된다 : 고체, 분말, 액체, 기체, 장

미시준으로 전이된다는 것은 시스템을 더 작은 부품들로 나눔으로써 개선되는 시스템을 말한다. 큰 고체 부품에서 작은 분말로 구성된 시스템을 거쳐 액체, 기체로 미세화된 시스템으로 발전해 나가다가 최종적으로는 전기장이나 자기장, 전자기장을 이용한 시스템으로 발전해 나간다. 예를 들어 물질을 자르는 절단 장비의 발전사를 살펴보자. 초기 절단 장비는 고체로 만든 톱이었다. 고체 절단 장비는 발전하여 고압의 물을 이용한 워터 제트 장비가 개발되어 사용되고 있다. 더 발전된 절단 장비는 플라스마(가스)를 이용한 절단기이고 가장 앞선 절단기는 레이저(전자기장)를 이용한 절단기로 현재 다양한 분야에서 사용되고 있다.

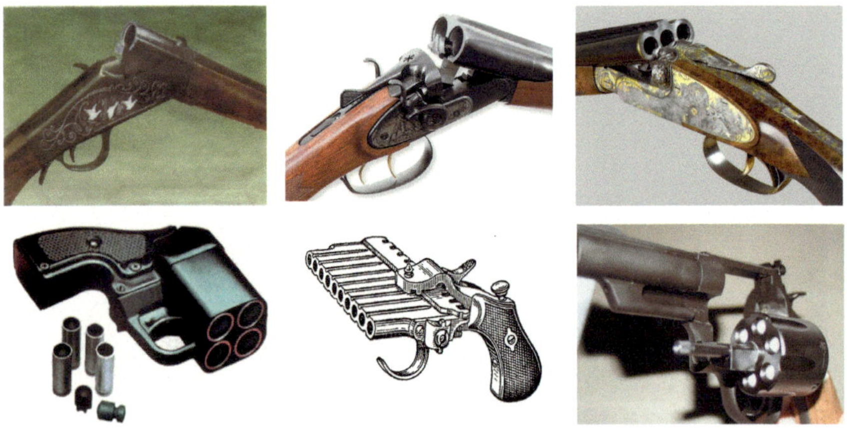

[그림 4-53] 총의 발전사

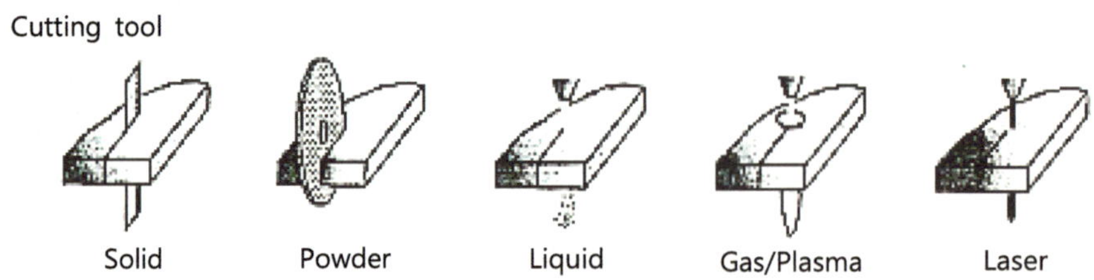

[그림 4-54] 절단기의 변천사

[그림 4-55] 유리가 롤러 위를 지나며 식혀지는 모습

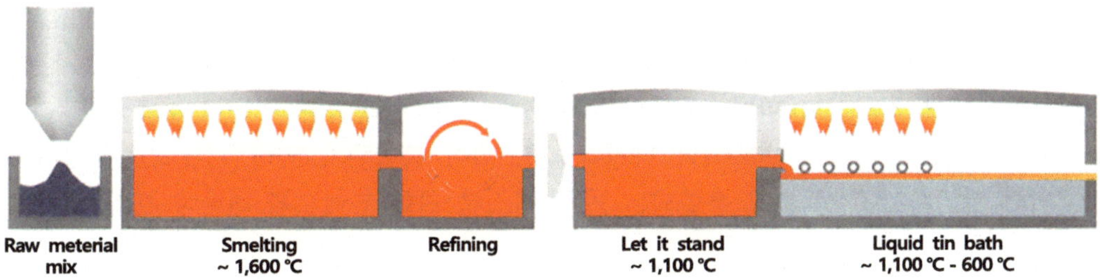

[그림 4-56] 액체주석을 사용해 평평한 유리를 만드는 시스템

프린터 역사를 살펴보면 유사한 경향을 볼 수 있다. 초기 프린터는 타자기 형태의 고체 부품을 사용하여 프린팅을 하였다. 더 발전된 프린터는 액체 잉크를 이용한 잉크젯 프린터가 개발되어 사용되었고, 최근에는 레이저를 활용한 레이저 프린터가 개발되어 사용되고 있다.

유리제조 공정 사례를 예로 들면, 초기 유리제조 공정에서 용융된 유리를 식히며 응고시키는 장치로 롤러를 사용하였다. [그림 4-55]

유동성을 가지고 있는 유리가 롤러 위를 지나며 식혀질 때 중력에 의해 롤러 사이의 공간으로 유리가 조금씩 휘어지게 된다. 이를 방지하기 위해 롤러를 작고 촘촘한 롤러로 발전시켜 사용하였다. 하지만 고체 롤러를 사용하여 유리를 식히는 공정에서 완벽히 평평한 평면 유리를 제조하는 것은 불가능하다. 새로운 기술이 개발되었는데 이것은 액체 주석을 사용하는 것이었다. 주석은 용융온도가 낮아(232℃) 액체 상태를 만들기 쉽고 밀도가 높아 유리를 위에 띄어 이동시키면서 매우 평평한 유리를 만들게 한다. 고체보다 액체를 사용하는 것이 훨씬 발전된 시스템이 된 것이다.

미시수준으로 진화법칙은 비 기술 분야인 비즈니스 영역에서도 유효하다. 고객에 민첩하게 대응하기 위해서, 또는 상품 개발을 신속하게 하려면 거대한 조직체를 작은 독립 조직으로 분할하는 것이 유리하다.

미시수준으로 진화법칙은 기술 시스템을 개선하려고 할 때 고려해야 하는 중요한 진화법칙이다. 현재 시스템의 현황을 파악한 후 부품을 미세 수준으로 바꾸게 되면 시스템의 효율이 훨씬 좋아진 발전된 시스템이 된다.

4.3.11 기술 시스템 진화 트렌드 10 – “상위시스템 전이/통합 법칙”

기술 시스템은 하나의 기능을 수행하기 위해 탄생한다. 시스템이 기능을 잘 수행하기 위해 개별적으로 발전해 가다가 상위시스템과 결합되는 방향으로 진화해 나간다. 시스템이 다른 시스템으로 들어가 전이되기도 하고 유사 시스템 또는 반대 시스템과 통합되어 발전하기도 한다. 통합되는 시스템의 숫자 측면에서 보면 이중, 삼중, 다중 시스템으로 다양하게 변화되어 나간다. 시스템이 복잡해지고 다 기능적으로 진화하기 위해 상위시스템 전이 및 통합되는 기술 시스템 진화 트렌드에 대하여 생각해 보자.

■ 대체 시스템의 결합(동질적 기능을 수행하는 시스템의 통합)

기술 시스템이 수행하고 있는 기능과 동일한 기능을 하는 다른 시스템을 통합시키면 두 시스템의 장점이 결합한 발전된 통합 시스템으로 발전시킬 수 있다. 예를 들면 평평한 금속판을 이동시키는 기계식 장비와 진공식 장비가 있다. 기계식 이동 장비는 구성이 매우 단순하고 경제적으로 운영할 수 있는 장점이 있지만, 금속판이 수평으로 공급되지 않으면 금속판을 초기에 들어 올릴 수 없어서 에러가 발생한다.

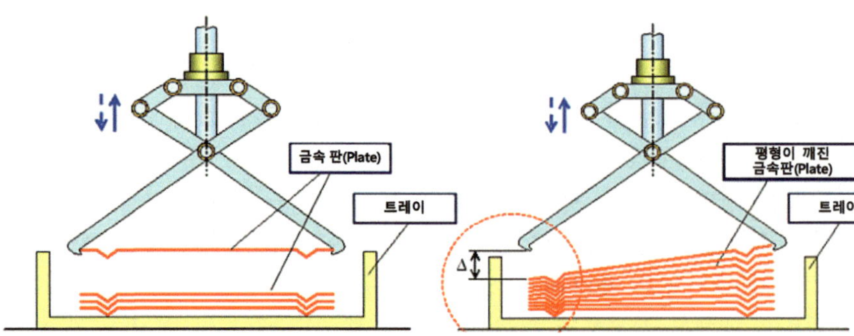

[그림 4-57] 기계식 이동장치

그런데 같은 기능을 하는 진공식 운송장비는 금속판이 기울어져 있어도 홀더 헤드가 움직이면서 판에 밀착되어 진공으로 금속판을 들어 올릴 수 있어서 편리하다. 하지만 들어 올려 이동할 때 진동이나 충격으로 진공이 깨져 중간에 떨어질 수 있는 단점이 있다.

금속판 이동 시스템을 발전시키는 전략은 같은 기능을 수행하는 두 시스템을 통합시키는 것이다. 두 시스템의 장점을 결합해 초기 금속판을 잡을 때는 진공 흡착을 이용하고, 그 후에는 기계적 방법으로 잡아서 이동시키면 매우 안정적인 이송 장비가 된다. 이러한 진화 트렌드를 대체 시스템의 결합이라고 부른다.

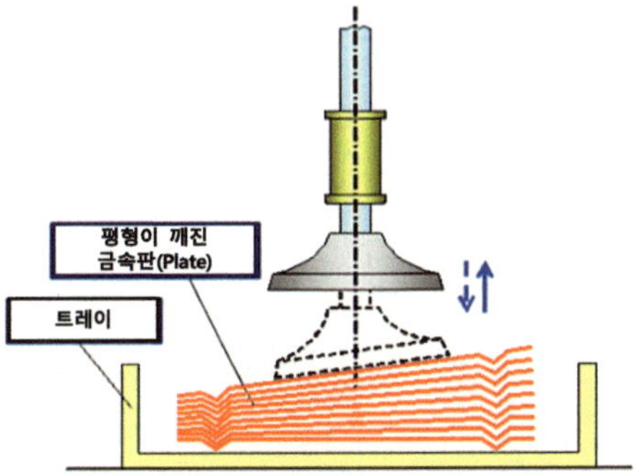

[그림 4-58] **진공식 이동장치**

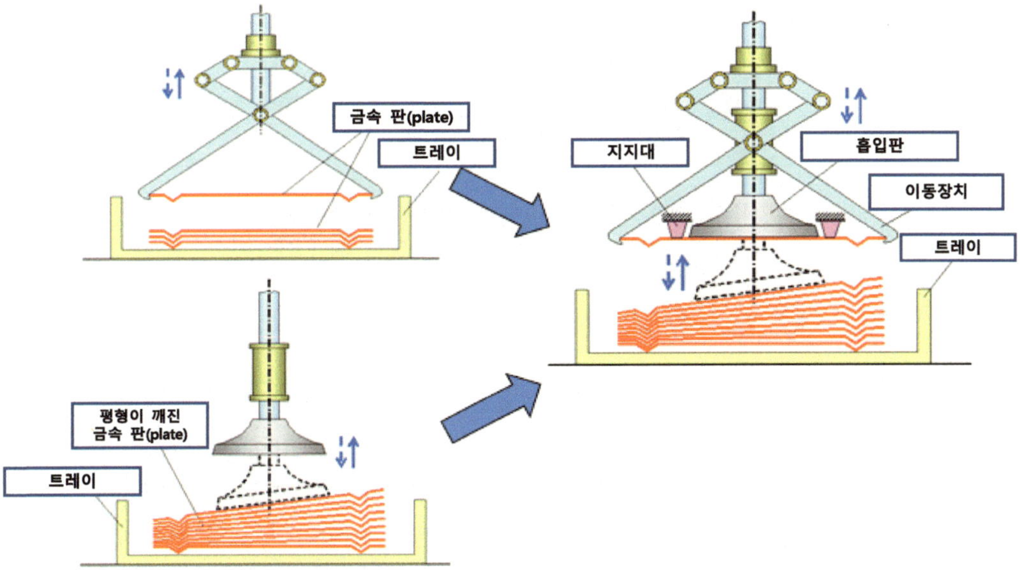

[그림 4-59] **대체 시스템의 결합 : 기계식 이송 시스템과 진공식 이송 시스템을 통합**

[그림 4-60] **태양광 패널과 풍력 발전기의 통합**

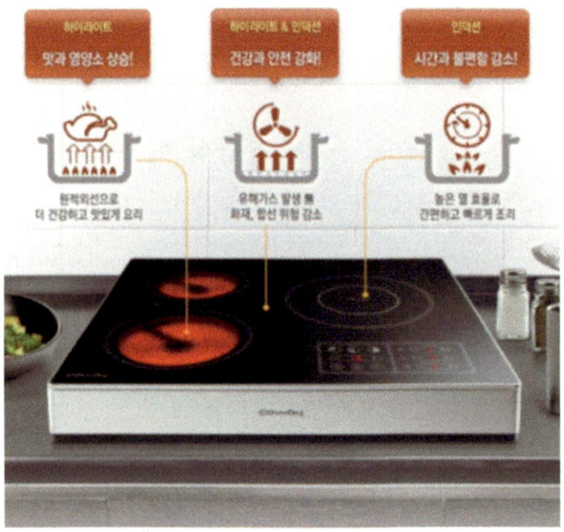

[그림 4-61] **인덕션 코일과 전열기를 통합시킨 주방 제품**

우리 주변에 유사 기능을 수행하는 대체 시스템을 결합하여 발전해 나가는 시스템들을 자주 볼 수 있다. 예를 들면 친환경 에너지를 만드는 태양광 패널은 햇빛이 많은 낮이나 맑은 날에는 좋지만, 밤이나 비가 오거나 구름이 낀 날은 에너지를 만들어 내지 못한다. 반면 풍력 발전기는 밤낮 가리지 않고 바람만 있으면 에너지를 만들어 낼 수 있지만 바람이 불지 않을 때는 아무 소용이 없다. 하지만 두 시스템을 통합시키면 기후에 덜 민감하게 친환경적으로 에너지를 만들어 내는 좋은 발전 시스템이 된다.

최근에 판매되는 주방 도구들이 이러한 트렌드를 잘 반영하고 있다. 음식물을 열을 가해 조리하는 전열기와 전자기파를 이용하는 인덕션 코일은 각각의 장단점을 가지고 있다. 인덕션 코일은 빠르게 가열하여 조리 시간을 줄여주고 에너지 효율이 높은 장점이 있지만, 용기가 금속이어야 하고 조리 시 일부 영양소가 파괴되는 단점이 있다. 반면 전열기는 음식 고유의 맛을 잘 살리며 영양소를 보호하며 조리할 수 있는 장점이 있지만 조리 시간이 상대적으로 오래 걸리고 에너지 효율이 낮은 단점이 있다. 두 시스템의 장점을 살릴 수 있는 통합 조리기가 개발되어 판매되고 있다.

■ 이질적 시스템의 결합(관련된 타 기능 시스템들의 통합)

시스템이 발전하는 과정에서 동일한 기능을 수행하는 대체 시스템과 결합하여 통합된 시스템으로 발전하는 트렌드가 있는가 하면 시간, 장소, 조건에 따라 필요로 하는 다른 기능을 수행하는 시스템들이 결합하여 통합된 시스템으로 발전하기도 한다. 스위스 칼을 간단한 예로 들 수 있다. 여행할 때 필요한 기능을 다 갖춘 다양한 도구를 통합시킨 시스템은 아주 편리하게 사용된다.

머리를 감을 때 같은 장소에서 필요한 연관 기능을 갖는 샴푸와 린스의 통합, 사무실에서 필요한 기능을 하는 복사기, 프린터, 팩스, 스캐너 등을 통합시킨 복합기도 대표적인 예라고 할 수 있다.

[그림 4-62] 스위스 칼 - 이질적 시스템의 결합

연관된 서로 다른 기능의 시스템을 통합시켜 제품개발에 성공한 가장 대표적인 예는 Apple 社의 아이팟(iPod)과 아이폰(iPhone)이라고 할 수 있다. 반도체에 노래를 저장하고 재생시키는 MP3 기술은 한국에서 개발되었다. 이 기술을 구입한 아이리버 社는 MP3 제품을 생산하여 초기 시장에서 크게 성공하여 미국까지 진출하였다. 시장이 커지자 최고의 반도체 기술과 전자제품개발 기술을 가지고 있는 삼성도 MP3 시장을 노리고 전략적으로 기획하여 삼성 옙(yepp)을 시장에 내놓았다. 하지만 음악을 재생하여 듣는 MP3 시장의 승자는 Apple 社가 만든 iPod이 되었다. iPod이 성공한 이유는 디자인적 요소를 비롯한 다양한 관점이 있지만 한 가지 중요한 성공 요인은 관련 기능을 갖는 타 시스템과의 통합에 있다. 스티브 잡스는 소리를 듣는 MP3기기에 시각적 영상을 보여주는 디스플레이를 결합시켰다. 하지만 더 중요한 통합은 음반 시장과 협약을 맺어 모든 노래를 플러그인하면 값싸고 쉽게 다운로드 받을 수 있는 인터넷 음반 포털 사이트 iTunes(아이튠스)를 만들어 통합시킨 것이다. 타 경쟁사들이 단순히 MP3 기기 자체만 개발하여 발전시켜 나가고자 노력했는데 스티브 잡스는 MP3 기기가 필요로 하는 음악을 쉽게 다운로드 받을 수 있는 플랫폼인 iTunes를 만들어 MP3와 음악 시장을 통합시킨 것이다. MP3를 구입해 음악을 들으려는 사람들은 당연히 편리하고 값싸게 음악을 다운로드 받을 수 있는 iTunes에 접근이 가능한 iPod을 구입하였다. 스티브 잡스는 여기서 멈추지 않고 휴대폰과 인터넷을 결합시킨 iPhone을 개발하여 세상을 변화시켰다. 이러한 전략을 통해 발전한 애플社는 미국 상장회사로서 사상 최초로 시장가치 1조 달러를 달성하였다. 1976년 회사를 만든 지 42년 만에 이룬 대단한 업적이다.

서비스업에서도 연관 기능을 하는 서비스들을 통합하는 전략은 매우 유용하다. 과거 비행기 티켓, 숙박을 따로 운영하던 서비스를 통합하여 에어텔 사업으로 발전하였다. 은행, 보험, 펀드, 연금, 부동산 등을 결합시켜 개인의 금융 상태를 통합하여 관리하는 금융 서비스 애플리케이션 상품이 개발되어 유용하게 사용되고 있다.

■ 동일 시스템 또는 반대 시스템의 통합

기술 시스템은 개별적 발전을 하다가 주위에 있는 동일한 시스템들과 결합하여 효율적인 통합 시스템으로 발전하는 트렌드가 있다. 예를 들면 과거 TV 시청을 위해 집집마다 안테나를 설치해야 했다. 안테나가 개별적으로 발전하다가 통합되어 현재는 아파트 단지 또는 지역에 통합적으로 TV 방송과 영화 등을 서비스하는 케이블 TV 시스템으로 발전했다.

[그림 4-63] 동일 시스템의 통합: 개별 안테나가 통합되어 케이블 TV 시스템으로 발전

[그림 4-64] 반대 기능을 가진 시스템과의 통합

유사한 사례로 과거에는 가정에 공급하는 LPG 가스를 압력에 견디는 통에 넣어 개별적으로 공급하였다. 하지만 지금은 도시에서 통합적으로 가스를 공급하는 도시가스 통합 시스템으로 발전하여 운영하고 있다. 각 컴퓨터나 다양한 모바일 디바이스에 개별적으로 파일을 저장하면 매우 불편하다. 특히 파일을 수정한 후 저장할 때나 다른 디바이스에 저장된 파일을 불러내어 사용하여 저장할 때 서로 다른 디바이스에 있는 동일 이름의 파일과 혼동되어 문제가 될 수 있다. 하지만 가상공간에 파일을 통합적으로 저장하는 클라우드 시스템이 개발되어 파일을 통합하여 관리할 수 있어 매우 유용하게 사용되고 있다.

시스템이 주위 시스템과 결합되어 발전하는 또 다른 방법은 반대 기능을 하는 시스템과 통합하는 것이다. 예를 들면 글씨를 쓰는 연필은 쓴 글씨를 지우는 지우개와 통합되었다.

못을 박는 망치는 못을 빼는 장치와 통합되어 발전했고, 정수기는 냉수와 온수가 나오는 시스템으로 발전하였다. 시스템과 반대 기능을 갖는 시스템과의 통합은 기술 시스템이 발전해 나가는 또 하나의 진화 트렌드이다.

현대사회에서 통합은 시스템이 발전해 나가는 매우 중요한 발전 트렌드이다. 우리가 다루는 시스템을 동일한 기능을 하는 대체 시스템과 결합시키거나 관련된 기능을 하는 시스템과의 통합, 또는 반대 기능을 하는 시스템과 통합을 시도해 보면 진화된 좋은 시스템을 개발할 수 있다.

4.3.12 기술 시스템 진화 트렌드 11 – "연결성(Connectivity) 증가법칙"

인간이 필요로 하는 기능을 수행하기 위해 탄생한 기술 시스템은 이상성을 높이기 위해 끊임없이 진화한다. 시스템은 개별적 진화를 진행해 나가며 발전해 가다가 주위에 있는 다른 시스템들과 '연결'을 시도한다. 네트워킹을 통해 시스템은 다른 시스템과 유기적으로 연동되어 정보를 주고받을 수 있게 되고, 소프트웨어 기술과 접목되어 인간이 원하는 기능을 지능적으로 수행하는 단계로 진화한다. 연결성의 증가는 현대 기술 시스템 발전의 매우 중요한 트렌드이다.

■ 기계적 연결에서 전자기적 연결로 진화

기술 시스템에서 개별 요소들이 연결되는 이유는 요소 간 에너지가 전달되거나 정보가 전달되기 위한 것이다. 과거에 기술 시스템은 주로 에너지 전달을 목적으로 연결되었지만, 점차 정보를 교환하기 위한 연결로 진화한다. 그리고 연결 방법이 기계적 접촉을 통한 연결에서 전자기파를 이용한 무접촉 연결 방법으로 진화해 나간다. 에너지를 전달하기 위한 연결의 예로 스마트 폰 배터리 충전 기술을 생각해 보자. 과거 배터리는 전선을 연결하여 충전하였다. 기계적 연결을 통해 에너지가 전달되었지만, 현대는 전선을 연결하지 않고 전자기파를 활용한 무선 충전 시스템으로 발전하고 있다. 정보를 전달하기 위해 연결되는 시스템도 마찬가지로 기계적 연결에서 전자기적 연결로 진화되었다. 구리선을 연결하여 전화를 걸며 통화를 하던 시대에서 무선을 통한 스마트 폰 통화 시대로 발전하였다. 즉 기술 시스템은 기계적 연결시스템에서 전자기적 연결시스템으로 발전해 나간다.

■ 모든 것이 모든 것과 연결되는 IoE(Internet of everything) 시스템으로 진화

인터넷의 시초는 1969년 미 국방성의 ARPA(Advanced Research Project Agency)라고 하는 군사 과학 기술 연구하는 기관에서 연구원들이 실시간으로 정보 및 연구 결과를 공유하기 위해 만들어진 ARPANET이다. 연구원들 사이에 빠르게 결과를 공유하고 필요한 정보들을 실시간으로 연락하기 위해 만들어진 것이다. ARPANET의 핵심가치인 실시간 정보 교류 기능은 그러한 기능이 매우 요구되는 대학 및 연구소의 전문가들 사이로 퍼져나가기 시작했고 미국 전체의 연구기관을 연결하는 NSF(National Science Foundation) 네트워크망으로 발전해 가다가 모든 사람이 사용하는 인터넷의 형태가 되었다. 초기 인터넷은 구리선이나 광케이블을 통해 기계적으로 연결되어 사용되다가 스마트 폰을 이용해 무선으로 연결되어 편리하게 사용되고 있다.

인터넷은 먼저 사람과 사람을 연결시키는 시스템으로 발전하였다. 페이스북, 트위터, 카카오, 라인 등 각종 소셜네트워크(SNS) 시스템들이 등장하여 시간과 장소와 관계없이 사람과 사람들을 연결시키는 실시간 네트워킹 사회로 세상을 변화시켰다. 친구나 가족간에 대화를 나누고 사진이나 동영상을 주고받던 SNS는 공통의 관심사나 취미 또는 다양한 활동을 공유하고 나누는 소통의 도구로 사용되고 있다.

연결성은 사람과 사람을 연결하던 데서 발전하여 사람과 사물, 사물과 사물 즉 모든 것이 모든 것과 연결되는 초연결 시스템(Super-conectivity system)으로 진화하고 있다. 사물들에 센서가 부착되고 무선 인터넷에 연결되면서 새로운 서비스가 등장하고 있다. 냉장고에 센서가 부착되고 인터넷에 연결되면 필요한 음식이 부족한 것을 찾아서 스마트 폰으로 알려주거나 주위 상점으로 주문을 해줄 수 있다. 스마트 워치에 부착된 각종 센서가 사람의 건강 상태를 체크하여 내 스마트 폰에 정보를 알려 주거나 위급 시 병원이나 119로 연락을 하여 환자를 위험에서 구조할 수 있게 된다. 나이키에서 선보인 '나이키 플러스 런 클럽(Nike+Run Club, NRC)'은 사물과 스마트 폰, 다른 사람들, 전문가 등을 연결해 운동을 도와주는 초연결 시스템의 좋은 예가 될 수 있다. 나이키는 운동화에 장착하거나 손목에 착용하는 센서를 이용하여(또는 애플의 스마트 워치를 이용한 연동 시스템) 운동 정보를 스마트 폰으로 보내 앱으로 관리하고 전문가와 연결하여 조언을 해주는 시스템을 구축하였다. 전문가의 코칭은 사람들이 현재 능력을 기반으로 운동의 최대 효과가 나도록 도와주고 있다. 또한, 운동을 좋아하는 다른 사람들과 연동해 정보를 공유하거나 같이 달리기를 하면서 동기 부여를 받을 수 있는 소셜 네트워킹 역할을 하기도 한다.

최근 유행하는 스마트 홈 시스템 또한 가정에 있는 모든 시스템을 서로 연결하고 스마트 폰을 통해 사람과 연동하여 집 밖에 있으면서도 집에 있는 사물들을 제어할 수 있도록 도와준다. 실수로 가스 불을 끄지 않았을 경우 가스 센서가 가정에 있는 중앙 제어 시스템에 정보를 제공하면 중앙 제어 시스템은 무선 인터넷을 통해 스마트 폰으로 연락을 해서 주인이 앱을 통해 가스 스위치를 끌 수 있도록 주위에 있는 사물과 사물들이 사람과 연결되고 제어될 수 있는 시스템이다. GE는 비행기 엔진을 제작하면서 각 부품에 센서를 부착하여 정보가 본사 제어 시스템에 축척되게 하며 사전에 부품을 교환하거나 수리를 할 때 효율적으로 활용하고 있다. 나이키 독일 공장은 앱을 통해 신발의 모양, 색깔, 사이즈 등 개인이 맞춤형 주문을 하면 스마트 공장에 있는 각종 제조 장비로 정보가 전달되어 자동으로 신발이 제작되어 주문자에게 전달되는 시스템을 운영하고 있다. 이처럼 기술 시스템은 모든 것이 모든 것과 연결되는 방향으로 진화해 나가고 있다.

■ 자동차 연결성 증가 법칙 사례 - 커넥티드 카(Connected car)

미래 시스템들은 사람과 사람, 사물과 사물들을 실시간으로 연결하여 인간이 원하는 최상의 기능을 수행하는 방향으로 진화해 나간다. 우리 주위에 쉽게 접할 수 있고 진화가 빠르게 진행되는 자동차로 예를 들어 생각해 보자. 과거의 자동차는 독립적으로 이동 수단의 기능을 수행하는 시스템이었지만 주위에 있는 사물들, GPS, 인터넷 등과 연결되어 다양한 서비스를 제공하는 '커넥티드 카'로 진화되고 있다. 톨게이트에서 고속도로 이용료를 GPS 및 단말기를 연결하여 지불하는 차량-인프라 간 통신기술(Vehicle-to-infra: V2I)인 하이패스 시스템이 도입되어 유용하게 활용되고 있다. 이뿐만 아니라 도로 노면의 상태를 인식하여 자동차의 쇼바 상태를 바꾸어주는 시스템, 도로 표시판이나 도로에 그어져 있는 주행선을 인식하여 자동차가 속도를 조절하거나 차로 이탈을 하지 못하게 도와주기도 하고, 주위 차량이나 사람의 움직임을 보고 정지하거나 속도를 자동으로 낮추어 주는 운전 도움 시스템이 등장하고 있다. 앞차의 속도를 인식하고 연동하여 일정 거리를 두고 따라가는 능동 운행 시스템(ACS)이 개발되어 사용되고 있다.

그뿐만 아니라 자동차가 다른 자동차에 연결되어 정보를 주고받으며 운전자를 도와주는 차량 간 통신기술(Vehicle-to-vehicle: V2V)이 현재 활발히 개발되고 있다. V2V 기술개발을 통해 자동차가 실시간으로 주위에 있는 다른 자동차와 연결되어 정보를 주고받음으로써 도로 교통 상황을 파악하여 안전한 운행에 도움을 줄 수 있다. 예상치 못한 곳에서 다가오는 자동차를 감지하여 피할 수 있고 사고로 막힌 도로를 우회하여 다른 길로 목적지에 빠르게 도착할 수 있도록 도와줄 수 있다. 도로상에 있는 자동차들의 진행 경로를 파악하여 앞으로 예상되는 혼잡성을 파악하여 적절히 대응할 수 있도록 조언을 해줄 수도 있다. 궁극적으로는 V2I, V2V 기술과 인공지능이 연결되어 자동차가 스스로 알아서 목적지에 도달하는 무인 자동차 '스마트 카'로 발전할 것이다. 그때가 되면 자동차는 더 이상 단순한 운송 수단이 아니라 세상의 모든 것과 연결된 개인적 사무공간, 움직이는 주거 공간으로 개념이 바뀔 수 있다.

기술의 진화는 사물과 사물, 사람과 사람을 연결시키고 결국 모든 것이 모든 것과 연결되는 초연결사회로 만들고 있다. 작은 나비의 날갯짓이 만든 작은 바람이 태평양을 건너 태풍으로 변화된다는 '나비효과(Butterfly effect)'는 과거 작은 것이 큰 변화를 만들 수 있다는 상징적인 의미로 사용되었다. 하지만 기술이 모든 것을 모든 것과 연결시켜 작은 사건이 모든 것에 영향을 줄 수 있는 시대가 현실이 되어가고 있다. 모든 것과 모든 사람이 연결될 수 있는 세상으로 발전하도록 기술이 진화되고 있다. 싸이의 강남스타일 유튜브가 빨리도 세상에 전파되고 한국 가수 싸이가 월드 스타가 된 것도 이런 기술 진화로 현실이 된 나비효과 덕분이다. 기술 시스템을 다룰 때 어떻게 하면 주위에 있는 사물이나 인터넷에 연결하여 새로운 서비스를 창출할까 고민해야 한다.

4.3.13 기술 시스템 진화 트렌드 12 – "인간 관여 최소화 법칙"

기술 시스템은 인간이 필요한 기능을 수행하기 위해 태어나 효율을 높이기 위해 발전해 나간다. 시스템은 일차적으로 기능 수행 효율을 높이는 방향으로 발전하지만, 또 하나의 중요한 트렌드는 인간이 사용하기 편리한 방향으로 진화한다는 것이다. 편리함의 극치는 시스템이 스스로 인간이 원하는 것을 알아서 필요할 때 필요한 기능을 수행하는 것이다.

■ 최소의 에너지로 컨트롤 하는 시스템으로 발전

사람들은 편리성을 추구한다. 자동차 조향장치는 초기 기계식으로 만들어져 핸들을 돌리는 데 큰 힘이 필요했다. 핸들링하는 힘을 줄여주기 위해 전자식 핸들로 바뀌어 작은 힘을 가지고도 핸들을 돌릴 수 있도록 발전하였다. 이처럼 인간과 기계 사이에 제어를 도와주는 보조 인터페이스 장비가 개발되어 인간의 편리성을 돕는 방향으로 기술이 발전해 나간다. 건물 입구나 사무소 문(Door)들은 과거 수동식으로 되어 사람이 손으로 열거나 닫는 방식이었지만 현재는 사람이 접근하면 센서를 사용하여 인간의 접근을 인지하고 스스로 열리고 닫히는 방식으로 바뀌고 있다. 책을 읽는 것보다 누군가 읽어 주는 것이 에너지가 적게 들고 사람에게 편리하다. 최근에는 기사를 읽어 주거나 사람이 말을 하면 텍스트화시켜주는 로봇들이 인기를 끌고 있다. 인터넷에서 정보를 찾는 것도 사람들이 직접 타이핑을 하지 않고 시리, 빅스비, 구글 어시스턴트 등의 개발된 음성 서비스 프로그램을 편리하게 사용하고 있다.

기술 시스템들은 사람들이 손발로 제어를 하던 방식에서 쉽고 에너지가 적게 드는 목소리로 제어하는 시스템으로 발전하고 있다. 인간은 최소한의 에너지를 사용해서 편리하게 시스템을 사용하길 원한다. 발전하는 기술 시스템은 육체의 근육 에너지를 대신할 전자식 인터페이스가 제어장치에 결합이 되거나 사람이 사용하기 편리한 음성, 간단한 제스처, 시각/빛 등을 이용한 인터페이스 프로그램을 이용하는 방향으로 진화해 나간다.

■ 인간의 역할을 대신하는 스마트 제어 시스템

기술 시스템 구성요소는 크게 동력기관, 전달기관, 작동기관 그리고 제어기관으로 나눌 수 있다.

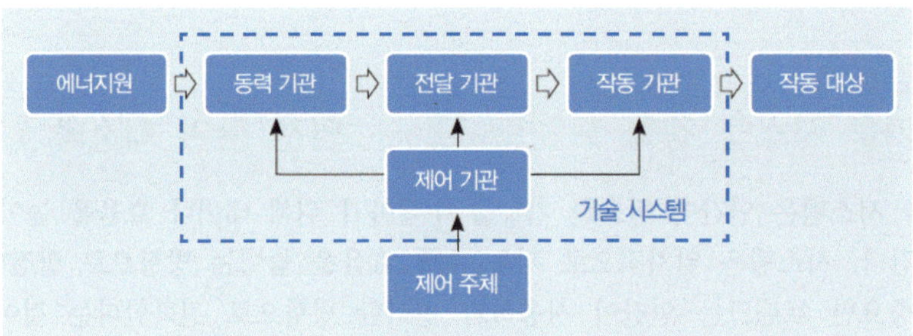

[그림 4-65] 기술 시스템의 구성요소

사람들은 필요한 기능을 대신에 해줄 작동기관을 만들었고 필요한 형태의 에너지를 만들어 작동기관에 공급해 줄 수 있는 동력기관과 전달기관을 만들어 사용하고 있다. 그리고 제어기관을 통해 기술 시스템을 제어한다. 기술이 발전하면서 기술 시스템을 구성하는 4개의 기관이 효율적으로 기능을 수행할 수 있도록 진화되어 간다.

이처럼 시스템 자체가 이상성이 증가하는 방향으로 발전해 나가는 것뿐만 아니라 제어기관을 통해 기술 시스템을 조정하는 방식도 발전해 나간다. 일반적으로 시스템의 초기 제어기관은 고정식이나 인간이 상황에 맞게 일일이 조정을 해야 하는 수동식이었다. 하지만 상황에 맞추어 인간의 개입을 최소화하는 능동제어 시스템으로 진화한다. 자동차의 변속기 발전을 보면 수동 변속기에서 자동변속기로 바뀌어 온 것을 알 수 있다. 속도에 맞추어 자동으로 변속되는 자동변속기 시스템은 더 발전하여 주위 상황에 맞추어 능동적으로 대처해서 기어와 브레이크 시스템을 제어하는 스마트 능동 시스템으로 발전하고 있다. 능동제어를 위해서는 주위 상황을 인지하거나 정보를 수집할 수 있는 센서

기술이 필요하다. 예를 들면 사람이 접근하면 자동으로 열리는 문은 사람의 접근을 인식할 수 있는 적외선 센서가 부착되어 있다. 방안의 온도를 자동으로 제어하기 위해서 방 온도를 측정할 수 있는 온도 센서(온도계)가 부착되어 있어 온도를 피드백 받아 설정한 값으로 조정한다. 시스템은 주위 환경이나 상위시스템 정보를 얻기 위해 센서가 결합되는 방향으로 진화해 나간다.

물리적인 파라미터가 아니라 인간의 성향에 관한 소비 패턴, 사회적 트렌드를 이해하기 위해서는 인터넷이나 소셜 미디어 등에 존재하는 비정형 정보를 분석하여 필요한 정보를 추출하는 데이터 마이닝 기술, 빅데이터 분석기술이 발전하고 있다. GPS 기반으로 사람들이 자주 방문하는 장소, 카드 결제 장소 등을 이용한 사람들을 행동 양식, 소비 패턴, 관심 분야 등을 분석해 낸다.

센서를 통해 수집한 정보나 데이터 마이닝, 빅데이터 분석 자료를 가지고 사람이 판단하고 결정하는 방식을 배우는 인공지능(AI) 기술의 발전은 기술 시스템 발전의 새로운 전기를 마련하고 있다. 인간이 할 수 있는 사고, 학습, 자기계발 등을 컴퓨터가 할 수 있도록 하는 방법을 연구하는 컴퓨터 공학 및 정보기술의 한 분야로서, 컴퓨터가 인간의 지능적인 행동을 모방할 수 있도록 하는 것을 인공지능이라 말하고 있다. 기계어를 통한 딥러닝을 통해 인간의 사고를 배우는 인공지능 기술의 발전으로 제어기관을 통해 인간이 기계를 조정하던 수고를 인공지능이 대신하여 수행하는 시스템으로 발전하고 있는 것이 새로운 진화 패턴이다. 초기에는 얻어진 정보에 따라 정해진 패턴대로 제어하는 단순한 제어였으나 많은 정보를 기반으로 학습을 통해 인간 행동 패턴을 이해하고 인간이 원하는 결과를 도출하는 인공지능이 인간을 대신해 제어하는 방식으로 발전하고 있다. 현재 인간의 개입을 최소화한 시스템의 상징적인 예는 자율주행차라고 할 수 있다. 자율 자동차는 거리의 복잡한 상황에 대한 정보를 읽어내고 인간처럼 올바로 판단하고 결정하여 스스로 이동한다. 탑승한 사람은 운전하는 수고에서 벗어나 자신이 원하는 것을 하면서 편안하게 목적지에 도달할 수 있다. 이처럼 기술 시스템은 인간의 개입을 최소화하는 방향으로 발전해 나가고 있다.

■ 인간의 관여를 최소화하는 에너지 공급 시스템

인간의 개입을 최소화하는 시스템으로 발전하기 위해서는 인공지능이 제어하는 것 외에 에너지를 환경이나 상위시스템에서 얻을 수 있는 시스템으로 발전해 나가야 한다. 현재 에너지원으로 주로 사용되고 있는 것은 화석연료 및 전기이다. 화석연료는 공간을 차지하는 물질이라 전기보다 간편하게 공급받는 과정이 상대적으로 어렵고 환경오염 문제도 야기시켜 점차 사용이 줄어들 것이다. 하지만 인간이 화석연료 사용을 포기하지 않는다면 연료 공급 시스템도 스마트화되어 인간의 관여 없이 스스로 진행하는 체계로 바뀌어 나갈 것이다.

전기에너지는 환경적으로 깨끗하고 최근 무선으로 전기에너지를 전달하고 충전하는 기술이 빠르게 개발되고 있다. 모빌리티 시스템의 에너지 공급은 앞으로 커넥터를 연결해야 하는 복잡한 절차 없이 무선으로 전기를 충전하여 사용하는 방향으로 발전해 나갈 것이다. 자동차는 환경문제 이슈뿐 아니라 인간의 관여를 최소화하는 법칙에 따라 에너지 공급이 편리한 전기 자동차로 변화할 것이고, 지금처럼 "플러그인" 충전 방식에서 주차장 바닥에 인덕션 코일을 설치하여 주차 시간 동안에 저절로 충전되는 시스템으로 발전해 나갈 것으로 전망된다. 기술 시스템 에너지 공급 과정에서 인간의 관여를 최소화하기 위한 무선 충전 기술은 매우 중요한 기술로 개발되어야 한다.

동력기관에 인간의 관여를 최소화하며 에너지를 공급하는 방법은 주위 환경에서 에너지를 공급받는 시스템으로 발전하는 것이다. 손목시계의 예를 들면 사람이 손목에 차고 움직이는 운동에너지를 활용하여 필요한 에너지를 만들어 내는 오토메틱 무브먼트 시계가 있다. 태양광 패널을 시계 계기판에 설치해 주위에 있는 햇빛을 받아 에너지를 만들어 사용하는 시계도 있다. 태양광, 풍력처럼 환경에서 필요한 에너지를 공급받는 시스템으로 기술 시스템은 진화를 해나갈 것이다. 신 재생 에너지 분야도 기술 시스템 발전에 매우 중요한 분야이다.

인간의 관여를 줄여가는 방향으로의 진화는 다양한 분야로 확대될 것이다. 집에 일어날 변화에 대해 예를 들어보자. 사람들은 가정에 필요한 채소 등과 같은 식재료, 세탁 관련 용품, 휴지 등 다양한 물건들을 주기적으로 구매하여 사용하고 있다. 현재는 물건이 떨어지면 상점에 가던가, 인터넷 주문을 통해 물건을 구매하고 있다. 물건이 떨어진 것을 모르고 있다가 뒤늦게 구매하느라 어려움을 겪는 일도 있을 수 있다. 하지만 앞으로는 가정에 각종 센서가 부착되어 상황을 분석하고 판단하여 주인의 관여 없이 스스로 주문하고 상점에서 배달받아 공급받는 홈 시스템으로 발전해 나갈 것이다. 기술 시스템은 큰 틀에서 이상성 증가와 인간의 관여를 최소화 하는 방향으로 발전하고 있다. 인공지능의 발전은 인간의 관여를 최소화하고 시스템이 필요한 기능을 직접 수행하는 방향으로 기술 시스템 발전에 크게 기여할 것이다. 이러한 ICT software 융합 기술은 4차 산업의 핵심분야로 현재 빠르게 적용되어 스마트 공장이 확대되고 있고, 인간이 하던 많은 일이 인공지능으로 대체되고 있다.

4.4 미래예측

4.4.1 사회 진화 트렌드 분석

기술의 발전으로 세상에는 계속해서 새로운 제품이 등장하고 있다. 하지만 기술적으로 뛰어난 제품이 세상에서 항상 성공하는 것만은 아니다. 기술이 발전되는 것 외에 또 하나의 중요한 사항은 인간의 선택을 받아야 한다는 것이다(시장의 선택을 받아야 한다). 즉 사람들의 니즈와 사회의 변화에 맞는 제품을 만들어야 한다는 것이다. 이를 위해 연구자는 연구 초기부터 기술적 측면과 함께 사회 변화의 트렌드를 인지하고 올바른 방향으로 R&D 전략을 수립해야 한다.

기술 시스템의 발전에 영향을 주는 여러 가지 환경적 측면을 연구하는 방법은 “상위시스템 트렌드 분석” 연구이다. 시스템에 영향을 주는 상위시스템 핵심 변수를 찾아내고 변수 간에 다양한 상관관계를 파악하는 것이다. 하지만 사회 변화 트렌드를 정확하게 계량화하는 것이 쉽지 않다. 현재 “퓨처스 휠”, “텍스트 마이닝 기법”, “빅데이터 기법” 등 다양한 방법으로 상위시스템 트렌드 및 상관관계를 분석하는 방법들이 제안되고 활용되고 있지만 이러한 방법들은 많은 신뢰할 만한 데이터 확보, 통계 및 전산 능력, 시간 및 경제적 부담 등 개개인의 연구자가 R&D 전략을 수립하는 데 활용하기에는 어려움이 있다. 또한, 상위시스템 요소들은 매우 빠르게 변화되고 있어서 기존에 알려진 영향 요인을 항상 새롭게 업그레이드시켜야 한다는 제약이 있다. 따라서 본서에서는 R&D 연구에서 반드시 고려해야 하는 최소한의 요인을 선정하고, 일반적인 연구자가 특별한 도구 없이 실용적으로 활용할 수 있는 STEEP 분석 방법을 소개한다.

STEEP 분석은 사회(Social), 기술(Technological), 경제(Economical), 환경(Environmental), 정치(Political)의 첫 글자를 따서 만든 것으로 연구자가 연구 주제를 둘러싼 거시적인 외부환경(Super system) 변화를 분석하는 방법론이다. 앞에서 기술진화 법칙 연구는 기술발전 트렌드를 구체적으로 분석하였다면 STEEP에서 기술은 상위시스템적 거시적 측면에서 기술 및 연구 동향, 변화의 흐름 등을 파악해서 활용하는 것이다. STEEP 각 요소를 개괄적으로 설명하면 다음과 같다.

① 사회(Social) : 기본적으로 인간과 관련된 이슈를 다루는 것으로 R&D 주제와 관련된 사회의 특징을 분석한다. 예를 들어 인구변화, 문화적 가치/태도, 관습, 교육수준, 소비자 행동 양식 등을 포함한다. 사회를 구성하는 핵심 요소는 인간이다. 미래에 인구가 어떻게 변화될 것인가는 미래제품 구매력을 파악하는 핵심 요소이다. 현대사회는 고령화, 출생률의 저하, 솔로(Solo)족 등장 등 극심한 변화를 맞고 있다. 인구변화 및 사회적

동향은 제품개발 성공을 좌우할 수 있는 매우 중요한 파라미터로 세심한 분석이 필요하고 미래 제품개발에 반드시 고려해야 할 핵심 요소이다.

② 기술(Technological) : 현재 우리 사회의 변화를 논할 때 빠지지 않은 단어가 '4차 산업혁명'이란 단어이다. 기술은 산업혁명 이후 사회 발전의 핵심 동인의 역할을 하고 있다. 현재 4차 산업혁명을 주도하고 있는 인공지능, 빅데이터, IoT, 초연결성, 로봇, 나노기술 등은 새로운 형태의 생산 및 소비 양식을 만들어 내며, 이를 통해 우리가 사는 세상을 근본적으로 바꿀 것이다. 미래의 제품들은 이러한 기술 환경에 따라 영향을 받고 스마트하게 변화될 것이다. 우리를 둘러싸고 있는 기술 환경을 이해하고 새로운 기술을 접목시킨 발전된 제품 전략을 수립하는 것은 매우 중요하다.

③ 경제(Economical) : 경제란 사회 내에서 자원의 배분과 관련된 제반 활동을 포함한다. R&D와 관련된 중요 경제 지표들, 예를 들면 국민총생산(GNP), 임금, 이자율, 환율, 부채 및 소비 패턴 등의 분석을 진행한다. 경제 요소는 즉각적으로 시장에 영향을 미치고 사람들의 경제활동에 변화를 만들어 낸다. 임금, 이자율, 환율 등이 국가 경제 및 개인의 삶에 어떤 영향을 미칠 것인지, 내가 개발하려는 제품 구매력에 어떤 영향을 끼칠 것인지에 대한 상관관계를 파악해야 한다.

④ 환경(Environmental) : 기술 시스템이 상호작용을 하는 물리적, 생물학적 환경으로 물, 대기, 토양, 식량, 에너지, 기후변화 등에 끼치는 영향을 분석해서 R&D 전략에 활용한다. 현재의 성장 위주의 경제활동은 결국 글로벌 환경을 유지하며 지속 가능한 발전 형태로 변화될 것이다. 환경문제는 현대사회에서 매우 민감한 분야이고 기후변화에 직접적인 영향을 미친다. 그래서 나라마다 각종 환경 규제법을 만들어 친환경적인 제품을 만들도록 강요하고 있다. 단순히 최종 제품뿐 아니라 제품을 제조하는 과정에서도 유해 요소를 사용하면 제품을 판매할 수 없도록 미래 제품개발 전략에는 반드시 환경요소를 고려해야 한다.

⑤ 정치(Political) : 주로 정부의 역할과 관련된 정치적, 법적 환경에 관한 것으로 사회 구성원, 기업들의 활동을 규정하는 규칙, 제도 및 법에 관련된 항목을 분석하여 R&D 전략에 활용할 수 있도록 한다. 기술발전을 기반으로 하는 제품개발은 때로는 기술 자체보다 법적 규제 또는 사회적 요구 등 정치적 이슈에 의해 가속되기도 하고 개발이 좌절되기도 한다. 국가가 정치적으로 신기술을 장려하느냐 제제하느냐에 따라 제품개발의 속도뿐 아니라 성패를 좌우할 수 있다. 상위시스템 트렌드 분석은 다루는 주제를 둘러싼 거시적인 외부환경 변화에 대해 광범위하면서도 직관적인 이해를 가능하게 해

야 한다. 특히 중요한 것은 시간의 변화에 따른 트렌드 변화를 읽어내어 미래예측에 활용해야 한다는 것이다.

미래기술을 예측하고 R&D 전략을 수립하고자 할 때 기술적 측면과 사회적 측면을 고려해야 한다. 이를 위해 먼저 기술진화 법칙에 맞추어 제품을 어떻게 발전시켜 나가야 하는지 이해해야 한다. 앞에서 설명한 기술진화 트렌드를 정리하면 다음과 같다.

① **기술 시스템 S-곡선 발전 법칙**
② **시스템 완전성 법칙**
③ **에너지 전도성 법칙**
④ **리듬 조화 법칙**
⑤ **이상성 증가 법칙**
⑥ **동적 특성 증가 법칙**
⑦ **물질-장 상호작용 증가 법칙**
⑧ **하위시스템 불균일 진화 법칙**
⑨ **미시수준으로 진화 법칙**
⑩ **상위시스템 전이 법칙**
⑪ **연결성 증가 법칙**
⑫ **인간관여 최소화 법칙**

인간이 만든 제품들은 이러한 12가지 기술적 진화 패턴에 따라 발전해 나가는 것을 이해하게 되면 미래기술 개발 전략을 체계적으로 수립할 수 있다. 그리고 미래기술 개발 전략을 고려할 때 추가로 사회진화 트렌드를 고려해야 한다. 세상에 존재하는 제품이란 인간을 위해 만들어지는 것이기 때문에 사람들의 삶의 패턴이 어떻게 변화되는지 연구해야 한다. STEEP 방법을 활용하여 사회 변화 트렌드를 이해하고 각각의 트렌드를 제품개발에 적용할 때 성공적인 미래기술개발 전략을 수립할 수 있다.

Chapter 5.
진화하는 트리즈

5.1 한국의 트리즈 도입 및 확산 과정

트리즈가 국내에 최초로 도입된 시점은 국내 대기업인 LG전자로 1995년에 제휴 관계를 맺고 있던 필립스 유럽에서 소개를 받아 LG 생산기술원에 도입한 것이다. LG는 ㈜한국 ASI의 장기일 사장을 통해 트리즈 마스터인 지노비 로이젠(Zinovy Royzen)을 초청, 트리즈 기본 교육을 받았다. ㈜한국 ASI의 장기일 박사가 미국 ASI의 트리즈 프로그램을 LG전자 생산기술원에 1995년에 소개한 것으로 알려져 있다. 이후 LG전자에서 트리즈 방법론을 습득하기 위해 지노비 로이젠, 보리스 즐로틴, 알라 주스만을 초청하여 사내에서 트리즈 교육을 하였다. LG전자 생산기술원에서는 사내 문제해결 프로젝트로 "에어컨 소음 저감" 프로젝트를 수행하기 위해 팀을 구성하고 미국 II사에 파견하고 트리즈를 적용하여 아시아 최초의 성공사례를 창출하였으며 이를 계기로 지노비 로이젠 등 트리즈 전문가를 공식 채용하고 컨설턴트로 활용하였다. 이후 1997년 삼성종합기술원의 김익철(전 한국트리즈협회 회장)이 트리즈 방법론에 대한 보고서를 작성하여 내부 보고하였으나 삼성전자 내부에서는 그 가치를 높이 평가하지 않았다. 그러나 1998년 삼성SDI 사장이었던 삼성인력개발원의 손욱 원장은 트리즈의 가능성을 크게 보고 연구개발 생산성 향상수단으로 도입 및 추진하도록 하였다. 삼성SDI는 삼성전자와 공동으로 삼성SDS를 통해 미국 GEN3, 일본 미쯔비시연구소 등 트리즈 전문가들을 초청하여 삼성의 연구원들을 대상으로 트리즈 세미나 실시 및 트리즈 소프트웨어 도입을 추진하였으며 1999년 러시아 트리즈 전문가들을 채용하고 본격적인 트리즈 활동을 전개하였다.

동시기에 한국 SANNO와 한국 능률 협회 매니지먼트컨설팅(KMAC)이 일반인 대상으로 미국 II사의 보리스 즐로틴과 알라주스만 등을 초청하여 300여 명이 참석한 트리즈 세미나를 서울 롯데호텔에서 개최하였으나 민간기업의 호응도는 낮았다.

[그림 5-1] 한국트리즈협회 발기인 대회

[그림 5-2] **한국트리즈협회 국제트리즈협회(MATRIZ) 협약**

1999년 6월 트리즈에 대한 지식공유를 목적으로 한국 트리즈 연구회가 만들어져 원서를 번역 및 발표하는 등 활발하게 운영되었지만, 일반인들의 관심을 끌지는 못했다. 그러나 2002년 초 연구회 중심 인재들을 중심으로 산업통상자원부 산하로 (사) 한국트리즈협회가 출범하고 국제 트리즈 협회(MATRIZ)와의 업무협약을 하는 등 한국 트리즈를 대표하게 되었다.

2000년에 들어서면서 대기업인 삼성, LG, KT, POSCO 등에서 해외 트리즈 마스터와 국내 트리즈 전문가들의 활약에 힘입어 트리즈 적용을 통한 사내 문제해결에 효과를 보는 사례가 증가했고, 그 성공사례는 국내외 언론과 국제 트리즈 콘퍼런스 및 트리즈 저널을 통해 한국의 성공적인 트리즈 적용 상황이 국내외에 알려졌다. 특히 POSCO는 트리즈 전문가들의 오래된 문제점들을 해결하는데 감흥을 받아 사내 트리즈 대학을 설립하여 트리즈 교수를 채용 및 운영하면서 사내 문제들을 해결하는 데 크게 도움을 주었다. 삼성 강병선, 김익철, 김효준, LG 김영일, 박일우, 윤홍렬, 신정호 등 트리즈 업무를 전담했던 전문가들이 회사를 퇴직하고 트리즈 비즈니스로 창업했고 이들이 적극적으로 트리즈 이론 및 소프트웨어 판매와 함께 컨설팅 마케팅을 하면서 일반 중소기업과 대학을 중심으로 트리즈가 알려지고 확산되기 시작하였다.

2010년대에는 트리즈를 기업보다는 한국 공학 대학교, 아주대학교, 대진대학교, 중앙대학교, 경남대학교, 포항공대, KAIST, 부경대학교, 순천제일대학교 등 대학에서 관심을 갖고 적극적으로 도입하였다. 이는 대학의 공학교육 인증제도와 연계되고 대학 내에서 캡스톤 디자인 등 학생들의 창의적 설계에 대한 우수한 커리큘럼이 부족하던 차에 시기적으로 적절한 콘텐츠로 인정되었기 때문으로 판단된다. 특히 공대 교수들의 주도로 대학에 트리즈 소프트웨어 도입 및 학점 강좌까지 개설되었으며 성균관대학교, 한국 공학대학교, 선문대학교, 부경대학교, 전남대학교 등에서는 트리즈 석·박사 과정을 운영하기도 하였고 다수 인재가 배출되기도 하였다. 중소벤처기업부에서는 트리즈로 중소기업의 문제를 해결하는 정책 프로그램을 기획하여 운영하였고, 한국발명진흥회에서는 트리즈 교육과정을 온라인 아카데미 프로그램에 반영해 전 국민을 대상으로 교육하고 있다. 또한, 한국특허전략원과 한국발명진흥회는 IP-R&D, OPIS 등 트리즈를 활용한 차별화된 신제품 개발 방법론을 개발하여 중소기업의 문제해결 및 신제품 개발에 큰 효과를 제공하였고 정부도 이에 호응하여 관련 예산을 매년 지속 증액하고 있다. 한국발명진흥회에서 편찬한 IP 제품혁신매뉴얼은 특허를 활용한 신제품 개발의 혁신적인 방법을 제시하고 있다.

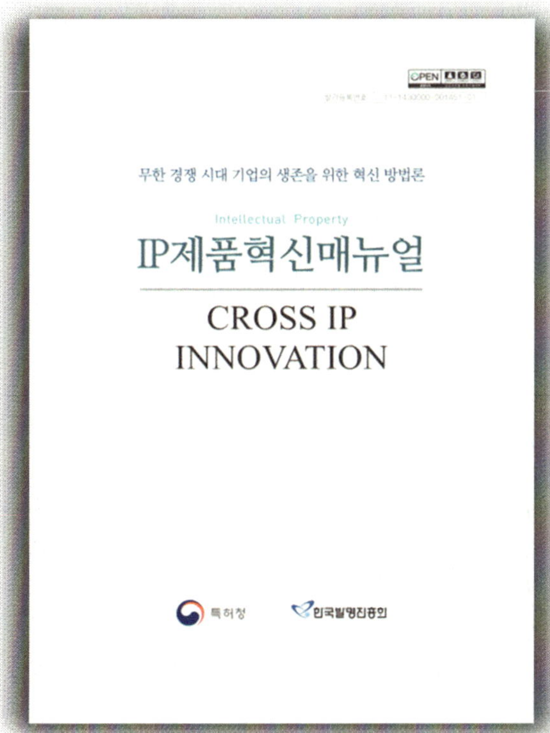

[그림 5-3] IP제품혁신 메뉴얼

트리즈에 대한 연구논문도 많이 발표되었다. 한지영의 연구에 의하면, 1998년부터 2013년도까지 총 15년간 학술지 149편(58.3%), 석사학위 논문 97편(37.8%), 박사학위 논문 10편(3.9%) 등 총 256편의 논문이 발표되었고 이는 지속해서 증가하고 있는 것으로 확인되었다.

[표 5-1] 트리즈 연관 논문 발표 상황(1998 ~ 2013) (단위 : number, %)

년도	학술지	석사학위논문	박사학위논문
1998	3(1.1)	3(1.1)	0(0)
1999	1(0.4)	0(0)	0(0)
2000	1(0.4)	1(0.4)	0(0)
2001	2(0.8)	1(0.4)	0(0)
2002	5(1.9)	1(0.4)	0(0)
2003	4(1.6)	0(0)	1(0.4)
2004	12(4.8)	3(1.1)	0(0)
2005	8(3.3)	4(1.6)	2(0.8)
2006	12(4.8)	9(3.5)	1(0.4)
2007	17(6.5)	9(3.5)	0(0)
2008	15(5.8)	8(3.3)	0(0)
2009	12(4.8)	14(5.4)	2(0.8)
2010	19(7.4)	7(2.6)	0(0)
2011	17(6.5)	12(4.8)	3(1.1)
2012	15(5.8)	10(3.9)	0(0)
2013	6(2.4)	15(5.8)	1(0.4)
계	149(58.3)	97(37.8)	10(3.9)

[표 5-2] Criteria for analysis of TRIZ research trend

발행 연도	트리즈 연구주제	연구방법	연구대상		
			교육과정영역	학문분야	적용대상
1998 ~ 2013	· 39가지 파라미터 · 모순 매트릭스 · 40가지 발명원리 · 물리적 모순(분리의 원리) · 물질 장 모델 · 이상성 · 자원 · 기술진화의 법칙 · 과학적 효과	· 실험연구 · 관찰연구 · 조사연구 · 사례연구 · 문헌연구 · 혼합연구	· 교과 · 비교과	· 기계공학 · 건축공학 · 전자공학 · 화학공학 · 산업공학 · 디자인 · 경영 · 교육 · 기타	· 초중고 · 대학 · 산업체

2020년대 들어서 트리즈는 기술 외 비 기술 분야 등 적용되는 산업 분야가 다양화하고 있고 방법론 측면에서 더욱 전문화 및 세분화하고 있다. 국내외의 트리즈 전문가들은 시장에서의 수요에 맞춰 그리고 각자의 경험을 기반으로 한 창의적인 트리즈 도구와 컨설팅 방법론들을 개발해 초등학교, 중학교, 고등학교 및 대학교와 일반인 그리고 기업에 문제 해결 방법인 트리즈를 알리고 적용하고 확산하는 데 기여하고 있다.

[표 5-3] **트리즈 활용 기업 및 기관**

분야	대상
기업	LG생산기술원(1995), 삼성SDI(1998), 삼성종합기술원(1999), 삼성전자(1999), 삼성전기(2001), LG전자, LG화학, 제일모직, 삼성건설, 삼성석유화학, 삼성정밀화학, POSCO, 하이닉스, 현대자동차, 농심, 현대 캐피털, KT, SKT, (주)만도, 현대모비스, 한라공조, RIST, 오킨스전자, 테크윙, 대림건설, 쎄믹스, 한도엔지니어링, 포엠주식회사 등
공공 기관	특허청, 환경부, 국가보훈처, 과학기술부, 제천시청, 서울시, 건설교통부, 생산기술연구원, 교육인적자원부, 관세청, 한국생산성본부, 한국환경산업기술원, 경남지식재산센터, 여수시테크니컬스쿨, 울산테크노파크, 중소벤처기업진흥공단, 청년창업사관학교 등
대학교	아주대학교, 부경대학교, 한국공학대학교, 고려대학교, 서울대학교, 한양대학교, 연세대학교, 제주대학교, 울산과학대학교, 창원대학교, 인하대학교, 전남대학교, 순천제일대학교, 영남이공대학교, 강릉원주대학교, 전주대학교, 두원공과대학교, 대진대학교, 광운대학교, 군산대학교, 우석대학교, 한림대학교, KAIST, 부산대학교, 동국대학교, 안동과학대학교, 경기대학교, 연암공과대학교, 충남대학교, 광주대학교, 금오공과대학교 등
고등 학교	부산영재고등학교, 서울과학고등학교, 서울공업고등학교, 서울도시과학기술고등학교, 부산관광고등학교 등

[표 5-4] 국내 트리즈 도입 현황(초기)

회사명	도입연도	현황	효과	성공 사례
LG전자	1996	구로연구소	연구개발 향상	세탁기 기술개발
삼성종합 기술원	1998	연구기획 산하	연구개발, 연구개발 프로세스 향상	고효율 PDP 셀 구조, Blue Laser 수명 항상
삼성전자	2000	사무국	연구개발 향상	DVD 광 픽업 냉장고 홈바 힌지구조 보르도 TV 신구조 Flash memory 반도체 플라스마 에칭 공정 개선
삼성전기	2001	6시그마 산하	연구개발 향상	LD 제조 생산성 액체 렌즈 MLCC 코팅 방법 개선
삼성SDI	2003	6시그마 산하	연구개발 향상	PDP 휘도 개선
LG 전자	2005	연구기획 산하	연구개발 향상	에어컨 소음 감소
LS 전선	2004	연구기획 산하	연구개발 향상	열 수축 파이프 고압애자 결속 기구
포항제철	2004	6시그마 산하	연구개발 향상	강괴 가스 절단
하이닉스	2006	6시그마 산하	연구개발 향상	반도체 제조공정 개선
만도기계	2006	6시그마 산하	-	-

[표 5-5] 국내 트리즈 활용 현황(초기)

기업명	시작연도	소속	활용 현황
삼성종합기술원	1998	기술기획	러시아 전문가 2명, 냉장고 도어 특허 회피 외
삼성전자	1999	사무국	러시아 전문가 1명, DVD pick up외
삼성전기	2001	6시그마	러시아 전문가 1명, LD 제조공정외
삼성SDI	2003	6시그마	러시아 전문가 1명, PDP 전극 구조외
삼성코닝	2005	6시그마	러시아 전문가 1명
포항제철	2004	6시그마	자체 육성 전문가
LG전자	2005	특허	러시아 전문가 1명
LS전선	2004	기술기획	자체 육성 전문가
하이닉스	2006	기술기획	자체 육성 전문가
만도기계	2005	기술기획	자체 육성 전문가(삼성전기 전문가)

5.2 국내외 트리즈 문제해결 방법론

트리즈는 'Theory of Inventive Problem Solving'을 의미하는 러시아의 첫 글자를 알파벳으로 바꾸어서 만든 약어로서, 러시아의 알트슐러(Genrich S. Altshuller)가 수많은 발명 특허를 조사하고 체계화함으로써 트리즈 이론을 집대성하였다. 알트슐러는 20만 건에 달하는 특허를 통계적으로 분석하였는데, 전혀 다른 분야나 시대의 특허에도 동일한 원리가 반복 사용되는 점에 착안하여, 문제해결 기법으로 활용할 수 있는 원칙을 도출하였다. 그 해결책의 힌트를 다른 분야의 기술에도 활용하면 효과적이라는 사실을 강조하였다.

트리즈는 문제를 해결하도록 돕는 시스템으로서 이 시스템의 구조는 이론적 핵심, 방법들과 알고리즘들을 포함하는 여러 수준으로 이루어져 있다. 트리즈는 철학, 자연과학 및 심리학 명제에 기반을 두고 트리즈의 방법이나 알고리즘의 이론적 기반을 이룬다.

트리즈 이론 및 방법론의 발전은 크게 트리즈 창시자인 알트슐러의 주도하에 트리즈의 가장 기본적인 이론과 방법론 및 도구들이 개발되어 온 1985년까지를 고전적 트리즈(Classical TRIZ) 시대로, 그 이후 알트슐러와 그의 제자들이 트리즈의 이론과 방법론을 더욱 세분화하고 고도화시킨 현대적 트리즈(Modern TRIZ) 시대로 구분하고 있다. Classical TRIZ의 개발은 알트슐러가 주도했지만, 라파엘 샤피로(Rafael B. Shapiro), 리트빈(Semyon S. Litvin), 게라시모프(Vladimir. M. Gerasimov), 유리 페드로비치 살라마토브(Yuri Petrovich Salamatov), 미칼로프(V. A. Mikhajlov), 포드카틸린(A. V. Podkatilin), 셀리여크즈키(A. B. Selyuczky), 샤라포프(M. I. Sharapov)), 알렉산더 나르붓(Alexander Narbut) 등 그의 제자와 동료들도 많은 공헌을 했다.

현대적 트리즈로서 컴퓨터 기반으로 ARIZ 등을 활용할 수 있도록 미국 II사의 보리스 즐로틴과 알라 주스만 주도하의 I-TRIZ, 인벤션 머신사의 Techoptimizer 및 Goldfire Innovator, 벨기에 CREAX등 소프트웨어 연계 문제해결 프로그램들이 개발되었다. 트리즈의 복잡성으로 인해 쉽게 적용이 어렵다는 시장의 요구에 맞춰 누구나 용이하게 접근하고 사용할 수 있도록 간소화한 방향으로 발전시킨 이스라엘 호로위츠의 SIT & AIST, 시카프스 박사의 USIT가 소개되었고 나아가 초등학생까지 이해할 수 있는 교육적인 시스템으로 구조화한 지노프키나 박사의 NFTM-TRIZ가 개발되었다. 그리고 하멩코의 OTSM-TRIZ, 이바노프의 ARIP, 스파코프스키의 AIPS, 알킨과 카플란의 GB-TRIZ, 린네의 WOIS-TRIZ 그리고 푸르신스키의 Hybrid-TRIZ 등 트리즈 마스터와 전문가들에 의하여 많은 방법론이 개발 및 소개되었다.

1990년대 이후에는 VE기법과 연계된 Trimming 기법이, 문제의 정의와 관련된

ISQ(Innovative Situation Questionnaire), 신뢰성 기법과 관련된 AFD(Anticipatory Failure Determination), 기술진화 법칙을 개선한 DPE(Directed Product Evolution), 문제의 유형을 현상으로 구분하고 각 현상별 표준해법을 정리한 System Operator 등의 기법이 개발되었다. 이들 Contemporary TRIZ의 개발에는 Invention Machine사와 Ideation International사의 트리즈 전문가들이 많은 관여를 했다. 또한, 지노비 로이젠(Zinovy Royzen), 니콜라이 하멩코(Nikolai Khomenko), 보리즈 즐로틴(Boris Zlotin) 등도 트리즈의 개선과 보급에 많은 기여를 했다.

한국은 사실 트리즈를 전 세계에서 가장 열정적으로 학습하고 적용하고 활용하고자 노력한 국가임에도 불구하고 고전적 트리즈 범위를 크게 벗어나지 못하고 내세울 만한 새롭고 효과적인 방법론을 개발해 내지 못하고 있다. 다만, 2010년대 들어서면서 삼성전자의 DAGEV, 한국표준협회의 K-TRIZ, SK하이닉스의 ADRIGE 등 민간기관 중심으로 자체 개발한 트리즈 문제해결 프로그램들이 도입되어 활용되었다. 특히 트리즈 이론에 특허정보의 고도화된 분석 및 활용기법을 적용하여 개발된 특허청 산하단체인 한국특허전략원의 IP-R&D 기법과 한국발명진흥회의 OPIS 방법론은 기업의 신제품 개발에서 그 효과를 입증한 방법론들로 인정되고 있다.

한국 트리즈의 중심으로서 트리즈 전문가로 포진된 (사)한국트리즈협회는 임원들을 중심으로 국내 트리즈 교육과 실무적인 적용 및 확산을 지원 및 주도하고 있다. 알트슐러의 트리즈 이론 및 방법론에 대하여 국내외 확산에 기여하고 있는 (사)한국트리즈협회는 자체적으로 개발한 XY-TRIZ 방법론을 개발하여 소개하였다. 이 방법론은 전국 각 대학에서 트리즈 문제해결 경진대회 등을 통해 활용되고 있다. 또한, 한국 공학 대학교의 고 이경원 교수와 함께 김익철 전 회장이 개발한 Quick-TRIZ, 김호종 이사는 대학과 기업 현장에서 가장 실무적으로 트리즈를 이해하고 적용하기 용이한 실용 트리즈를 개발하였고, 김영기 이사는 마술을 이용한 트리즈 교육에 대한 Magic-TRIZ 프로그램을 카드와 함께 개발하여 소개하였다. 트리즈 마스터인 송용원 이사는 ADRIGE를 개발하여 SK 등에 적용하였으며, 안세훈 이사는 초등학생과 청소년층의 트리즈 교육 활성화를 위한 TRIZQ를 개발하였다. 그리고 최근 트리즈 저서를 출간한 김봉균 이사는 BK-TRIZ, 박영수 현 트리즈 협회 회장은 GROW-TRIZ를 개발하여 소개하였다. 최근 (사)한국트리즈협회에서는 40가지 원리와 분리의 원리를 활용하여 트리즈 앱을 개발하였다. 트리즈 앱은 분야별로 4가지의 전문영역으로 구분하여 개발하였다. 첫째, 하드웨어 트리즈이다. 하드웨어 트리즈는 기계/전기/전자 등 하드웨어의 파라미터를 기반으로 40가지 원리와 분리의 원리를 개발하였다. 둘째, 소프트웨어 트리즈이다. 소프트웨어 트리즈는 IT, 프로그램 등 소프트웨어의 파라미터를 기반으로 40가지 원리와 분리의 원리를 개발하였다.

셋째, 창업 경영 트리즈이다. 창업 경영 트리즈는 창업, 사업, 경영 분야의 파라미터를 기반으로 40가지 원리와 분리의 원리를 개발하였다. 넷째, 라이프 트리즈이다. 라이프 트리즈는 인생, 심리 분야의 파라미터를 기반으로 40가지 원리와 분리의 원리를 개발하였다. 그리고 각 분야의 앱을 활용하면 모순매트릭스를 사용하여 많은 부분에서 창의적인 아이디어를 발견할 수 있다. 물론 앱을 사용했을 때 아이디어를 발견하는 것은 사용자의 추상화 능력 정도에 따라 차이가 있을 것이다. 이 앱은 현재 구글 앱스토어에 등록되어있으며, 무료로 다운 받아 사용할 수 있다.

[그림 5-4] 국내외 현대적 트리즈 방법론의 발전 내용

[그림 5-5] 40가지 발명원리를 활용한 앱

알트슐러는 트리즈 이론을 많은 사람들이 배우고 실천할 수 있도록 트리즈 학교를 세우고 교육과 세미나를 지속적으로 하였다. 그리고 꾸준히 트리즈 방법론을 개발하여 실무적으로 적용할 수 있도록 노력하였다.

한국에 트리즈가 소개되어 활용된지도 이제 삼십 년이 다 되어 간다. (사)한국트리즈협회가 트리즈 이론 및 방법론의 개발과 함께 트리즈 확산을 위해 노력하고 있지만, 기업의 동참 없이는 어려운 실정이다. 대학에서는 트리즈 적용을 통해 창의적 성과물들이 창출되고 있고 4차 산업혁명의 트렌드에 맞춰 더 고도화된 방법론들이 교육 과정에 반영되고 확산될 것으로 예상한다. 이를 위해서는 적용이 쉽고 효과가 높은 고도화된 트리즈 방법론의 개발이 지속되어야 하며 기술기반의 트리즈는 비즈니스, 서비스, 소프트웨어, 교육, 품질관리 등 이미 비 기술 분야로 확대되었으며 이에 트리즈 방법론들이 다른 유용한 문제해결 방법론들과 유연하게 결합되어 활용할 수 있는 방안의 모색이 필요하다. 그리고 트리즈 이론을 실무적으로 용이하게 지원하기 위하여 유용한 사례들을 적극 발굴 및 정리하여 공개하도록 하고, 트리즈 영문 소프트웨어들의 한국어 번역화 또는 개발이 필요하다. 트리즈 이론 및 실무 전문가 육성을 위해 알트슐러와 같이 트리즈 학교 설립 및 운영 등을 통해 체계적이고 지속적으로 추진해야 한다.

5.3 트리즈 학습 및 서적들

트리즈는 5수준으로 구분된다. 4수준부터는 트리즈 Specialist로서 트리즈를 유연하게 적용하여 제법 난도 있는 문제를 해결할 수 있는 수준으로 볼 수 있고 실제 일반적인 문제에 트리즈를 적용하여 해결할 수 있는 정도는 트리즈 3수준 이상은 되어야 한다고 본다.

3수준 정도가 되려면 상당한 학습 시간을 요구하는데 알트슐러가 만든 트리즈 스쿨의 경우 이론과 반복적인 실습 및 문제해결 프로그램을 약 1년 정도 소요되는 과정을 가져야 할 정도의 학습량을 가진다. 트리즈를 실전에서 활용할 정도로 학습하려면 최소 120시간 이상의 학습량과 과제 2개 이상에 트리즈를 적용해 해답을 찾는 실습을 요구고전적 트리즈 기법인 40가지 발명원리, 모순, 물질-장 분석, 76가지 표준해, 과학적 효과, 8가지 기술진화의 법칙, 현명한 소인 모델(Smart Small People) 등을 학습하여야 한다. 그리고 트리즈의 철학적 개념들을 이해하는 것이 바람직하다. 이것은 가르치기 어려운바 스스로 많은 트리즈 문제를 풀면서 스스로 깨달아야 한다고 본다. 그리고 지속적으로 개발되어 소개되고 있는 현대적 트리즈 기법들에 대하여 하나하나 이해하고 익숙한 문제에 적용해 실습해 보는 것이 좋다. 알트슐러는 수백~천여 건의 실습과제를 통해 학습자가 스스로 이해하도록 하였다. 트리즈의 기본적인 문제해결 프로세스인 ARIZ 85C를 전문가 강의 및 여러 사례를 통해 철저하게 이해하고 ARIZ로 자신의 문제를 최소 2개 이상 풀어보고 트리즈 3수준 이상 전문가의 평가를 받아 보는 것이 좋다. 그리고 이를 반복해 체득하도록 하는 것이 필요하다. 그리고 더 학습하고 싶으면 트리즈 마스터들의 책과 강의 및 논문을 읽고 국내외 트리즈 세미나, 포럼 및 컨퍼런스 등에 참여해 직접 발표 및 토론을 해보는 것이 좋다.

[그림 5-6] 국내외 트리즈 관련 서적 목록

에필로그

(사) 한국트리즈협회가 설립된 지 20여 년 만에 트리즈 전문가 수준별 교재를 완성하게 되었다. 지난 20여 년 동안 수많은 교육과 컨설팅을 수행하면서 개인적인 차원에서 트리즈를 전파하였지만, 조직적인 차원에서 수준별 교재를 출간하기는 처음이기 때문에 '창의적 문제해결 이론과 사례 Level 3' 책은 더욱 큰 의미가 있는 것으로 생각된다. 2021년 4월 '창의적 문제해결 이론과 사례 TRIZ Level 1' 책이 출간되고 1년 만에 '창의적 문제해결 이론과 사례 TRIZ Level 2' 책을 출간하였고 이번에 '창의적 문제해결 이론과 사례 TRIZ Level 3' 책을 출간하면서 명실공히 트리즈의 수준별 체계를 일차 정리했다는 데 큰 의미가 있다고 생각한다.

어느 영화의 대사가 떠오른다. "데킬라는 기억하려고 마시고, 위스키는 잊으려고 마신다." 천재들은 자신이 기억해야 할 것은 집중해서 기억하는 자신만의 능력이 있다. 그리고 잊어야 하는 것은 기억하려고 노력하지도 않고, 기억했더라도 빨리 잊어버리는 능력이 있다. 트리즈 기법 중에 40가지 발명원리는 가능하면 암기하라고 조언하고 싶다. 40가지 원리를 모두 암기하면 어떤 상황에서든 40가지 아이디어가 떠오를 수 있기 때문이다. 이 책의 저자들도 한창 공부할 때 40가지 발명원리를 암기하였다. 그것을 기반으로 76가지 표준해를 공부하면 이해하는 데 더욱 도움이 된다. 76표준해는 암기하지 않아도 된다. 다만 물질-장 모델을 이해하고 다섯 가지의 클래스로 분류할 수 있으면 76가지 표준해는 모델링(문제모델링, 해결모델링)을 통해 아이디어를 도출할 수 있을 것이다.

ARIZ는 창의적 문제해결의 결정판이다. ARIZ의 파트1 문제의 분석부터 적용해 보라고 권하고 싶다. 문제의 분석은 최소 변경 문제 공식화, 모순 요소들 정의, 기술모순의 도식 및 모델 묘사, 심화 분석을 위한 도식 모델 선정, 모순 심화, 문제모델 요약, 표준해결법 적용 등의 7 스텝으로 구성되어 있다. 대부분의 표준문제들은 파트1에서 솔루션을 찾을 수 있을 것이다. 만약 파트1에서 솔루션을 찾을 수 없다면 난해한 문제일 가능성이 크다. 파트2 부터는 문제를 분석하는 데 있어서 전문성이 필요할 것이다. 그 문제와 관련된 전문성도 필요할 것이다. 모든 사람이 관심이 있는 미래예측 분야도 이 책에서 다루고 있다. 미래예측은 트리즈의 모든 이론과 사례를 통합하여 미래를 예측하는 분야이다. 기술예측을 중심으로 경제예측, 정치예측, 사회예측, 환경예측 등으로 발전하고 있다. 미국에서는 보리스 즐로틴, 알라주스만 트리즈 마스터 부부가 시작하였다. 그 제자인 송용원(한국공학대학교 교수)이 한국에서 미래예측을 집중적으로 연구하고 있다. 트리즈 협회 현 회장인 박영수는 천문역경을 전공하여 동양철학 기반의 미래예측을 트리즈로 해석하고 있다. 향후 (사) 한국트리즈협회는 더욱 발전하여 트리즈 실전 사례(Practice)와 트리즈 신 이론(New theory)을 출간할 수 있도록 힘차게 나아갈 것이다. 대한민국의 트리즈 전문가들이 함께 모여 트리즈를 더욱 발전시킬 수 있기를 기대한다. 나아가 UN의 지속 가능 목표(SDA Goals), 식량, 환경, 안전, 복지 등 글로벌 문제를 동남아, 유럽, 미국 등의 트리즈 전문가와 협력하여 솔루션을 찾기를 희망한다.

마지막으로 저자들의 한 줄 소감을 적으면서 마무리하고자 한다.

김익철 : 거인들의 어깨 위에 설 수 있음은 정말 행운이었다. 벽을 넘어 볼 수 있는 삶을 보냈기에 이번 생은 성공이다.

박영수 : 기업에서 HR 전문가로 창의성을 연구하기 시작한 지 10년째 되던 해(1998) 트리즈를 만났다. 이제 트리즈로 창의성은 새롭게 태어날 것이다.

송용원 : "창의성은 과학이다"라는 트리즈의 철학이 이 책을 저술하며 마음속에 울려왔다. 논리적 사고로 창의적 결과물을 만드는 트리즈의 마력이 나의 삶을 바꿨듯 독자들의 삶을 바꿔주기를 꿈꿔본다.

주재만 : 에디슨은 "팔 수 없는 발명은 하지 않는다"고 말했다. 쓸모없는 특허는 가치가 없다. 트리즈는 문제를 가치 있게 해결하는 황금열쇠다. 나는 트리즈를 사랑한다.

최승우 : 트리즈는 복잡한 문제에 추상적으로 접근해 객관적인 해결책을 제시하는 매력적인 도구다. 이 책을 통해 독자분들의 생각에도 날개를 달 수 있을 것이다.

(사) 한국트리즈협회 저자 일동

창의적 문제해결 이론과 사례
TRIZ Level 3

2023년 1월 1일 발행

저 자	김익철 · 박영수 · 송용원 · 주재만 · 최승우
발 행 인	송기수
발 행 처	도서출판 GS인터비전
편 집 처	도서출판 GS인터비전
편 집 인	이선경
표지 디자인	디자인 붐
인 쇄 처	GS인터비전
등록번호	제 25100-2016-000050 호
I S B N	979-11-5576-405-3(94500)
주 소	서울 은평구 증산로 15길 69 2층
전 화	02-976-7898
팩 스	02-6468-7898
홈페이지	gsintervision.co.kr
E-Mail	gsinter7@gmail.com

정 가 25,000원